应用型本科院校"十四五"精品教材

商务英语实训系列

国际贸易实务实训教程

主　编　李细妹　胡莲清　谢妙英
副主编　康茂华　刘　慧　周夏琪

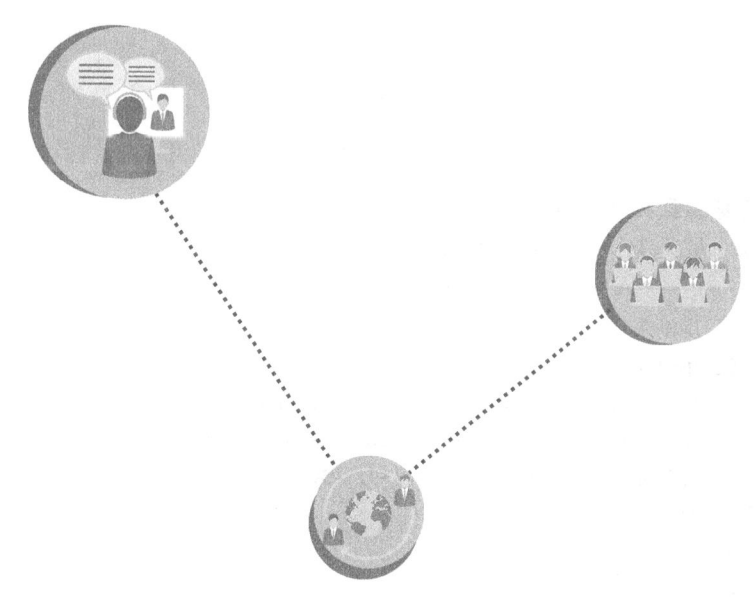

华南理工大学出版社
SOUTH CHINA UNIVERSITY OF TECHNOLOGY PRESS

·广州·

图书在版编目（CIP）数据

国际贸易实务实训教程/李细妹，胡莲清，谢妙英主编. -- 广州：华南理工大学出版社，2025.7. -- ISBN 978-7-5623-7878-5

Ⅰ.F740.4

中国国家版本馆 CIP 数据核字第 2025F7H438 号

国际贸易实务实训教程

李细妹　胡莲清　谢妙英　主编

出 版 人：房俊东
出版发行：华南理工大学出版社
　　　　　（广州五山华南理工大学17号楼，邮编510640）
　　　　　http://hg.cb.scut.edu.cn　E-mail：scutc13@scut.edu.cn
　　　　　营销部电话：020-87113487　87111048（传真）
责任编辑：吴翠微
责任校对：梁樱雯
印　刷　者：广州小明数码印刷有限公司
开　　本：787mm×1092mm　1/16　印张：11.25　字数：315千
版　　次：2025年7月第1版　印次：2025年7月第1次印刷
定　　价：49.00元

版权所有　盗版必究　印装差错　负责调换

前　言

在经济全球化浪潮的推动下，国际贸易作为连接世界经济的桥梁，其重要性日益凸显。为了培养能够适应复杂多变的国际贸易环境的高素质专业人才，《国际贸易实务实训教程》应运而生。本书不仅是对"国际贸易实务""商务英语写作""国际贸易单证"等核心课程知识的深度融合与拓展，更是一部面向实战、注重技能锤炼的综合性实训指南。

本书精心设计了围绕国际贸易全链条的多个业务环节，依托步惊云国际贸易仿真实训平台（简称"国贸仿真平台"）贯穿全程的国际贸易业务流程，通过六大核心项目全面覆盖国际贸易前的准备及合同的签订，货款支付、备货、保险、申请出口许可证和产地证，租船订舱、报检报关和装船出运，出口商制单结汇，进口付汇、报关、提货与索赔等内容，使学生能够在真实感较强的模拟环境中，系统地学习并掌握国际贸易各个关键环节的专业知识和技能。这种以工作任务为导向的教学模式，旨在通过实践性的学习路径，有效提升学生的国际贸易业务实操能力。

秉承成果导向教育（outcome-based education，OBE）的核心理念，本书巧妙运用了情景模拟与目标驱动的教学策略，强调以学生为中心，注重培养其解决实际问题的能力与国际贸易职业素养。本书构建了高度仿真的国际贸易实验室，并依托先进的步惊云国际贸易流程实训软件，模拟真实工作场景，让学生在虚拟但逼真的环境中进行实战演练，实现理论与实践的无缝对接。

本书的编写，是基于编者多年深耕国际贸易领域的实践经验与丰富的实习实训指导心得，同时吸纳了校企共建单位南京步惊云软件有限公司和阿里巴巴集团人才服务商新思路教育科技有限公司提供的宝贵资料，并广泛参考了国内外相关领域的权威论著与教材。我们力求内容全面、准确，贴近行业前沿，为学生提供一个既扎实又前沿的学习平台，助力其顺利完成国际贸易专业的实习任务，并为未来的职业生涯奠定坚实的基础。

本书为广东培正学院省级质量工程项目"广东培正学院－阿里 ITTB 实践教学基地"建设成果之一，在此我们特别感谢大力支持本书编写工作的阿里巴巴集团人才服务商新思路教育科技有限公司，以及所有在编写过程中给予指导和帮助的专家、学者及同仁。同时，我们也深知学海无涯，书中难免存在不足之处，恳请业界同仁及广大读者不吝赐教，您的每一条建议都是我们不断进步的宝贵动力。

编 者

2025 年 6 月

目 录

项目一 国际贸易的准备与合同的签订 ·· 1
    任务一　国际贸易的准备 ··· 1
    任务二　建立新业务 ·· 4
    任务三　出口成本核算与发盘 ··· 7
    任务四　贸易磋商 ··· 11
    任务五　签订销售合同 ·· 14
    实训　解读合同并进行模拟磋商 ·· 19

项目二 货款支付 ··· 21
    任务一　汇票的使用 ··· 21
    任务二　汇付业务 ··· 26
    任务三　托收业务 ··· 34
    任务四　信用证业务 ··· 41
    实训一　申请开立信用证 ·· 53
    实训二　信用证的开立 ·· 57
    实训三　信用证的通知 ·· 60
    实训四　信用证的审核 ·· 61
    实训五　案例分析 ··· 62

项目三 备货、保险、申请出口许可证和产地证 ······························· 63
    任务一　出口商备货 ··· 63
    任务二　出口商办理保险 ·· 66
    任务三　申请出口许可证和产地证 ····································· 71
    实训　备货、报检及申请出口许可证和产地证 ················ 76

项目四 租船订舱、报检报关和装船出运 ·· 77
    任务一　出口商租船订舱 ·· 77

任务二　出口货物申报 …………………………………………………… 85
　　任务三　货物装船出运 …………………………………………………… 104
　　实训　办理出口货物报关并填制海运货物委托书 ………………………… 110

项目五　出口商制单结汇 …………………………………………………… 115
　　任务一　缮制与审核结汇单据 …………………………………………… 115
　　任务二　交单与结汇 ……………………………………………………… 128
　　实训一　缮制托收汇票 …………………………………………………… 131
　　实训二　缮制信用证汇票 ………………………………………………… 133

项目六　进口付汇、报关、提货与索赔 …………………………………… 135
　　任务一　交易磋商 ………………………………………………………… 135
　　任务二　签订进口合同 …………………………………………………… 138
　　任务三　进口许可证申请 ………………………………………………… 148
　　任务四　进口付汇 ………………………………………………………… 151
　　任务五　提货及进口报关报检 …………………………………………… 162
　　任务六　遇险索赔 ………………………………………………………… 169
　　实训　模拟进口贸易磋商、付汇、报关及提货 …………………………… 171

项目一　国际贸易的准备与合同的签订

【情景导入】

刘明应聘入职上海百利外贸有限公司业务部，在实习期间接受模拟轮岗培训。刘明首先到出口业务部上岗，在那里，业务员薪资待遇以底薪加业务佣金为主。因此，刘明需要尽快熟悉公司业务流程和公司产品，掌握公司出口商品价格构成，寻找客户，通过交易磋商获得订单并签订销售合同，以获得佣金。本项目的训练可分解为下表所示的五个任务。

任务	知识目标	应用目标
国际贸易的准备	掌握国际贸易交易的整个流程，了解国际贸易的前期准备工作	详细掌握国际贸易的前期准备工作，熟悉创建新公司的流程，了解公司注册信息和注册资金用途
建立新业务	了解公司业务流程，熟悉产品，学习如何开发新客户	详细阅读公司产品目录，熟悉产品名称和类别，开发新客户
出口成本核算与发盘	掌握商品价格构成，学习如何进行出口预算，并向进口商发盘报价	正确填写出口预算表，了解产品价格，为交易磋商谈判的发盘和还盘做好准备
贸易磋商	了解国际贸易磋商谈判的流程	通过口头或书面等方式进行贸易磋商
签订销售合同	熟悉公司书面合同的内容和格式	正确填写销售合同的各项条款

任务一　国际贸易的准备

【任务导入】

刘明的主管经理要求刘明了解国际贸易的前期准备工作，熟悉公司的业务流程，选择出口商身份，在国贸仿真平台创建上海百利外贸有限公司，了解公司注册信息和注册资金用途。

知识学习

狭义的国际贸易以货物买卖合同为中心，体现有形商品的进出口交易过程。广义的国际贸易则表现为有形商品和无形商品的进出口交易过程。在这一类型的国际贸易中，无形商品的交易涉及金融、运输、保险、旅游、技术转让等领域。

由于世界各国和各地区都遵循不同的法律法规，加上各国和各地区跨文化差异的存在，国际贸易经常会出现各种纠纷和矛盾。我们在初步了解国际贸易一般流程的基础上，应该熟练掌握国际贸易的规则和惯例，以便进出口交易能顺利进行。

在进出口贸易中，由于进口商和出口商的贸易条件、利益诉求和交易方式不同，各国和各地区的贸易流程也不尽相同。而近年来随着互联网的飞速发展，跨境电商也成为越来越多进出口商青睐的一种交易形式。

一般来说，进出口交易包括进出口前的准备工作、合同的磋商、合同的签署和合同的执行四个环节。下面简要阐述进出口交易的流程。

一、出口贸易流程

（1）出口前的准备：制定出口商品营销方案，选择市场，寻找客户源，调查客户资信状况、该国或该地区的法律规定，建立销售渠道，开展广告宣传，办理商标注册等。

（2）合同的磋商：询盘、发盘、还盘、接受。

（3）合同的签署：买卖双方签署进出口交易合同。

（4）合同的执行（倘若以 CIF 条款成交）：包括申领出口许可证、工厂生产部门备货和加工生产（外贸公司委托加工生产）、包装、报检、租船订舱、出口报关、海关检验、装船出运、交单结汇、出口退税等。如果以信用证为支付条款，流程还应包括催证、审证、改证、制单结汇。

二、进口贸易流程

（1）进口前的准备：申请进口许可证，选择订购市场和交易对象，制定进口商品方案。

（2）合同的磋商：询盘、发盘、还盘、接受。

（3）合同的签署：买卖双方签署进出口交易合同。

（4）合同的执行（倘若以 FOB 条款成交）：包括租船订舱、发装船指示、办理保险、购买外汇、申请开立信用证、银行审单付款、赎单以及待货物装船后等待接货、报关、商检和结算等。

任务实施

（1）按照账号和密码登录步惊云国际贸易仿真实训平台，选择公司所在国家为"中国"。

（2）进入"贸易公司"菜单栏，点击"注册公司"按钮，按照设定输入进出口公司相关信息。假设：出口商为中国上海百利贸易有限公司（Shanghai Baili Trading Co.，Ltd.）（图 1-1），进口商为美国苹果贸易有限公司（Apple Trading Co.，Ltd.）（图 1-2）。所有公司相关信息可自行填写，须确保地址、邮编、电话号码等内容与所注册公司的所属国家或地区相一致。公司一旦注册，相关信息不可再修改。

（3）检查无误后点击"确认"按钮，即可注册成功。注册公司也可以在"贸易公司"菜单下点击"从模板复制"按钮，选择系统中已经注册好的公司模板，还可以选择查询进口公司的信息。

公司基本信息

公司全称	上海百利贸易有限公司 Shanghai Baili Trading Co., Ltd.	公司简称	百利贸易 Baili Trading.
国家	中国(China)	企业法人	谢云生(Xie Yunsheng)
开户行	Bank of Communications	账号	200100000110008772
地址	中国上海徐家汇115号 No.115 Xujiahui Road, Shanghai, China		
单位代码	204100142	海关代码	5010068772
社会信用代码	91320114110008772W	电话	86-21-96587458
公司成员	gdpz01		

此处还有 报检登记号 3003108143；传真 86-21-96587459。

图1-1 出口商公司信息

基本资料

公司全称	苹果贸易有限公司 Apple Trading Co., Ltd		
公司简称	苹果公司 Apple Co., Ltd		
国家	美国 America	企业法人	欧阳欣 Ouyang Xin
地址	美国加利福尼亚州洛杉矶广场1号 No.1 Square, Los Angeles, California, America		
单位代码	100002387	报检登记号	3200002387
海关代码	5010068774	社会信用代码	91320114110008774W
电话	001-212-4336899	传真	001-212-4336899
邮编	CA90001		
开户银行	纽约梅隆银行 Bank of New York Mellon	账号(本外币)	200100000110008774
		本币	USD(美元)
公司成员	gdpz02		

图1-2 进口商公司信息

注册好后，在"贸易公司"界面点击左侧"公司信息"页签，可查看公司基本信息及公司文件。注册后，系统自动下发公司营业执照。点击左侧"公司财务"页签，可以查看公司的财务信息（图1-3）。公司注册成功后，系统会自动提供一笔初始资金，请注意这笔资金的数额，在业务过程中不要超支使用，以免破产导致无法继续交易。

图1-3 公司财务信息

任务二 建立新业务

【任务导入】

部门经理要求刘明以创建的贸易公司作为出口商,选择相应的商品类别,以CIF贸易术语和信用证支付条件,建立新业务,发布询盘信,进行贸易磋商。

知识学习

在从事进出口贸易的过程中,最重要的就是找到客户并与其建立贸易伙伴关系,这是国际贸易业务的根本。只有客户源稳定充足,公司才能生存下去。

一、如何寻找客户源

国际贸易中,买卖双方因为距离或者其他因素,直接面对面进行交易的机会并不多。而随着当今世界贸易数字化进程的加快,开发市场的手段也越来越多。

1. 展销会

参加相关行业的展销会是最为有效的营销手段。在此过程中须注意以下几点:根据公司的长期规划和战略,选取合适的展销会;选取展销会时要考虑展会的规模、举办地点、影响力等因素,并做好展会的费用预算和布展设计;参加展销会时要选取合适的展品,吸引目标客户,进行企业宣传。例如,一年两次的中国进出口商品交易会(俗称"广交会"),每年吸引大量国内外参展商,极大地促进了中国对外贸易的发展。

2. 互联网

利用搜索引擎或者阿里巴巴、亚马逊、环球资源网等平台发布产品信息，或者直接搜索目标客户源，可以与潜在客户进一步沟通交流。

3. 海关数据

通过海关数据，可以全面掌握某个国家或地区的买家资料或者竞争对手的经营状况、淡旺季周期和采购周期等，从而制定合理的市场开发战略。

4. 其他渠道

某些行业协会提供本国/本地区或者本行业公司的相关资讯。通过这些相关资讯也可以找到潜在客户。此外，通过合法合规的方式向物流公司、船务公司、保险公司或者供应商等相关机构或者企业咨询，也是获取潜在客户的一种方法。

二、资信状况和适用的法律法规

国际贸易中买卖双方发生索赔纠纷或者履约困难、回收货款受阻等情况，多数是因为不了解对方的资信所导致。在进行贸易磋商、签订进出口交易合同之前，有必要调查客户的资信状况。可以选择国内外知名的资信调查机构调查客户的相关信息，如总体经营状况、信誉度、企业注册资金、销售渠道、在当地和国际上的贸易关系、营业额、是否有延期支付债务等。在调查过程中要确保多方查证、保护隐私、合法合规，以免产生不必要的损失。

同时，要特别注意，国际贸易合同的签订和执行还要符合双方国家和地区的法律法规，以及相关的国际惯例。因此，了解对方国家和地区的相关法律法规和禁忌也有助于双方顺利达成交易。当合约双方对某些惯例或条款有异议，可以参看《联合国国际货物销售合同公约》，这是迄今在国际贸易中最受认可的条约。

任务实施

（1）首先，在网站上发布信息或者设置搜索条件，寻找目标客户。在国贸仿真平台"贸易公司"菜单栏点击左侧"业务列表"页签，再点击页面中的"寻找客户"按钮，进入市场信息网站，设置相应的搜索条件，寻找到目标客户后，记下对方的邮件地址。然后，选择"贸易公司"菜单下左侧"业务列表"页签，点击"建立新业务"按钮，在弹出的邮件界面中，选择进出口类型和货物类型，如图1-4所示。输入对方账号，根据贸易角色（进口商或出口商）起草询盘信后（图1-5），点击"Send"按钮。

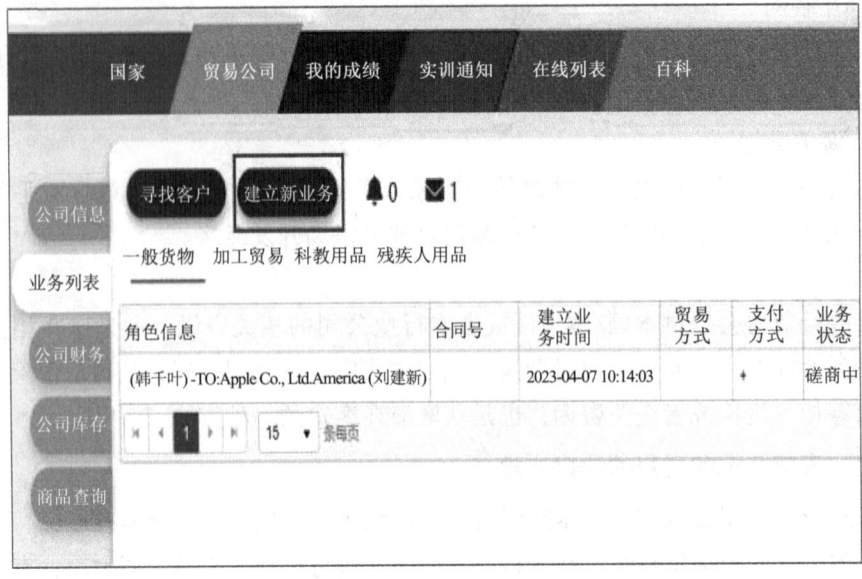

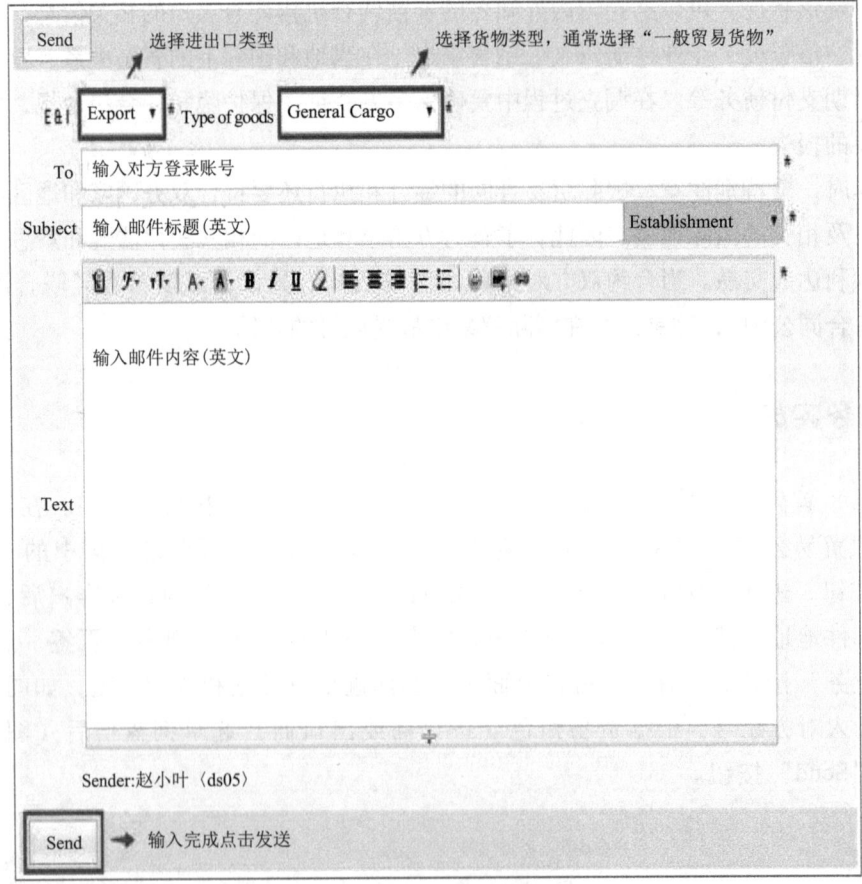

图1-4 建立新业务操作步骤

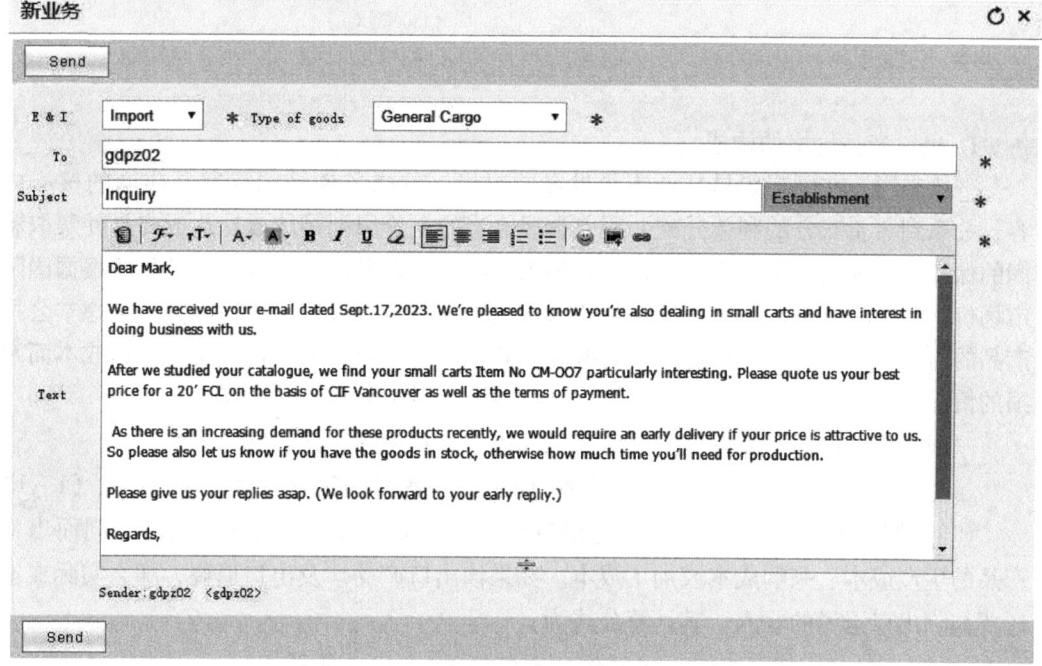

图1-5 询盘信

（2）目标客户在"贸易公司"菜单下"业务列表"页签可看到本笔业务，点击业务对应的"接受"按钮后书写接受函并发送，该笔新业务便成功建立（图1-6）。注意：货物类型一旦选定后，在后续的操作流程中不能更改。

图1-6 进口商业务列表

任务三　出口成本核算与发盘

【任务导入】

部门经理要求刘明作为出口商按照CIF条款报价，以当日汇率进行出口商品成本核算，制定出口预算表，并向进口商发送发盘信。

> 知识学习

1. 出口产品价格的构成

一般来说，在国际贸易从业人员发盘的时候，价格条款是国际贸易磋商的核心内容，关系到买卖双方的利益分配，所以掌握恰当的定价原则是能成功达成交易并赚取利润的保障。国际贸易中的产品价格受多种因素影响。在发盘前，外贸业务员要根据国际市场价格水平，结合淡旺季市场行情和区域国别相关政策进行定价，并充分考虑本公司产品的质量和产品特质，以提高公司的经济效益，避免出现为了达成交易不计成本而亏损的情况。

一般来说，出口产品的报价要考虑实际成本、费用和预期利润三方面：

$$出口价格 = 实际成本（含税）+ 费用 + 预期利润 \qquad (1-1)$$

（1）这里的"实际成本"指的是出口企业或外贸公司为执行国际贸易合同而出口产品的生产成本、采购成本或加工成本。如果该出口产品涉及出口退税，那么实际成本还要扣除出口退税的收入。其计算公式为：

$$实际成本 = 进货价（含增值税）- 出口退税收入 \qquad (1-2)$$

$$出口退税收入 = 进货价（含增值税）\times 出口退税税率/(1 + 增值税税率) \qquad (1-3)$$

将式（1-3）代入式（1-2），得

$$实际成本 = 进货价（含增值税）\times [1 - 出口退税税率/(1 + 增值税税率)] \qquad (1-4)$$

增值税是以商品（含应税劳务）在流转过程中产生的增值额作为计税依据而征收的一种流转税。从计税原理上说，增值税是对商品生产、流通、劳务服务中多个环节的新增价值或商品的附加值征收的一种流转税。增值税税率就是增值税税额占货物或应税劳务销售额的比率，是计算货物或应税劳务增值税税额的尺度。一般来说，我国一般纳税人销售或者进口货物（除特定货物外），提供加工、修理、修配劳务，增值税税率是13%；销售粮食、食用植物油、自来水、暖气、冷气、热水、煤气、石油液化气、天然气、沼气、居民用煤炭制品、图书、报纸、杂志、饲料、化肥、农药、农机、农膜、农业产品以及国务院规定的其他货物，增值税税率是9%。

出口退税是国家或地区利用税收杠杆奖励出口的一项措施，用以增加本国或本地区出口产品的价格优势，扩大出口创汇。企业可以利用出口获得利益最大化。根据不同海关编码的产品，税率也有所不同，有13%、9%等。

（2）费用包括境内费用和境外费用两部分。

①境内费用包含包装费、仓储费、内陆运费、认证费、港口杂费、商检费、捐税、利息、银行费用、经营管理费等。该费用的核算可以用经验估算法或者定额费率法，其中定额费率通常为3%～10%。利用定额费率法估算的境内费用为：

$$境内费用 = 实际成本（含税）\times 定额费率 \qquad (1-5)$$

②境外费用是货物在装运港交货后发生的各项费用，包含出口运费、出口保险费和佣金、折扣等。

佣金（commission）是指代理人或经纪人为委托人（通常是出口商或进口商）介绍买卖、促成交易而收取的报酬。根据佣金是否在价格条款中列明，可分为明佣或暗佣。明佣是指在合同价格条款中明确规定佣金率。暗佣是指暗中约定佣金率。若中间商从买卖双方都获得佣金，则被称为"双头佣"。含有明佣或暗佣的价格称为含佣价（price including commission）。

佣金计算公式如下：

$$产品佣金额 = 含佣价 \times 佣金率 \tag{1-6}$$

产品的净价为：

$$净价 = 含佣价 - 产品佣金额 \tag{1-7}$$

而国际贸易中使用的折扣（discount），是指出口商给予进口商一定的价格减让，包括为扩大销售而使用的数量折扣（quantity discount）和为了实现某种特殊目的而给予的特别折扣（special discount）以及年终回扣（turnover bonus）等。折扣直接关系到商品的价格，货价中是否包括折扣和折扣率都影响商品的价格，折扣率越高，价格越低。正确运用折扣，有利于调动采购商的积极性和扩大销路，在国际贸易中，它是促进对外销售的一种手段。

产品折扣金额的计算公式为：

$$产品折扣金额 = 原价 \times 折扣率 \tag{1-8}$$

卖方实际收入的计算公式为：

$$卖方实际收入 = 原价 - 折扣金额 \tag{1-9}$$

（3）利润即出口商对出口产品的预期收益，一般由出口商按自己的经营预期合理制定规划。制定规划时要考虑市场行情、竞争对手情况和自身产品的特性等。

2. 贸易术语的价格构成

在国际贸易中，出口商会根据国际惯例和公司自身的具体情况选择合适的贸易术语，因为使用不同的贸易术语会导致买卖双方承担不同的风险、责任和费用，所以制定价格条款前一定要熟悉各贸易术语的含义以及风险、责任和费用的划分。我们在这里只讨论《国际贸易术语解释通则》中常用术语 FOB、CFR 和 CIF 的价格构成。

FOB 价格和 CFR 价格的计算公式为：

$$FOB 价 = 实际采购成本（含税）+ 境内费用 + 预期利润 \tag{1-10}$$

$$CFR 价 = 实际采购成本（含税）+ 境内费用 + 预期利润 + 境外运费 \tag{1-11}$$

将式（1-10）代入式（1-11），得

$$CFR 价 = FOB 价 + 境外运费 \tag{1-12}$$

$$CIF 价 = (FOB 价 + 境外运费)/(1 - 投保加成 \times 保险费费率) \tag{1-13}$$

将式（1-12）代入式（1-13），得

$$CIF 价 = CFR 价 /(1 - 投保加成 \times 保险费费率) \tag{1-14}$$

由式（1-13）也可得

$$FOB 价 = CIF 价 \times (1 - 保险费费率 \times 投保加成) - 境外运费 \tag{1-15}$$

其中，投保加成的国际惯例一般为 110% 或者 120%。

3. 出口换汇成本

出口换汇成本是指出口商品净收入 1 单元外汇所需的人民币成本，我国通常指出口商品每净收入 1 美元所耗费的人民币成本，即用多少人民币换加 1 美元。其计算公式为：

出口换汇成本 = 出口总成本（人民币）/ 出口外汇净收入（外币）　　（1-16）

出口外汇净收入为 FOB 净收入（扣除佣金、运保费等劳务费用后的外汇净收入）。

出口换汇成本是衡量外贸企业和进出口业务盈亏情况的一个重要指标。与外汇牌价相比能直接反映商品出口的盈亏情况。如果换汇成本高于银行外汇买入价，则说明出口亏损，如果换汇成本低于银行外汇买入价，则说明出口盈利。

⬆ 任务实施

（1）出口商收到进口商的询盘邮件后，应及时进行出口预算并发送给进口商。在国贸仿真平台"贸易公司"菜单栏的"业务列表"页签中，点击对应的业务进入业务详情，点击"预算"按钮，打开"出口预算表"进行填写。根据商品的相关信息，以 CIF 报价，需要考虑采购成本、境内费用、运费、保险费、境外费用和预期盈亏率，填写出口预算表的各项支出与收入，如图 1-7 所示。其中预期盈亏率可以根据当前市场的行情，或者考虑买方可接受的价格范围进行调整。

出口成本预算表

当日汇率：USD 100 = CNY 731.050000　　（实际汇率：731.050000　　）　　日期：2023-10-17

以下金额均以本币（CNY）计算

	费用明细	预算值	正确值	实际发生	评分
X 对外报价	贸易术语	CIF	CIF	CIF	√
	对外报价	708826.08	708826.08	708826.08	√
A 采购成本	1 购货价格	400000.00	400000.00		√
	2 退税收入	46017.70	46017.70		√
	合计 (A=1-2)	353982.30	353982.30		√
B 境内费用	1 出口货代杂费	1772.07	1772.07		√
	2 银行费用	1116.03	1116.03		√
	3 其他费用	0.00			
	合计 (B=1+2+3)	2888.10	2888.10		√
F 运费	包装数量	1000.00	1000.00	1000.00	√
	总毛重 (KGS)	17000.00	17000.00	17000.00	√
	总体积 (CBM)	360.0000	360.0000	360.0000	√
	海运费/空运费	130857.95	130857.95		√
I 保险费	投保加成 (%)	110	110.00		√
	保险金额	779708.69	779708.69		√
	总保费率 (‰)	8.80	8.80		√
	保险费	6861.44	6861.44		√
D 境外费用	DAP/DDP国外费用				
P 预期盈亏额	预期盈亏率 (%)		43.32		
	预期盈亏额		214236.29		

图 1-7　出口成本预算表

（2）出口商制定完"出口成本预算表"后，向进口商发盘，如图1-8所示。

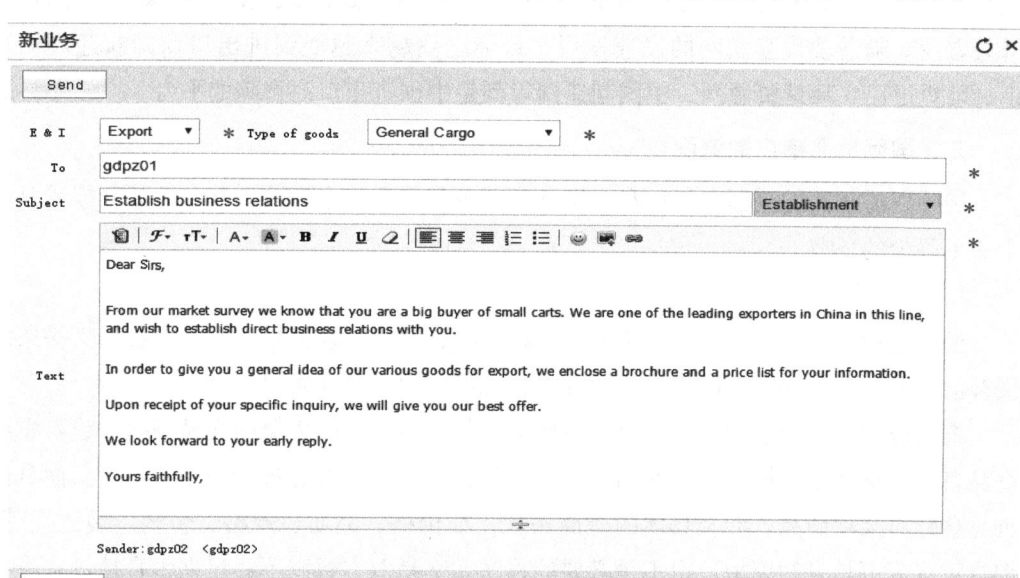

图1-8 出口商发盘信

任务四 贸易磋商

【任务导入】

部门经理要求刘明与进口商在此前建立的业务联系的基础上进行贸易磋商，就所有贸易条款达成一致。

 知识学习

一、国际贸易磋商的定义和分类

国际贸易磋商是指买卖双方对交易的各项条款进行协商以达成交易的过程，也被称为国际贸易谈判，这是签订买卖合同的必要环节。国际贸易磋商的各项条款主要包括质量、数量、包装、价格、装运、支付方式、保险、商检、纠纷、理赔、不可抗力和仲裁等。

国际贸易磋商分为口头磋商和书面磋商两种方式。

口头磋商是通过展销会、代表团境外考察等渠道面对面或者利用电话等方式进行谈判。这种磋商方式效率高，对于谈判内容复杂、交易条件繁琐的交易尤其适合，不容易出现纠纷。

书面磋商主要是利用信函、电子传真、电子邮件、即时聊天工具、国际交易平台等进行。国内常用的即时聊天工具有 SKYPE、TradeManager，QQ 和 WeChat 也在国际上开始普及。随着现代互联网的飞速发展，跨境电商越来越受到进出口商的欢迎。亚马逊、阿里巴巴、环球资源网、中国制造网等都是中国进出口商青睐的平台。

二、国际贸易磋商的流程

国际贸易磋商的流程包括询盘、发盘、还盘和接受四个环节。其中发盘和接受是两个必不可少的环节。

1. 询盘（inquiry）

询盘是指一方向另一方探询商品的交易条款，发出交易信号，并围绕各项交易条件展开洽谈的意图。询盘可以由出口商发出，也可以由进口商发出。

询盘包括一般询盘和具体询盘。一般询盘是向对方询问大概的交易条款，或者索取商品目录、价格单、样品、说明书等，主要是为了表达与对方进行交易的愿望。而具体询盘会针对某项商品，涉及具体的磋商条款，如价格、品质、规格、包装、装运期等。询盘对双方不具有约束力，也不是必要的程序。交易双方可以不经过询盘直接进入发盘的阶段。外贸业务员要清楚并不是每一次询盘都能达成交易，也要重视每一次询盘，提高回复询盘的效率和质量。而询盘的真实性差异也很大，外贸业务员要警惕竞争对手的干扰询盘。

2. 发盘（offer）

发盘又称报盘、报价，是指发盘人（offeror）向受盘人（offeree）提出商品交易的各项具体交易条款，并表达愿意按发盘的条件达成交易的意图。发盘可以是由卖方发出的，称为售货发盘（selling offer）；也可以是由买方发出的，称为递盘（bid），或者购货发盘（buying offer）。

发盘又分实盘（firm offer）和虚盘（non-firm offer）。实盘是指发盘人对受盘人所提出的，包含完整、明确且无保留的交易条件的发盘，一旦送达受盘人之后，则对发盘人产生拘束力，发盘人在实盘规定的有效期内不得将其撤销或加以变更。如果受盘人在有效期内无条件地接受，就可以达成交易，成为对买卖双方都有约束力的合同。实盘必须同时具备以下三个条件才能成立：内容必须是完整和明确的；内容必须是肯定的，无保留条件的；必须规定有效期限。其内容包括货物品名、品质规格、包装、数量、价格等。

虚盘是发盘人所做出的不确定交易意图的发盘，发盘有保留，无须具有详细的内容和具体条件，也不需要注明有效期。它仅表示交易的意向，不具有法律效力。

发盘是国际贸易磋商必需的一个环节，根据《联合国国际货物销售合同公约》的规定，实盘在有效期内送达受盘人的时刻生效。

3. 还盘（counter-offer）

还盘也叫还价，即受盘人对所接到的发盘有条件地接受，或者不完全同意，对发盘内容提出更改、添加或者删减的行为。根据《联合国国际货物销售合同公约》的规定，受盘人对货物的价格、支付条件、品质、数量、交货时间与地点、运输方式、一方当事人对另一方当事人的赔偿责任范围或解决纠纷的方式等条款提出的添加、删减或者更改,均可视为实质性变更发盘的条款。对发盘有条件的接受,被看作还盘。

还盘实质上构成对原发盘的某种程度的拒绝,也是受盘人以发盘人身份所提出的新发盘。因此,一经还盘,原发盘即失效,新发盘取代原发盘成为交易谈判的基础。如果另一方对还盘内容不同意,还可以进行反还盘(anti-counter-offer,或称再还盘)。国际贸易的磋商一般会经过反复几轮的还盘以及再还盘,直到双方对合同各项条款都完全同意为止。

4. 接受(acceptance)

接受在法律上称为"承诺",指交易的一方完全同意另一方在发盘过程中提出的各项条款,并愿意按这些条款达成交易,签订合同。根据《联合国国际货物销售合同公约》的规定,受盘人通过声明或者其他行为表示同意发盘,即为接受。

构成接受的要件有:

(1)接受必须由特定的受盘人做出。发盘是向某一个特定的人发出的,所以做出接受的人也是发盘中指定的受盘人。第三方做出的接受,不能被看作一个有效的接受。

(2)接受的内容要用声明或者行动表示出来,沉默不能构成接受。这里指的声明可以是受盘人以口头或者书面的形式表示接受发盘;或者是以行动来表明同意发盘,如开立信用证、支付货款、发货等行为。

(3)接受必须在发盘的有效期内做出并送达发盘人。一般的实盘,都要规定有效期。受盘人必须在发盘规定的有效期做出接受,才具有法律效力。发盘的有效期可以约束发盘人承担义务,使其不能随意更改发盘的各项条款,保护受盘人;同时,它也可以约束受盘人接受发盘的条件,有效地保护发盘人。

根据《联合国国际货物销售合同公约》的规定,如果接受通知未能在发盘规定的时间送达发盘人,则该接受视为逾期接受(late acceptance)。一般法律认为逾期接受无效。英美法系采用"投递生效"原则,即接受通知一旦发出立刻生效,而大陆法系采用"到达生效"原则,即接受的通知必须送达发盘人才算生效。《联合国国际货物销售合同公约》采用"到达生效"原则。国际惯例认为,如果因为发盘人所在地的节假日或者非营业日原因导致受盘人的接受通知未能在发盘的有效期结束前送达发盘人,只要接受通知在下一个营业日送达,也视为接受有效。

接受的内容必须与发盘完全相符。根据《联合国国际货物销售合同公约》的规定,有效接受的内容一定要与发盘提出的各项交易条款完全一致,任何对发盘的内容表示接受,但附有添加或者限制和更改的回复都可以看作拒绝该项发盘,构成还盘。因此,只有无条件地同意发盘的所有条款的行为才被视为接受。

🔼 任务实施

出口商发布发盘信后,进口商如果对某一条款有争议,可在国贸仿真平台"贸易公司"菜单栏的"业务详情"页面下点击"业务磋商"按钮(图1-9),发送还盘信函。

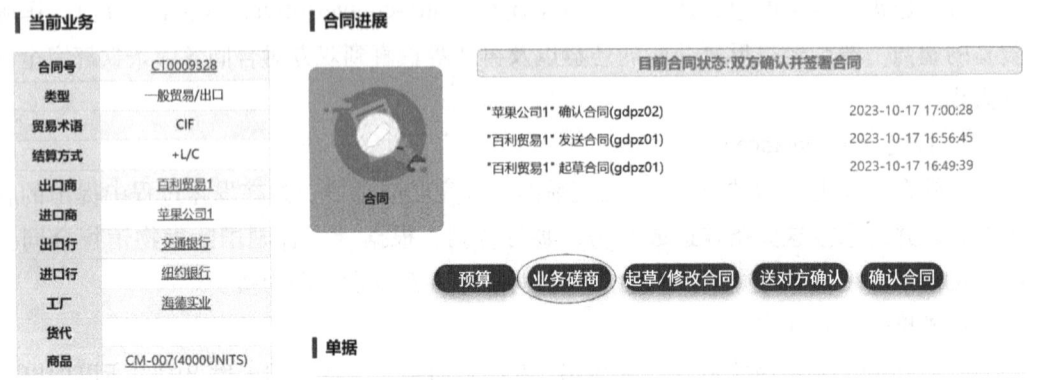

图1-9 进口商业务磋商界面

出口商也可以继续发送信件再进行反还盘。双方点击"业务列表"页签下的"邮件"图标(图1-10),可以查看新邮件进行回复。经过多轮还盘及反还盘,最终对所有贸易条款达成一致。

图1-10 出口商业务磋商界面

任务五 签订销售合同

【任务导入】

部门经理要求进出口双方经过贸易磋商对所有贸易条款达成一致后,刘明以出口商身份签订销售合同。

> 知识学习

当交易双方中一方的发盘或者还盘被另一方有效接受，且没有增加、删减或者更改任何条款，即表明该笔业务已经成交，买卖双方已经达成了合同关系。按照国际贸易的惯例，交易双方应以书面方式对合同的具体细节进行详细阐明，签订合同。签订合同是双方履行合同的依据，受法律的保护，也是以后出现争议或纠纷时，提请仲裁或诉讼的证据。

一、合同有效成立的条件

一份合法有效的合同，需要具备以下条件：

（1）合同双方当事人需要在自愿且真实的基础上达成协议。一方采用欺诈或者胁迫手段使另一方在违背真实意愿的情况下签订的合同无效。

（2）合同双方应具有行为能力。根据法律一般规定，合同当事人一般应该是精神正常、神志清醒的自然人。而法人，应该是已经依法注册成立的合法组织，有关业务应当属于其法定经营范围之内，负责交易洽商与签约者应当是法人的法定代表人或其授权人。

（3）合同的标的和内容必须合法。合同的标的必须符合双方法律的规定，不得违反法律、公共秩序或者公共政策。

（4）合同必须是互为有偿的，即有对价和约因。合同只有在有对价或者约因时，才具有法律效力。合同中一方享受的权利应该以相应的义务为基础。双方都要具有相应的权利和义务，互为有偿。

（5）合同的形式必须符合法律规定的要求。《联合国国际货物销售合同公约》对于国际贸易销售合同的形式，原则上不加以限制。《中华人民共和国合同法》规定当事人签订的合同有书面形式、口头形式或者其他形式。

二、合同的形式

1. 书面合同

交易双方签订合同时，可以采用合约协议书、信件、电子数据（如电子邮件、电报等）的形式，明确阐明合同的标的和各项条款，划分买卖双方的权利和义务。

2. 口头合同

采用口头形式订立的合同，是指合同当事人通过面对面沟通或者电话、视频会议方式订立的合同。因为此类合同的订立和履行基于双方的信任，一旦发生纠纷或争议，则难以举证，所以很多国家和地区的法律强调采用书面形式订立合同。

3. 其他形式

除了书面合同和口头合同以外，还有些当事人双方都同意采用的惯例方法，如销售确认书（sales confirmation）、无条件的接受还盘等形式。

三、书面合同的基本内容

书面合同一般由以下三部分构成。

1. 约首（head）

约首是指合同的序言部分，包括合同的名称、编号、签订日期、签约地点以及合同当事人的名称和地址等。在合同履行过程中，如出现争议和纠纷，这些条款也会对仲裁和诉讼的结果产生影响。

2. 正文（body）

正文是合同的主体部分，包括商品的品名、品质条款、数量条款、包装条款、价格条款、支付方式、装运条款、保险条款、商检与索赔条款、仲裁和不可抗力条款等。谈判的过程也就是合同双方为达成这些条款而进行的磋商。

3. 约尾（tail）

约尾部分一般列明合同适用的法律法规、合同的份数、合同的文字效力和合同双方的签字及合同生效的时间等。

任务实施

（1）起草合同。进出口双方均可起草合同。以出口商为例，在国贸仿真平台"贸易公司"菜单栏的"业务详情"页面下点击"起草/修改合同"按钮，打开合同界面，按照双方在贸易磋商环节达成一致的各项合同条款进行填写。填写完成后可点击左边"！"号检查，如果单据标题处出现绿色"√"，说明填写通过。合同各项条款填写完毕并检查无误后，回到"业务详情"页面，点击"送对方确认"按钮。这时会弹出"请选择出口行"提示，在此页面中选择成员是自己的银行，确认合同。书面合同主要有两种，销售合同（sales contract）和销售确认书（sales confirmation）。虽然其繁简程度不同，但具有同样的法律效力，对买卖双方都具有约束力。如图 1-11 所示，买卖双方经过协商，对商品编号为 CM-007、商品名称为 Small Cart 的一单商品交易达成一致，商品数量为 4000 units、单价为 USD 24.24、总金额为 USD 96960.00。经双方确认无误，签署销售确认书。

（2）确认合同。进口商收到邮件发送的合同后，进入"业务详情"页面，点击"起草/修改合同"按钮，打开合同的界面进行查看。如果对合同条款没有异议，进口商可直接点击"业务详情"页面的"确认合同"按钮（图 1-12）；如果认为合同有需要修改之处，进口商可直接在单据上修改，然后将合同再次发送给出口商确认。进出口商可以重复上述操作，直到合同确认成功为止。

SALES CONFIRMATION

卖方 Shanghai Baili Trading Co., Ltd.
Seller: No.115 Xujiahui Road, Shanghai, China
买方 Apple Trading Co., Ltd.
Buyer: No.1 Square, Los Angeles, California, America

NO.: CT0009286
DATE: 2023-10-17
SIGNED IN: Shanghai, China

经买卖双方同意成交下列商品，订立条款如下：
This contract is made by and agreed between the BUYER and SELLER, in accordance with the terms and conditions stipulated below.

商品编号 Product No.	名称及规格 Description of goods	数量 Quantity	单价 Unit Price	金额 Amount
			CIF New York, America	
CM-007	Small Cart Size: 550mm*230mm*720mm, Wheel: pe frame, Rubber Tire	4000 UNITS	USD 24.24	USD 96960.00
总值TOTAL:		4000 UNITS		USD 96960.00

Say Total(金额大写): USD NINETY SIX THOUSAND NINE HUNDRED AND SIXTY ONLY

Transshipment (转运):
☐ Allowed (允许) ☑ Not allowed (不允许)

Partial shipments (分批装运):
☐ Allowed (允许) ☑ Not allowed (不允许)

Port of Shipment (装运港): Shanghai, China

Port of Destination (目的港): New York, America

Shipment (装运条款): Shipment in November By sea

Marks and Numbers (唛头):
N/M

Insurance (保险):
☑ To be covered by the Buyer.
由买方负责。

图 1-11 销售确认书

图 1-12 进口商确认合同

（3）合同确认后，双方正式建立贸易关系。以 CIF 贸易术语以及信用证支付作为条款，贸易流程共有 31 个环节，可以在"办理流程"页面显示，如图 1-13 所示。

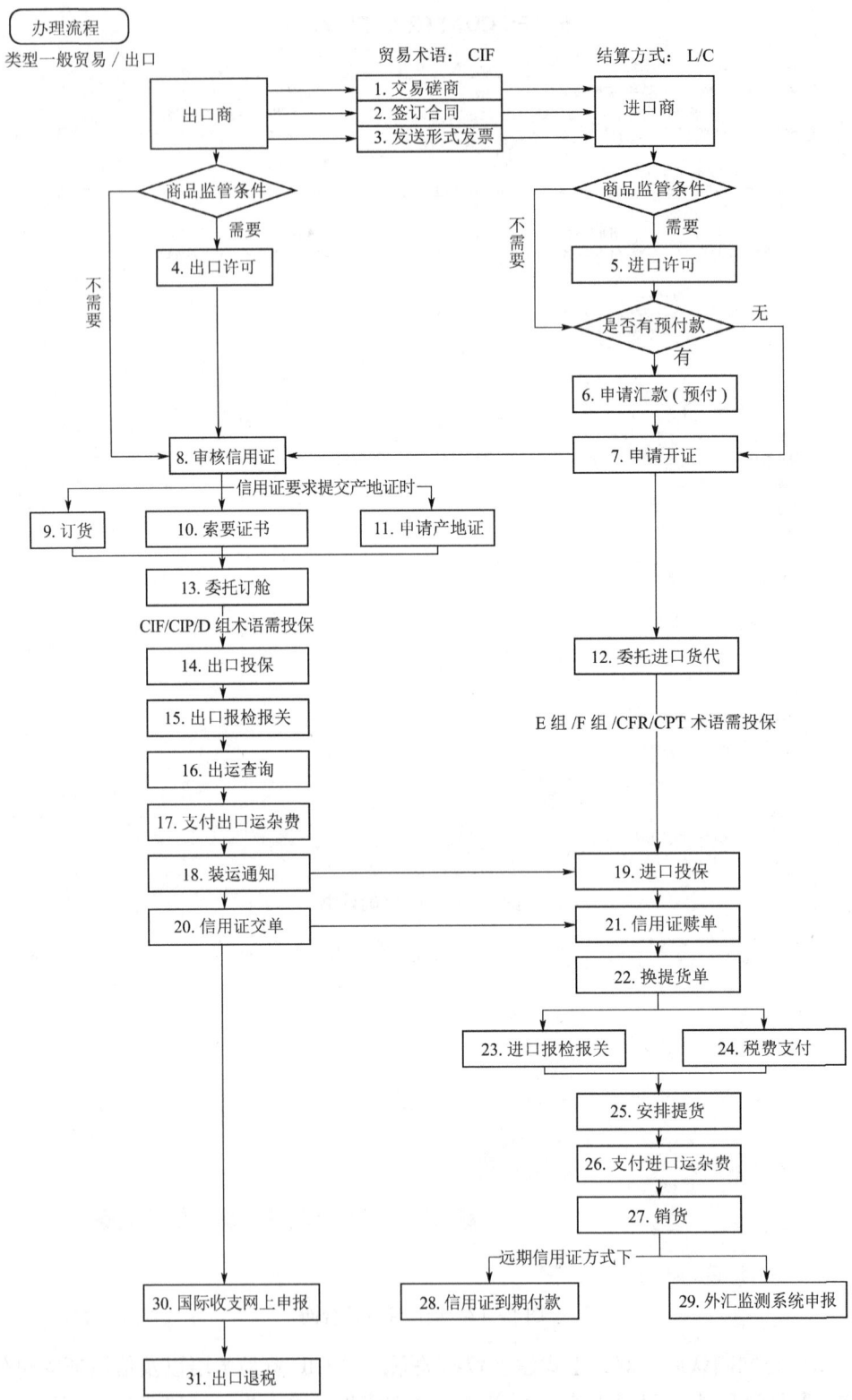

图1-13 国际贸易流程

实训　解读合同并进行模拟磋商

请根据本项目所学知识，仔细阅读下面的销售合同，并完成五项实训任务。

GUANGZHOU SHIBAOLI FASHION CO., LTD.
Sales Contract

编号 CONTRACT NO.：DHC-A-2021092607
日期 DATE：2021.9.26
签约地点 SIGNED AT：GUANGZHOU
卖方 SELLER：GUANGZHOU SHIBAOLI FASHION CO., LTD.
地址 ADDRESS：××××××　　邮政编码 POSTAL CODE：510000
电话 TEL.：020-×××××××　传真 FAX：020-×××××××
买方 BUYER：JOHNSON'S GARMENTS COMPANY, S.A. SANTIAGO CHILE
地址 ADDRESS：××××××　　邮政编码 POSTAL CODE：××××
电话 TEL.：××××××××××　传真 FAX：××××××××××

买卖双方同意按下列条款由卖方出售，买方购进下列货物。THE SELLER AGREES TO SELL AND THE BUYER AGREES TO BUY THE UNDERMENTIONED GOODS ON THE TERMS AND CONDITIONS STATED BELOW.

1. 货号 ARTICLE NO.：CS 6107 No.1-80
2. 品名及规格 DESCRIPTION & SPECIFICATION：GARMENTS (100% COTTON BABY'S OVERALL)
3. 数量 QUANTITY：4000 PCS
4. 价格 UNIT PRICE：USD 1.60/PC FOB GUANGZHOU
5. 总值 TOTAL AMOUNT：USD 6400.00

数量及总值均有　0　%的增减，由卖方决定。WITH　0　% MORE OR LESS BOTH IN AMOUNT AND QUANTITY ALLOWED AT THE SELLER'S OPTION.

6. 生产国和制造厂家 COUNTRY OF ORIGIN AND MANUFACTURER：CHINA
7. 包装 PACKING：50 PCS/CARTONS；80 CARTONS
8. 唛头 SHIPPING MARKS：JOHNSON'S DHC-A-2021092607
9. 装运期限 TIME OF SHIPMENT：NO LATER THAN 2021.11
10. 装运口岸 PORT OF LOADING：GUANGZHOU, CHINA
11. 目的口岸 PORT OF DESTINATION：SAN ANTONIO, CHILE
12. 保险 INSURANCE：TO BE EFFECTED BY BUYERS FOR 110% OF FULL INVOICE VALUE COVERING ALL RISKS
13. 付款条件 TERMS OF PAYMENT：
BY CONFIRMED, IRREVOCABLE, TRANSFERABLE AND DIVISIBLE L/C TO BE AVAILABLE BY SIGHT DRAFT TO REACH THE SELLER BEFORE　2021 / 10 / 15　AND TO REMAIN VALID FOR NEGOTIATION IN CHINA UNTIL 15 DAYS AFTER THE AFORESAID TIME OF SHIPMENT. THE L/C MUST SPECIFY THAT TRANSSHIPMENT AND PARTIAL SHIPMENTS ARE ALLOWED.

14. 品质与数量、重量的异义与索赔 QUALITY/QUANTITY DISCREPANCY AND CLAIM：

IN CASE DISCREPANCY ON QUALITY OF THE GOODS IS FOUND BY THE BUYER AFTER ARRIVAL OF THE GOODS AT PART OF DESTINATION, CLAIM MAY BE LODGED WITHIN 30 DAYS AFTER ARRIVAL OF THE GOODS AT THE PORT OF DESTINATION, WHILE FOR QUANTITY DISCREPANCY, CLAIM MAY BE LODGED WITHIN 15 DAYS AFTER ARRIVAL OF THE GOODS AT THE PORT OF DESTINATION, BEING SUPPORTED BY INSPECTION CERTIFICATE ISSUED BY A REPUTABLE PUBLIC SURVEYOR AGREED UPON BY BOTH PARTY.

15. 人力不可抗拒因素 FORCE MAJEURE：

EITHER PARTY SHALL NOT BE HELD RESPONSIBLE FOR FAILURE OR DELAY TO PERFORM ALL OR ANY PART OF THIS AGREEMENT DUE TO FLOOD, FIRE, EARTHQUAKE, DROUGHT, WAR OR ANY OTHER EVENTS WHICH COULD NOT BE PREDICTED, CONTROLLED, AVOIDED OR OVERCOME BY THE RELATIVE PARTY. HOWEVER, THE PARTY AFFECTED BY THE EVENT OF FORCE MAJEURE SHALL INFORM THE OTHER PARTY OF ITS OCCURRENCE IN WRITING AS SOON AS POSSIBLE AND THEREAFTER SEND A CERTIFICATE OF THE EVENT ISSUED BY THE RELEVANT AUTHORITIES TO THE OTHER PARTY WITHIN 15 DAYS AFTER ITS OCCURRENCE.

16. 仲裁 ARBITRATION：

ALL DISPUTES ARISING FROM THE EXECUTION OF THIS AGREEMENT SHALL BE SETTLED THROUGH FRIENDLY CONSULTATIONS. IN CASE NO SETTLEMENT CAN BE REACHED, THE CASE IN DISPUTE SHALL THEN BE SUBMITTED TO THE FOREIGN TRADE ARBITRATION COMMISSION OF THE CHINA COUNCIL FOR THE PROMOTION OF INTERNATIONAL TRADE FOR ARBITRATION IN ACCORDANCE WITH ITS PROVISIONAL RULES OF PROCEDURE. THE DECISION MADE BY THIS COMMISSION SHALL BE REGARDED AS FINAL AND BINDING UPON BOTH PARTIES. ARBITRATION FEES SHALL BE BORNE BY THE LOSING PARTY, UNLESS OTHERWISE AWARDED.

17. 备注 REMARK：

卖方 SELLER：	买方 BUYER：
GUANGZHOU SHIBAOLI FASHION CO., LTD.	JOHNSON'S GARMENTS COMPANY
	S. A. SANTIAGO CHILE
签字 SIGNATURE：李四	签字 SIGNATURE：JACK SMITH

1. 以 FOB Guangzhou payable by sight L/C 或者 CIF Guangzhou payable by sight L/C 的价格条款和支付方式，讲述卖方的出口贸易和买方的进口贸易操作流程，对比两个不同的贸易术语条款下买卖双方的操作流程差异。

2. 请分组，按照买卖双方的实际情况，对本合同的产品进行模拟贸易磋商，要求包含询盘、发盘、还盘、接受和签订合同五个环节。

3. 以卖方身份，制定一份市场调研和商品促销方案。

4. 两两分组，互相考核翻译合同主要内容的贸易术语。

5. 分组讨论，按照约首、正文、约尾三部分，划分本合同，并分析和解读本合同的相关内容。

项目二　货款支付

【情景导入】

在成功完成项目一中国际贸易前准备及合同签订的任务后，刘明在上海百利外贸有限公司也逐渐熟悉了公司的业务流程和产品，以及掌握了成功签订合同的技巧。接下来的货款结算是一个至关重要的环节，刘明需要到财务部培训学习如何安全、高效地收取货款，了解并掌握国际贸易结算工具和结算方式的相关知识，熟悉汇票、汇付、托收、信用证等相关操作流程并掌握相关文件的填报与缮制。因此，本项目的训练分解为下表所示的四个任务。

任务	知识目标	应用目标
汇票的使用	掌握汇票的内涵、特点和流通知识	能正确理解、使用及制作汇票
汇付业务	掌握汇付的概念、性质、方式和流程	能在国际贸易结算过程中正确使用汇付
托收业务	掌握托收的概念、性质、方式和流程	能在国际贸易结算过程中正确使用托收
信用证业务	掌握信用证的概念、性质和操作流程	能熟悉和掌握信用证的申请、开证、审证要点

任务一　汇票的使用

【任务导入】

刘明熟悉合同等相关知识后，学习根据贸易合同缮制汇票。

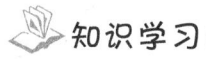知识学习

一、汇票的定义

汇票是一方向另一方签发的，要求在见票时或在将来的固定时间，或是可以确定的时间，对某人或其指定的人或持票人支付一定金额的无条件书面支付命令。2004年修

正的《中华人民共和国票据法》第19条规定，汇票是出票人签发的，委托付款人在见票时或者在指定日期无条件支付确定的金额给收款人或持票人的票据。

二、汇票的基本内容

汇票的基本内容一般有下列几项：

（1）出票人（drawer），是开立票据并将其交付他人的法人、其他组织或者个人。出票人有对收款人及正当持票人在提示付款或承兑时必须付款或者承兑的保证责任。出票人一般是供货方，即真正的债权人。

（2）受票人（drawee），又称付款人（payer），即接受支付命令的人。进出口业务中，受票人通常为进口人或进口地银行。在托收支付方式下，付款人一般为买方或债务人，在信用证支付方式下，一般为开证行或其指定的银行。

（3）收款人（payee），又叫汇票抬头人，是指受领汇票所规定金额的人。进出口业务中，收款人一般为出票人提交单据的银行。

（4）付款金额：必须是确切的或可以准确计算的，不能含混不清。

（5）付款期限。

（6）出票日期和地点。

（7）付款地点。

（8）出票人签字。

以上只是汇票的基本内容，一般为汇票的要项，并不是全部要项。按照各国、各地区票据法的规定，汇票的要项必须齐全，否则受票人有权拒付。汇票不仅是一种支付命令，而且是一种可转让的流通证券。

三、汇票的种类

汇票可从不同的角度来分类。

（1）按出票人不同，汇票分为银行汇票（banker's draft）和商业汇票（commercial draft）。银行汇票是出票人和付款人均为银行的汇票。商业汇票是出票人为企业法人、公司、商号或者个人，付款人为其他商号、个人或者银行的汇票。

（2）按有无附属单据，汇票分为光票（clean draft）和跟单汇票（documentary draft）。光票指汇票本身不附带货运单据，银行汇票多为光票。跟单汇票又称信用汇票、押汇汇票，是需要附带提单、仓单、保险单、装箱单、商业发票等单据才能进行付款的汇票。在国际贸易中经常使用的商业汇票多为跟单汇票。

（3）按付款时间不同，汇票分为即期汇票（sight/demand draft）和远期汇票（time/usance draft）。即期汇票是指持票人向付款人提示后，付款人应当立即付款的汇票，又称见票即付汇票。远期汇票是指在出票一定期限后或特定日期付款的汇票。

关于远期汇票的付款时间，通常有以下四种：①见票后若干天付款（at ×× days after sight）；②出票后若干天付款（at ×× days after date）；③提单签发日后若干天付款（at ×× days after date of bill of lading）；④指定日期付款（fixed date）。

（4）按承兑人不同，汇票分为商业承兑汇票（commercial acceptance draft）和银行承兑汇票（banker's acceptance draft）。商业承兑汇票是以银行以外的任何商号或个人为承兑人的远期汇票。银行承兑汇票是以银行为承兑人的远期汇票。

一张汇票往往可以同时具备几种性质，例如，一张商业汇票同时又可以是远期跟单汇票；一张远期的商业跟单汇票，同时又可以是银行承兑汇票。

四、汇票的票据行为

票据行为是依票据上规定的权利和义务所确定的法律行为，包括出票、背书、承兑、付款等。其中，出票是主票据行为，其他票据行为都是以出票所设立的票据为基础，在出票行为完成之后的行为。汇票的基础票据行为如图2-1所示。

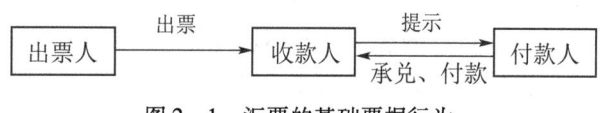

图2-1 汇票的基础票据行为

1. 出票

出票（issue/draw）是把汇票投入流通的第一个环节。出票包括两部分内容：①由出票人制作汇票，并在其上签名；②将票据交给收款人。两部分内容缺一不可，如果已制好票据却不把它交给收款人，则该出票过程只完成了一半。

出票人在制作时必须按有关国家票据法的规定，把法定内容记载于汇票之上，才能产生法律效力。它基本上包括以下项目：

（1）标明"汇票"字样。

（2）必须无条件支付确定金额。汇票是一种无条件的支付命令，如果夹带某种附加条件付款人才予以付款，那就不能算作汇票。

（3）必须载明付款人的姓名。

（4）汇票的收款人（抬头）。汇票的收款人（抬头）通常有以下三种写法：①限制性抬头（即收款人）。例如，汇票上载明"仅付给A公司"（pay to A Co. only）或"付给A公司，不可转让"（pay to A Co. not transferable）。②指示性抬头。例如，汇票上载明"付给A公司或其指定人"（pay to the order of A Co.），这是使用最广泛的一种写法。③来人抬头。汇票上不写明收款人的姓名，只写上"付给持票人"（pay bearer）字样，但必须注意，根据中国《中华人民共和国票据法》第22条规定，汇票必须记载"收款人名称"，否则无效。

（5）汇票的出票日期及地点。

（6）汇票的到期日，即汇票金额的支付日期。它可以有以下四种规定方式：①定日付款，这种形式极少使用；②见票即付，即于持票人提示汇票时付款；③出票日后定期付款，即从出票日起算，于一定时间内（如一个月）付款；④见票后定期付款，即从持票人提示汇票后起算，于见票后的一定时期内付款。

（7）必须由出票人在汇票上签名。

由于目前尚无被广泛承认的国际性汇票公约，故各国、各地区对汇票的内容仍有很大分歧。为保险起见，最好将以上七项内容都载入汇票。

2. 背书

（1）背书（endorsement）的作用。"背书"是因签字多在汇票背面而得名。背书是受款人在票据的背面签字或做出一定的批注，表示对票据做出转让的行为。转让人称为背书人，被转让人称为被背书人。被转让人可以再加背书，再转让出去，如此，一张票据可以多次被转让。按照各国、各地区的法律规定，除无记名式汇票（来人抬头汇票）外，记名汇票和指示性汇票都必须以背书的方式进行转让。

背书有两种效力：①通过背书，汇票上的权利便转移给了被背书人；②如果汇票被拒付或拒绝承兑，任何"后手"都有权向"前手"背书人进行追索，请求偿还票据的金额。

（2）背书的方式。背书的方式通常有以下几种：①空白背书，又称无记名背书，指背书人仅在汇票背面签上自己的名字，而不填写被背书人的姓名和商号名称。经空白背书的汇票可仅凭交付而转让，其结果与来人抬头的汇票相同。这是国际贸易结算中最为常见的一种票据背书方式。②记名背书：持票人在背书时，在汇票背面写上被背书人的姓名、商号，并签上自己的名字，然后将汇票交付给被背书人，汇票的转让即告完成。③限制性背书：背书人对支付给被背书人的指示带有限制性的词语，如"付给T银行，不可转让"（pay to T Bank, not transferable）。

3. 提示

提示（presentation）是指持票人向付款人出示汇票，请其承兑或付款的行为。持票人如要取得汇票金额的支付或承兑，必须向付款人做出正式的汇票提示。提示一般分为付款提示和承兑提示。一般而言，远期汇票都应先向付款人进行承兑提示，到期时再进行付款提示。即期付款的汇票，则只需进行付款提示，无须进行承兑提示。

4. 承兑

（1）承兑（acceptance）的含义。承兑是指汇票的付款人为了表示接受出票人的付款提示，同意承担支付汇票金额的义务，而将此意愿以书面文字形式记载于汇票之上的行为。承兑的方式通常是由付款人在汇票正面横写"承兑"字样，注明承兑日期，并签上自己的名字。

（2）承兑的作用。承兑的作用在于确定付款人对汇票金额的付款义务。因为汇票是出票人（通常是卖方）的单方面行为，付款人对汇票的内容一无所知，所以未在汇票上签名的付款人是毫无责任的。只有当付款人在汇票上签字承兑之后，其才对汇票的付款承担法律上的责任。如果付款人拒绝承兑，持票人不能对付款人起诉，只能对其"前手"背书人或出票人进行追索。

前文已提到，只有远期付款的汇票需要承兑，尤其是属于见票后定期付款（如见票后30天付款）的汇票，持票人必须向付款人提示承兑，因为只有经过承兑之后才能确定具体的付款日期。

5. 付款

付款（payment）是指汇票的持票人于汇票到期日，向汇票的付款人提示汇票，要求支付汇票金额的行为，持票人必须在法定时间内向付款人进行付款提示。如果持票人不及时进行付款提示，即丧失了对出票人及其"前手"的追索权。汇票经付款人如数照付后，汇票上的一切债权债务关系即告消灭，付款人在付款时要求持票人在汇票上签名并注明"收讫"字样，并把汇票交给付款人。

6. 拒付

持票人提示汇票要求承兑时，遭到拒绝承兑（dishonour by non-acceptance），或持票人提示汇票要求付款时，遭到拒绝付款（dishonour by non-payment），均称拒付，又称退票。除拒绝承兑或拒绝付款外，付款人死亡或宣告破产以致付款事实上已不可能实现时，也称拒付。当汇票被拒付时，最后的持票人有权向所有的"前手"直至出票人追索，因此，持票人应及时做成拒付证书（或称"拒绝证书"，protest），以作为向其"前手"进行追索的法律依据。

7. 追索权

追索权（right of recourse）是指汇票遭到拒付时，持票人对其"前手"和出票人有请求其偿还汇票金额及费用的权利。

任务实施

出口商准备汇票等相关单据材料向进口商收取货款。注意：通常在托收和信用证的支付方式下卖方才需要开出汇票。

在国贸仿真平台"贸易公司"菜单栏点击进入"业务详情"页面，进入对应的业务界面，可在单据下添加汇票并依照合同填写相关信息。汇票如图2-2所示。

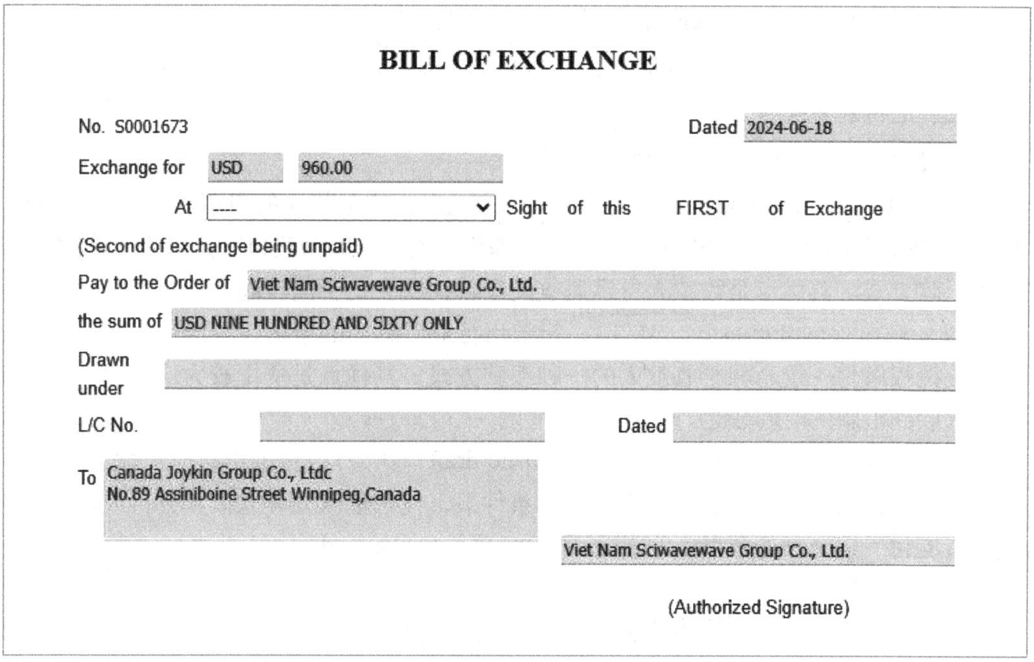

BILL OF EXCHANGE

No. S0001673　　　　　　　　　　　　　　　Dated 2024-06-18
Exchange for　USD　960.00
At　----　Sight of this FIRST of Exchange
(Second of exchange being unpaid)
Pay to the Order of　Viet Nam Sciwavewave Group Co., Ltd.
the sum of　USD NINE HUNDRED AND SIXTY ONLY
Drawn under
L/C No.　　　　　　　　　　　　　　　Dated
To　Canada Joykin Group Co., Ltdc
　　No.89 Assiniboine Street Winnipeg, Canada

　　　　　　　　　　　　　　　Viet Nam Sciwavewave Group Co., Ltd.
　　　　　　　　　　　　　　　(Authorized Signature)

图2-2　汇票

任务二　汇付业务

【任务导入】

刘明熟悉合同和汇票等相关知识后，学习根据合同进行境外汇款（电汇）申请，填写和制作各类单据及凭证。

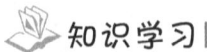知识学习

一、汇付的定义

汇付（remittance）又称汇款，指付款人（通常是进口商）通过银行或其他途径将款项汇交给收款人（通常是出口商）。例如，合同规定"买方应于×××年××月××日前将全部货款用电汇（信汇/票汇）方式汇付给卖方""合同签署后30天内，买方应以电汇方式付给卖方合同金额的30%（××美元）"。

二、汇付的当事人

在汇付业务中通常有四个当事人：①汇款人（remitter），即汇出款项的人，在国际贸易中，通常为进口人；②收款人（payee），即收取款项的人，在国际贸易中，通常为出口人；③汇出行（remitting bank），即受汇款人的委托，汇出款项的银行，通常为进口地的银行；④汇入行（paying bank），即受汇出行委托解付汇款的银行，通常为出口地的银行。

三、汇付的方式

汇付方式分为电汇、信汇和票汇三种：

（1）电汇（telegraphic transfer，T/T），指汇出行应汇款人的申请，拍发加押电报、电传或SWIFT给在境外的分行或代理行（即汇入行），指示解付一定金额给收款人的一种汇款方式。其优点是收款人可迅速收到汇款，缺点是费用较高。

（2）信汇（mail transfer，M/T），指汇出行应汇款人的申请，将信汇委托书寄给汇入行，授权解付一定金额给收款人的一种汇款方式。其优点是费用较为低廉，其缺点是收款人收到汇款的时间较迟。

（3）票汇（remittance by banker's demand draft，D/D），指汇出行应汇款人的申请，在汇款人向汇出行交款并支付一定费用的条件下，代替汇款人开立以其分行或代理行为付款行支付一定金额给收款人的银行即期汇票（banker's demand draft），寄交收款人，由收款人凭此向汇入行取款。

票汇与电汇、信汇有两点不同：①票汇的汇入行，即汇票的付款行无须通知收款人，而由收款人自行持票上门取款；②电汇、信汇的收款人不能将收款权转让，所以涉及的当事人较少，而票汇的收款人可以通过背书转让汇票，可能涉及的当事人较多。

四、汇付的操作程序

1. 电汇/信汇的操作程序

电汇/信汇的操作程序（图2-3）如下：

（1）交易双方签订贸易合同，约定支付方式为电汇/信汇；汇款人填写并呈交电汇/信汇汇款申请书，缴款付费。

（2）汇出行将汇款回执给汇款人。

（3）汇出行通过加押电报、电传、SWIFT等方式向汇入行发出支付授权书，或邮寄支付授权书。

（4）汇入行向收款人发出汇款通知。

（5）收款人接到汇款通知，到汇入行提交收据。

（6）汇入行付款，并将收款人的收据留存。

（7）汇入行告知汇出行付款情况。

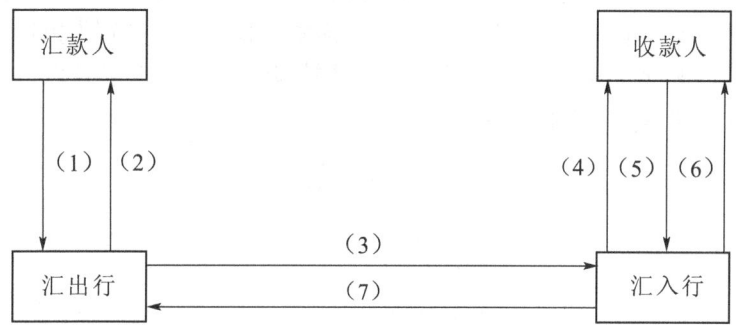

图2-3 电汇/信汇操作流程

2. 票汇的操作程序

票汇的操作程序（图2-4）如下：

（1）交易双方签订贸易合同，约定票汇的支付方式；汇款人填写并呈交票汇汇款申请书，缴款付费。

（2）汇出行开立银行即期汇票，交给汇款人。

（3）汇出行向汇入行寄送汇票票根或发出支付授权书。

（4）汇款人将汇票寄交给收款人。

（5）收款人进行付款提示。

（6）汇入行付款。

（7）汇入行告知汇出行付款情况。

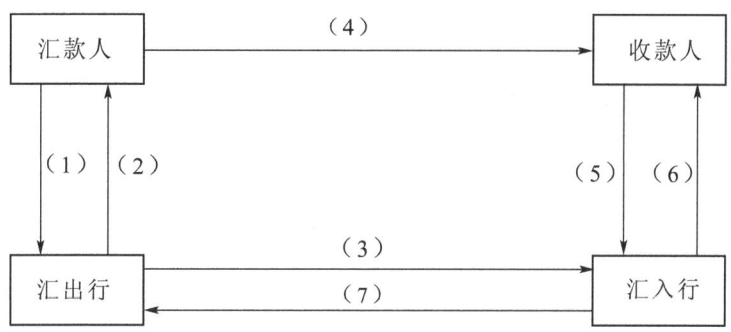

图2-4 票汇操作流程

在办理各种汇付的过程中，汇款人均需向银行出具汇款申请书（application for funds transfers）。申请书是汇款人和汇出行之间的一种责任契约，也是汇出行办理汇款业务的依据。汇出行经接受申请，就有义务按照汇款申请书的指示通知汇入行。汇出行与汇入行之间事先订有代理合同，在代理合同规定的范围内，汇入行对汇出行承担解付汇款的义务。

五、汇款申请书

汇款申请书分为适用于办理外汇资金跨境支付的境外汇款申请书和适用于外汇资金境内划拨的境内汇款申请书两种，这里主要介绍填写境外汇款申请书的相关要求。

按现行规定，汇款人向境外支付进口货款，以及向离岸账户、境外机构境内账户付款，需填写境外汇款申请书。境外汇款申请书通常一式三联，分别为银行、申报主体和外汇局留存联，银行可以根据实际情况相应地增加联数，如会计凭证联。

境外汇款申请书及其填报说明如下：

境外汇款申请书
APPLICATION FOR FUNDS TRANSFERS (OVERSEAS)

致: TO:				日 期 Date
	□电汇T/T □票汇D/D □信汇M/T		发电等级 Priority □普通Normal □加急Urgent	
申报号码 BOP Reporting No.	□□□□ □□□□□□ □□□□ □□ □□□□□□			
20	银行业务编号 Bank Transac.Ref.No.		收电行/付款行 Receiver/Drawn on	
32A	汇款币种及金额 Currency & Interbank Settlement Amount		金额大写 Amount in Words	
其中	现汇金额 Amount in FX		账号Account No./Credit Card No.	
	购汇金额 Amount of Purchase		账号Account No./Credit Card No.	
	其他金额 Amount of Others		账号Account No./Credit Card No.	
50a	汇款人名称及地址 Remitter's Name & Address			
	□对公 组织机构代码 Unit Code □□□□□□□□-□	□对私	个人身份证件号码 Individual ID No. □中国居民个人Resident Individual □中国非居民个人NonResident Individual	
54/56a	收款银行之代理行 名称及地址 Correspondent of Beneficiary's Bank Name & Address			
57a	收款人开户银行名称及地址 Beneficiary's Bank Name & Address	收款人开户银行在其代理行账号 Bene's Bank A/C No.		
59a	收款人名称及地址 Beneficiary's Name & Address	收款人账号 Bene's A/C No.		

70	汇款附言 Remittance Information	只限140个字位 Not Exceeding 140 Characters		71A	境内外费用承担 All Bank's Charges If Any Are To Be Borne By □汇款人OUR □收款人BEN □共同SHA
收款人常驻国家(地区)名称及代码 Resident Country/Region Name & Code					□□□
请选择：□预付货款 Advance Payment □货到付款 Payment Against Delivery □退款 Refund □其他 Others					最迟装运日期
交易编码 BOP Transac. Code	□□□□□□ □□□□□□	相应币种及金额 Currency & Amount		交易附言 Transac. Remark	
是否为保税货物项下付款 For Import Verification	□是 □否	合同号		发票号	
外汇局批件号/备案表号/业务编号			报关单经营单位代码	□□□□□□□□□□	
报关单号		报关单币种及总金额		本次核注金额	
报关单号		报关单币种及总金额		本次核注金额	
银行专用栏 For Bank Use Only		申请人签章 Applicant's Signature		银行签章 Bank's Signature	
购汇汇率@ Rate		请按照贵行背页所列条款代办以上汇款并进行申报 Please Effect The Upwards Remittance, Subject To The Conditions Overleaf:			
等值人民币 RMB Equivalent					
手续费 Commission					
电报费 Cable Charges					
合计 Total Charges					
支付费用方式 In Payment of the Remittance	□现金 By Cash □支票 By Check □账户 From Account	申请人姓名 Name of Applicant 电话 Phone No.		核准人签字 Authorized Person 日期 Date	
核印 Sig. Ver.		经办 Maker		复核 Checker	

填写前请仔细阅读各联背面条款及填报说明
Please read the conditions and instructions overleaf before filling in this application

境外汇款申请书填报说明

1. 凡是采用电汇、票汇或信汇方式对境外付款的机构或个人（统称"汇款人"），须逐笔填写此申请书。

2. 日期：指汇款人填写此申请书的日期。

3. 申报号码：根据国家外汇管理局有关申报号码的编制规则，由银行编制（此栏由银行填写）。

4. 银行业务编号：指该笔业务在银行的业务编号（此栏由银行填写）。

5. 收电行/付款行：（此栏由银行填写）。

6. 汇款币种及金额：指汇款人申请汇出的实际付款币种及金额。

7. 现汇金额：指汇款人申请汇出的实际付款金额中，直接从外汇账户（包括外汇保证金账户）中支付的金额。汇款人将从银行购买的外汇存入外汇账户（包括外汇保证金账户）后对境外支付的金额应作为现汇金额；汇款人以外币现钞方式对境外支付的金额也应作为现汇金额。

8. 购汇金额：指汇款人申请汇出的实际付款金额中，向银行购买外汇直接对境外支付的金额。

9. 其他金额：指汇款人除购汇和现汇以外对境外支付的金额，包括跨境人民币交易以及记账贸易项下交易等的金额。

10. 账号：指银行对境外付款时扣款的账号，包括人民币账号、现汇账号、现钞账号、保证金账号、银行卡号。如从多个同类账户扣款，填写账户余额金额大的扣款账号。

11. 汇款人名称及地址：对公项下，指汇款人预留银行印鉴、统一社会信用代码法定载体（如营业执照）或国家外汇管理局及其分支局（以下简称"外汇局"）签发的"特殊机构代码赋码通知单"上的名称及地址；对私项下，指个人身份证件上的名称及住址。

12. 主体标识码：原组织机构代码，指统一社会信用代码法定载体（如营业执照）上的统一社会信用代码中第9－17位或外汇局签发的"特殊机构代码赋码通知单"上的机构代码。

13. 个人身份证件号码：包括境内居民个人的身份证号、军官证号等以及境外居民个人的护照号等。

14. 中国居民个人/中国非居民个人：根据《国际收支统计申报办法》中对中国居民/中国非居民的定义进行选择。

15. 收款银行之代理行名称及地址：为中转银行的名称，所在国家、城市，及其在清算系统中的识别代码。

16. 收款人开户银行名称及地址：为收款人开户银行名称，所在国家、城市，及其在清算系统中的识别代码。

17. 收款人开户银行在其代理行账号：为收款银行在其中转行的账号。

18. 收款人名称及地址：指收款人全称及其所在国家、城市。

19. 汇款附言：由汇款人填写所汇款项的必要说明，可用英文填写且不超过140个字符（受SWIFT系统限制）。

20. 境内外费用承担：指由汇款人确定办理对境外汇款时发生的境内外费用由何方承担，并在所选项前的"□"中打"√"。

21. 收款人常驻国家（地区）名称及代码：指该笔境外汇款的实际收款人常驻的国家或地区。名称用中文填写，代码根据"国家（地区）名称代码表"填写。

22. 交易编码：应根据本笔对境外付款交易性质对应的"收支交易编码表（支出）"填写。如果本笔付款为多种交易性质，则在第一行填写最大金额交易的收支交易编码，第二行填写次大金额交易的收支交易编码；如果本笔付款涉及进口核查项下交易，则核查项下交易视同最大金额交易处理；如果本笔付款为退款，则应填写本笔付款对应原涉外收入的收支交易编码。

23. 相应币种及金额：应根据填报的交易编码填写，如果本笔对境外付款为多种交易性质，则在第一行填写最大金额交易相应的币种和金额，第二行填写其余币种及金额。两栏合计数应等于汇款币种及金额；如果本笔付款涉及进口核查项下交易，则核查项下交易视同最大金额交易处理。

24. 交易附言：应对本笔对境外付款交易性质进行详细描述。如果本笔付款为多种交易性质，则应对相应的对境外付款交易性质分别进行详细描述；如果本笔付款为退款，则应填写本笔付款对应原涉外收入的申报号码。

25. 本笔款项是否为保税货物项下付款：根据本笔所交易的货物是否为保税货物进行填写。

26. 外汇局批件号/备案表号/业务编号：指外汇局签发的，银行凭以对外付款的各种批件号、备案表号、业务编号。如果本笔付款涉及外汇局核准件，则优先填该核准件编号。

27. 购汇汇率（银行专用栏）：指对境外汇款金额中人民币购汇部分的汇率。

1. 基本要求

目前我国各银行多是根据客户委托，以 SWIFT 方式将外汇款项通过其境外代理行，汇到客户指定的收款人所在银行的账户。由于银行不介入进出口双方交易，不承担交易的风险责任，所以汇款人在填写汇付申请书时必须依据交易合同，做到内容完整、表达准确、书写清楚。申请书中使用的文字，除港澳地区外，必须用英文填写；凡使用 SWIFT 方式汇款，均须使用英文填写。境外汇款申请书的内容包括汇款人填写和银行填写两部分。汇款人需认真阅读申请书填报说明。

2. 汇款人填写申请书

在申请书中，汇款人需明确汇款方式是电汇、信汇还是票汇，其他栏目的填写要注意以下问题。

（1）50a 汇款人名称及地址。需要填写汇款人的汉语拼音或英文名字和英文地址，地址应符合英文规范。

（2）54/56a 收款银行之代理行名称及地址。汇款人如果能够提供收款银行的代理行资料，填写此栏；如果不能提供可以不填，由银行代为选择。如果所汇货币非收款行所在国（地区）本币时，应建议客户尽量提供收款行的代理行资料。汇澳元到澳大利亚以外的国家时必须提供收款行的代理行。

（3）57a 收款人开户银行名称及地址。填写收款人开户银行的英文全称以及城市名称、国家名称、SWIFT 代码。

为保证资金安全及时到账，汇款人需提供收款银行的 SWIFT 代码（SWIFT code），即 SWIFT 授予银行的唯一的银行识别码（BIC）。正确的收款银行 BIC 和清算号是确保资金准确到账的关键。注意：收款银行在美国，如没有 SWIFT，需提供 FW 清算号；汇英镑至英国的需提供 SC 清算号；汇至德国需提供 BL 清算号；汇至欧盟地区需提供 SWIFT 代码和 IBAN 号；汇加元至加拿大需提供 CC 清算号；汇澳元至澳大利亚需提供 BSB/AU 清算号。

例如，对于收款银行在美国的美元汇款，如果客户没有提供收款银行的 FW 清算号或 SWIFT 代码，且没有银行城市地址，该款项可能会因为收款银行地址不够详细而无法到达，进而影响客户资金的安全；如提供了 FW 清算号或 SWIFT Code，可以不提供地址。汇往欧盟地区，如果同时提供了收款银行 SWIFT 及 IBAN，则无须提供详细地址；如果不能同时提供收款银行的 SWIFT 及 IBAN 号，则需另外收 10 欧元的人工处理费。

（4）59a 收款人名称及账号。必须完整正确填写收款人英文全称、收款账号。申请书中禁止填写的非法字符有"！""@""#""＄""％""&""＊""="；若有"&"符号，可用单词 AND 代替。收款人账号中不得出现"/"" -"和空格等不必要的字符，以提高汇款报文的直通率。

(5) 70 汇款附言。应用英文填写附言内容，注明该笔汇款的用途、目的或原因等，便于账户行及时处理和收款人核实款项。填写时用英文以及阿拉伯数字，其他文字包括汉字都是无效的。

(6) 71A 境内外费用承担。"收款人 BEN"是指境内、境外银行费用均由收款人承担，从汇款金额中扣除；"共同 SHA"是指境内银行费用（包括银行汇款手续费、电报费等相关费用）由汇款人承担，境外银行费用（包括境外账户行、中转行、收款银行的费用等）由收款人承担，将从汇款本金中扣除。费用选择方式应加以确认，如未选择，则默认为 SHA。

(7) 其他。最迟装运日期指货物的实际装运日期，境外工程物资和转口贸易项下的支付中最迟转运日期应为收汇日期。注意：必须如实填写合同号、发票号以及外汇局批件号/备案表号/业务编号等信息，以备银行通过电子口岸进行核对。

汇款人填写完毕并审核无误后，在申请书上签字或盖章。汇出行还要认真审核汇付申请书、合同及有关商业单据和有效证明，无误后办理售汇手续，填写手续费、邮电费等内容。汇出行核准签字后，按申请书要求办理汇款业务。

六、汇付的特点及在贸易中使用的注意事项

汇付简便、快捷，可单独使用，也可与其他方式结合使用。汇付的特点及在贸易中使用的注意事项如下。

1. 风险大

汇付属于商业信用，对于货到付款的卖方或预付货款的买方来说，能否按时收汇或能否按时收货，完全取决于对方的信用。如果对方信用不好，则可能钱货两空。

预付货款（payment in advance）是指买方在订货时汇付或交货前汇付货款的方法，分为全部预付和部分预付两种。预付货款对于卖方来说有预先得到一笔资金的明显好处，但对于买方来说，却要过早地垫付资金，承担卖方延迟交货或不交货的风险。因此，这种付款方式不易被普遍接受，只能在个别小额交易中使用。

货到付款（payment after arrival of the goods）是指卖方在没有收到货款以前，先交出单据或货物，然后由买方主动汇付货款的方法。这种方法实际上是一种赊账业务（open account transaction，O/A）。卖方在发货后能否按时顺利收回货款，取决于买方的信用。因此，除非买方的信誉可靠，否则卖方一般不宜轻易采用此种方式。

2. 资金负担不平衡

对于货到付款的卖方或预付货款的买方来说，资金负担较重，整个交易过程所需的资金几乎全部由其提供。

3. 手续简便，费用少

办理汇付的手续比较简单，银行收取的手续费也较少。因此，在交易双方相互信任的情况下，或是跨境公司各子公司之间的结算，可以采用汇付方式。

任务实施

进口商准备相关单据材料向汇出行办理电汇境外汇款申请手续。

在国贸仿真平台"贸易公司"菜单栏点击进入"业务列表"页签，进入对应的业务，在单据下添加"境外汇款申请书"并依照合同填写相关信息，具体内容如下所示。

境外汇款申请书
APPLICATION FOR FUNDS TRANSFERS (OVERSEAS)

致 TO: Bank of Communications			日期 Date: 2023-6-30	
	☑电汇T/T ☐票汇D/D ☐信汇M/T		发电等级 Priority Urgent	☐普通Normal ☐加急
申报号码 BOP Reporting No.	☐☐☐☐ ☐☐☐☐☐☐ ☐☐☐☐ ☐☐ ☐☐☐☐☐☐			
20 银行业务编号 Bank Transac. Ref. No.		收电行/付款行 Receiver/Drawn on		
32A 汇款币种及金额 Currency & Interbank Settlement Amount	[USD][92584.00]	金额大写 Amount in Words	SAY U.S. DOLLARS NINETY TWO THOUSAND FIVE HUNDRED AND EIGHTY FOUR	
其中	现汇金额 Amount in FX	[USD][92584.00]	账号 Account No./Credit Card No.	200100000110003570
	购汇金额 Amount of Purchase	[ ][ ]	账号 Account No./Credit Card No.	
	其他金额 Amount of Others		账号 Account No./Credit Card No.	
50a 汇款人名称及地址 Remitter's Name & Address	Qingdao Miler Trading Co., Ltd. No. 118 Hong Kong Middle Road, Futai Square, Qingdao, Shandong Province, China			
☐对公 组织机构代码 Unit Code 205320107		☐对私	个人身份证件号码 Individual ID NO. ☐中国居民个人Resident Individual ☐中国非居民个人Non-Resident Individual	
54/56a 收款银行之代理行名称及地址 Correspondent of Beneficiary's Bank Name & Address				
57a 收款人开户银行名称及地址 Beneficiary's Bank Name & Address	收款人开户银行在其代理行账号 Bene's Bank A/C No. National Bank of the Republic of Kazakhstan 15 Baitasov Str. Almaty, Kazakhstan			

59a	收款人名称及地址 Beneficiary's Name & Address	收款人账号 Bene's A/C No. Kazakhstan Leger Import & Export Trade Company 247A Merlebard Street, Atyrau, Kazakhstan		
70	汇款附言 Remittance Information	只限140个字位 Not Exceeding 140 Characters	71A	国内外费用承担 All Bank's Charges If Any Are To Be Borne By □汇款人OUR □收款人BEN ☑共同SHA
	收款人常驻国家(地区)名称及代码 Resident Country/Region Name & Code		Kazakhstan	
	请选择：☑预付货款 Advance Payment □货到付款 Payment Against Delivery □退款 Refund □其他 Others		最迟装运日期	2023-9-15
	交易编号 BOP Transac. Code	121010	相应币种及金额 Currency & Amount	[USD][92584.00]	交易附言 Transac. Remark	
	是否为进口核销项下付款 For Import Verification		☑是Yes □否No	合同号 Contract No.	CT0000043	发票号 Invoice No.	IV0000031
	外汇局批件号/备案表号/业务编号			报关单经营单位代码			
	报关单号		报关单币种及总金额	[ ][ ]	本次核注金额	
	报关单号		报关单币种及总金额		本次核注金额	
	银行专用栏 For Bank Use Only		申请人签章 Applicant's Signature		银行签章 Bank's Signature	
	购汇汇率 @ Rate		请按照贵行背页所列条款代办以上汇款并进行申报 Please effect the upwards remittance, subject to the conditions overleaf:			
	等值人民币 RMB Equivalent					
	手续费 Commission					
	电报费 Cable Charges					
	合计 Total Charges		申请人姓名 Name of Applicant	Qingdao Miler Trading Co., Ltd.	核准人签字 Authorized Person	
	支付费用方式 In Payment of the Remittance	□现金 By Cash □支票 By Check □账户 From Account	电话 Phone No.	86-532-84214578	日期 Date	
	核印 Sig. Ver.		经办 Maker		复核 Checker	

填写前请仔细阅读各联背面条款及填报说明
Please read the conditions and instructions overleaf before filling in this application

任务三 托收业务

【任务导入】

刘明熟悉合同和汇付等相关知识后，学习根据合同向银行进行托收申请，填写和制作各类单据及凭证。

知识学习

一、托收的定义

托收（collection）是委托收款的简称。托收是指由债权人（出口人）出具汇票，委托银行向债务人（进口人）收取货款的一种支付方式。具体来说，出口商（或债权人）根据买卖合同先行发货，然后开立金融单据或商业单据或两者兼有，委托出口托收行通过其境外联行或代理行（进口代收行），向进口商（或债务人）收取货款或劳务费用。金融单据意指汇票、本票、支票或其他用于获得货币付款的相似票据。商业单据意指发票、运输单据、物权单据或其他相似单据，或不是金融单据的其他任何单据。

二、托收方式的当事人

托收方式所涉及的当事人如下：

（1）委托人（principal），指委托银行办理托收业务的客户，通常为出口人。

（2）托收银行（remitting bank，简称"托收行"），指接受委托人的委托办理托收业务的银行，一般为出口地银行。

（3）代收银行（collecting bank，简称"代收行"），指接受托收行的委托向付款人收取票款的进口地银行，通常为托收银行的境外分行或代理行。

（4）提示行（presenting bank），指向付款人做出提示汇票和单据的银行，可以是与付款人有往来账户关系的银行，也可以由代收银行自己兼任提示银行。

（5）付款人（payer），通常为进口人，即债务人。如使用汇票，即为汇票的受票人。

三、托收的方式

托收方式可根据所使用汇票的不同，分为光票托收和跟单托收。国际贸易中货款的收取大多采用跟单托收。

1. 光票托收

光票托收（clean collection）是指卖方仅开汇票而不提供任何货运单据，并委托银行收取货款的托收方式。在国际贸易中，光票托收主要用于小额交易、预付货款、分期付款以及收取贸易的从属费用等。

2. 跟单托收

跟单托收（documentary collection）是指卖方将汇票和货运单据一起交给银行，委托银行代收货款。有时只交货运单据，不开汇票。

（1）付款交单（documents against payment，D/P）。被委托的代收行必须在进口人付清货款后才可将货运单据交给付款人，即出口人的交单是以进口人的付款为条件的。付款交单又可分为即期付款交单（documents against payment at sight，D/P at sight）和远期付款交单（documents against payment at ×× days after sight，D/P after sight）两种：

①即期付款交单。进口商于见票时立即付款，付款后领取货运单据。例如，买方应

凭卖方开具的即期跟单汇票于见票时立即付款，付款后交单。

②远期付款交单。出口商开具远期汇票通过银行向进口商提示，进口商予以承兑，直到汇票到期日付清货款，才能取得货运单据。例如，买方对卖方开具的"见票后××天付款"的跟单汇票，于第一次提示时应立即予以承兑，并应于汇票到期日立即予以付款，付款后交单。

进口商如果要提前取得货运单据，可通过两种方法：①提前付款；②凭信托收据借单。信托收据（trust receipt，T/R）是进口人向银行出具的一种信用担保文件，表示愿意以银行受托人的身份代银行提货报关存仓、出售货物，并承认货物的所有权属于银行，货物出售后货款交银行保管，这种情况风险由代收行承担；还有一种情况是，出口商授权银行凭信托收据借单（即所谓远期付款交单凭信托收据借单，D/P·T/R）取得货运单据，此种情况由出口商自己承担风险。

（2）承兑交单（documents against acceptance，D/A）。承兑交单是指代收方按出口人的指示，在进口人承兑后即交出单据，付款人在汇票到期时再付款。例如，买方对卖方开具的"见票后××天付款"的跟单汇票，于第一次提示时应立即予以承兑，并应于汇票到期日立即付款，承兑后交单。

四、托收的程序

银行托收的基本做法是：出口商根据买卖合同先发运货物，然后开立汇票（或不开汇票），连同商业单据，向出口地银行提出托收申请，委托出口地银行（托收行）通过其在进口地的代理行或往来银行（代收行）向进口商收取货款。出口商在委托银行办理托收时，附具一份托收申请书（也可称托收委托书），对办理托收的有关事项进行明确指示。银行在接受托收后，即按托收委托书的指示办理托收。

以跟单托收为例，托收的一般程序如下（图2-5）：

（1）出口商与进口商在合同中约定以托收为支付方式后，出口商按货物买卖合同中的规定备货装运出口。

（2）出口商从船运公司获取提单。

（3）出口商按合同规定装货后，填写托收申请书，同时开立以进口商为付款人的即期（或远期）汇票，连同货运单据送交托收行，委托其收款。

（4）托收行以托收申请书为依据，缮制托收委托书，将委托书、汇票和货运单据寄交代收行委托其代收。

（5）代收行按委托书的指示向进口商提示跟单汇票，要求进口商承兑或付款。

（6）进口商按规定承兑或付款。

（7）代收行收到货款后，向进口商交单。

（8）进口商向船运公司提交海运提单。

（9）船运公司将货物交给进口商。

（10）代收行办理转账并向托收行发出付讫通知。

（11）托收行将收到的货款交给出口商。

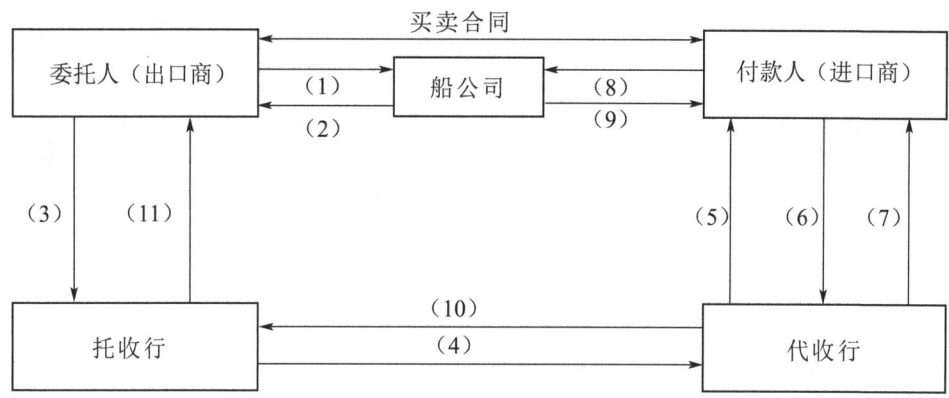

图 2-5 跟单托收操作流程

五、托收申请书

出口商根据合同向进口商发运货物后，应向托收行办理托收手续，包括填写出口托收申请书（一式两联）、开出跟单汇票与整理单据。

托收申请书（collection order）是委托人（出口商）与托收行之间关于执行托收业务的契约性文件，是确立委托人与托收行之间委托代理关系的依据，也是托收行办理该笔托收业务的依据。委托人委托托收行办理托收，必须填制托收申请书；托收行接受托收申请书，则意味着委托与受托契约关系的建立，双方即应按申请书的内容承担规定的各自的责任与义务，若有违反或出现争议，均以托收申请书为准。各银行的托收申请书格式不一致，但内容大体一样，如下所示：

银行托收申请书

致：_____　　日期：_____

兹随附下列出口托收单据/票据，请贵行根据国际商会《跟单托收统一规则》（URC522）及/或贵行有关票据业务处理条例予以审核并办理寄单/票索汇。

托收行（Remitting Bank）： 名称： 地址：	代收行（Collecting Bank）： 名称： 地址：
委托人（Principal）：	付款人（Drawee）： 名称： 地址： 电话：
付款交单 D/P（　　）承兑交单 D/A（　　）	期限/到期日：
发票号码/票据编号：	境外费用承担人：□付款人　□委托人
金额：	境内费用承担人：□付款人　□委托人

单据种类	汇票	商业发票	海运提单	航空运单	保险单	装箱单	数量重量证书	健康证	植物检疫证书	品质证书	原产地证	普惠制产地证
份数												

特别指示：
1. 邮寄方式：□ 快邮　　□ 普邮　　□ 指定快邮
2. 托收如遇拒付，是否须代收行做成拒绝证书（PROTEST）：□ 是　　□ 否
3. 货物抵港时是否代办存仓保险：□ 是　　□ 否
4. 如付款人拒付费用及/或利息，是否可以放弃：□ 是　　□ 否
5.
6.

付款指示：　　　　　　　　　　　　　　核销单编号：
请将收汇款以原币（　）或人民币（　）划入我司下列账户：
开户行：_____　　账号：_____

公司联系人姓名：_____　　公司签章
电话：_____　传真：_____　　_____年____月____日

银行签收人：　　　　　　　　　　　签收日期：

改单/退单记录：

托收申请书应列明委托的具体事项以及委托人与托收行双方的责任范围。以上述托收申请书为例，结合其他可能出现的内容，填写要求如下：

（1）致。填写托收行名称，即出口地银行的中文名称，如中国银行上海市分行。

（2）日期。填写办理托收日期，如 2023 – 10 – 09。

（3）托收行（remitting bank）。填写出口地银行的中文名称和中文地址。

（4）代收行（collecting bank）。填写进口地银行的英文名称及英文地址。一般应是付款人的账户往来银行，且有良好的资信条件与经营作风。

（5）委托人（principal）。填写出口商的名称、地址、电话、传真号码等详细资料。

（6）付款人（drawee）。填写付款人（或进口商）的英文名称、地址、电话、传真号码等详细资料。如果进口商的资料不详细的话，容易造成代收行工作上的困难，延迟出口商收到款项的时间。

（7）托收方式。应明确指示交单条件是承兑交单还是付款交单。

（8）发票号码。填写商业发票编号。也有的申请书要求填写合同号码（contract number）。

（9）金额。填写合同币别及合同金额。注意申请书上有关汇票的内容，如托收的金额、币种和付款期限等要与汇票上的一致。

（10）银行费用负担。应明确境内、境外费用由谁负担。注意：若由付款人负担代收行的费用，但付款人不付费用时，要明确是否交单。

（11）单据种类、份数：填写申请人提交给银行的正本和副本单据的名称和数量。汇票份数、商业发票份数必填；航空运单份数，如果是空运，则必填；保险单份数，如果合同采用 CIF/CIP 术语，则必填；装箱单份数必填；数量重量证书份数、健康证份数、植物检疫证书份数、品质证书份数，如果出口商报检时申请了以上单据，则必填；原产地证、普惠制产地证、输欧盟产地证，如果出口商申请了这些单据，也必须填写。

（12）付款指示。开户行名称填写出口商开户行中文名称；账号填写合同币别对应的外汇账号；联系人姓名及传真等需与出口商基本资料一致。

（13）代收行收妥货款后的通知及划交办法。应明确是采用航邮、电报还是其他办法。按照惯例，若无明确指示，银行可任意选择划交及通知工具。

（14）付款人付款事项。应明确是否允许分批付款与分批赎单、逾期付款是否加收利息及利率标准、远期汇票是否允许提前付款及是否给予利息回扣等。

（15）发生拒付时的有关款项。应明确遭拒付时的通知手段（是电信还是航邮）、有无"需要时的代理"及其权限，是否请银行代为存入仓库并投保火险，是否要做成拒绝证书，等等。按照惯例，若无明确指示，银行可任意选择通知手段及按不做拒绝证书处理。

（16）其他方面的事项。如委托人对银行的通知应及时作出指示，明确银行垫付的各项费用（如邮寄费、电报费、公证费等）的偿付办法等。

六、托收的特点及卖方应注意的问题

托收的性质是商业信用。银行有"三不管"：一是不负责审查单据，二是不负责买方是否付款，三是不负责查验货物的真实情况。因此，跟单托收对出口商有一定风险，但对进口商却很有利，其可以免去申请开立信用证的手续，不必预付银行押金，减少费用开支，而且有利于资金融通和周转。由于托收对进口商有利，所以在出口业务中采用托收方式有利于调动进口商采购货物的积极性，从而有利于促进成交和扩大出口，故出口商会将托收作为推销库存货物和加强对外竞销的手段。

采用托收结算方式时，应注意以下问题：

（1）要切实了解买方的资信情况和经营作风，成交金额不宜超过其信用额度。

（2）对于贸易管理和外汇管制较严格的进口国家和地区不宜使用托收方式，以免货物到目的地后由于不准进口或收不到外汇而造成损失。

（3）要了解进口国家和地区的商业惯例，以免由于当地习惯做法，影响安全、迅速收汇。例如，有些拉美国家的银行，对远期付款交单的托收按照当地的法律和习惯，在进口商承兑远期汇票后立即把商业单据交给进口商，即把远期付款交单（D/P 远期）改为按承兑交单（D/A）处理，这会使出口商增加收汇的风险并可能引起争议和纠纷。

（4）出口合同应争取按 CIF 或 CIP 条件成交，由出口商办理货运保险，也可投保出口信用险。在不采用 CIF 或 CIP 条件时，应投保卖方利益险。

（5）采用托收方式收款时，要建立健全管理制度，定期检查，发现问题应当迅速采取相应措施，以避免或减少可能产生的损失。

任务实施

出口商在货物装运后,需准备相关单据材料,开具以进口商为付款人的汇票(随附或不随附货运单据),提交给出口地银行,委托其通过它在进口地的分行或代理行代出口商收取货款。出口商向托收行办理托收申请手续。

在国贸仿真平台"贸易公司"菜单栏点击进入"业务详情"页面,选择对应的业务,在单据下添加交单委托书并填写托收委托书(即托收申请书),依照合同填写相关内容。托收委托书如图2-6所示。

托收委托书
COLLECTION ORDER

致:俄罗斯远东银行　　　　　　　　　　　　日期:2023-10-31

托收行(Remitting Bank):
俄罗斯远东银行
圣彼得堡纸大街11栋1号楼

代收行(Collecting Bank)
名称:BANK OF CHINA
地址:170 People Avenue, Shanghai, China

委托人(Principal):
达森进出口有限公司
苏沃洛夫街18号,国际联盟商务中心,顿河畔罗斯托夫18楼
+7(800)013-37-86

付款人(Drawee):
名称:Chai Ni Si Import and Export Company
地址:53 Xinhua Avenue, Guangzhou, Guangdong Province, China
电话:86650155768

付款交单D/P(√)　　　承兑交单D/A( )

发票号码:IV0000508

金额:[USD][120000]

境外费用承担人:☑付款人　□委托人
境内费用承担人:□付款人　☑委托人

单据种类	汇票	商业发票	海运提单	航空运单	保险单	装箱单	数量重量证书	健康证	植物检疫证书	品质证书	原产地证	普惠制产地证			
份数	2	4	3		4	4					4				

付款指示:
请将收汇款原币划入我司下列账上:
开户行:俄罗斯远东银行　　　　　　账号:6101002710787

联系人姓名:郭明
电话:+7(800)013-37-86　　传真:+7(800)013-...

公司签章

图2-6　托收委托书

任务四　信用证业务

【任务导入】

刘明熟悉合同和托收等相关知识后，根据合同申请信用证，填写和制作各类单据及凭证。

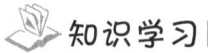 知识学习

一、信用证的含义

根据《跟单信用证统一惯例》（UCP 600）规定，信用证（letter of credit，L/C）是指由银行（开证行）依照客户（申请人）的要求和指示开立的，在符合信用证条款的条件下凭规定单据承诺付款的书面文件。

信用证结算方式是一种银行信用，银行不仅直接参与结算，而且以自己的信用对受益人做出付款保证，即使开证申请人事后丧失偿付能力，只要出口人提交的单据符合用证条款，开证行也必须承担付款责任。因此，信用证结算可缓解买卖双方互不信任的矛盾，扩大国际贸易的范围，使一些资历和声誉一般的中小企业以及本来彼此不熟悉或不信任的买卖双方也可以较为顺利地进行交易，有利于贸易商向银行融通资金。

二、信用证的当事人

信用证方式涉及的当事人较多，主要有以下几个。

1. 开证申请人

开证申请人（applicant）又称开证人（opener），指向银行申请开立信用证的人，一般为进口商，即买卖合同的买方。

2. 开证银行

开证银行（opening bank/issuing bank）指接受开证申请人的委托申请，开立信用证的银行，一般是进口商所在地的银行，开证人与开证行的权利和义务以开证申请书为依据，开证行承担保证付款的责任。

3. 通知银行

通知银行（advising bank）指受开证行的委托，将信用证通知受益人的银行。一般是出口商所在地的银行，是开证行的代理行。通知银行负责将信用证通知受益人，以及鉴别信用证的表面真实性，并不承担其他义务。

4. 受益人

受益人（beneficiary）指信用证上所指定的有权使用该证的人，一般为出口商，即买卖合同的卖方。

5. 议付银行

议付银行（negotiating bank）指愿意买入受益人交来的跟单汇票的银行，因此又称

购票银行、贴现银行或押汇银行，一般是出口商所在地的银行。议付行可以是指定的银行，也可以是非指定的银行，此项根据信用证的条款来决定。

6. 付款银行

付款银行（paying bank）指信用证上指定的付款银行，一般是开证银行，也可以是它指定的另一家银行，此项根据信用证的条款来决定。

7. 保兑银行

保兑银行（confirming bank）指根据开证银行的请求在信用证上加具保兑的银行。保兑银行在信用证上加具保兑后，即对信用证独立负责，承担必须付款或议付的责任。在实际业务中，保兑银行一般由开证行请求通知行兼任，或由其他资信良好的银行充当。

8. 偿付银行

偿付银行（reimbursement bank）指接受开证银行在信用证中的委托，代开证行偿还垫款的第三国（地区）银行，即开证行指定的对议付行或代付行进行偿付的代理人。偿付银行偿付时不审查单据，不负单证不符的责任，因此，其偿付不视作开证行终局的付款。

三、信用证的操作程序

信用证类型不同，其收付程序的具体做法也有所不同，但其基本环节大致相同。以不可撤销跟单信用证为例，信用证操作程序（图2-7）如下：

（1）进出口双方进行交易磋商达成交易，签订货物买卖合同，在合同中规定采用信用证作为货款的结算方式。

（2）开证人向开证行申请开立信用证。进口商在合同规定的期限内向当地银行提出申请，填写开证申请书并缴纳保证金或提供其他担保，要求开证行开证。开证人申请开证时，应填写开证申请书，内容如下：①要求开立信用证的内容，其基本内容与买卖合同的条款相符，也就是开证人按照买卖合同条款要求开证银行在信用证上列明条款，这是开证银行向受益人或议付银行付款的依据。②开证人对开证银行的声明，用以表明双方的责任，其基本内容是承认在其付清货款前，银行对单据及其所代表的货物拥有所

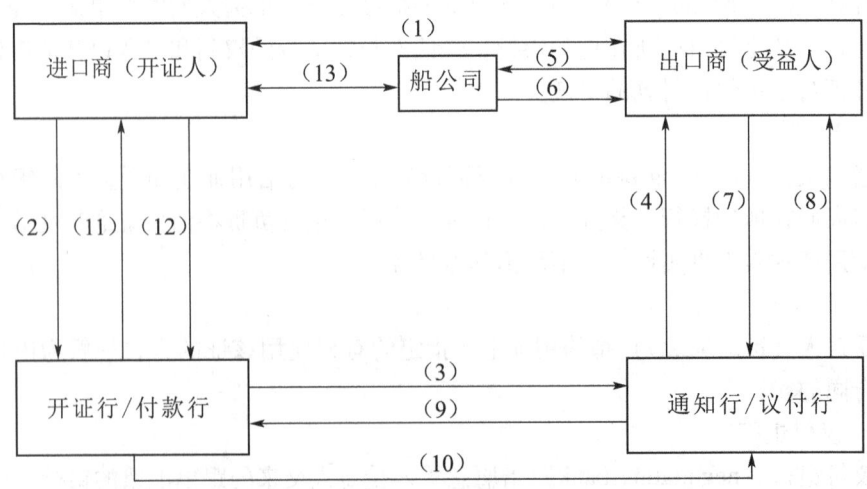

图2-7 不可撤销跟单信用证操作程序

有权；承认银行可以接受"表面上合格"的单据，对于伪造单据、货物与单据不符等情况，银行概不负责；开证人保证单据到达后要如期付款赎单，否则，开证行有权没收开证人所交的押金和抵押品等。

（3）开证行开立、寄送信用证。开证行接受开证人的开证申请书后，向受益人开立信用证，所开信用证的条款必须与开证申请书所列条款一致。信用证一般开立正本一份、副本若干份。开证方式有信开（open by airmail）和电开（open by telecommunication）两种。

①信开是指开证时开立正本一份和副本若干份，邮寄给通知行。

②电开是指开证行将信用证内容加注密押，用电报或电传等电信工具通知受益人所在地的代理行，请其转交受益人。电开可分为简电本（brief cable）和全电本（full cable）。进口商为了使出口商及早备货、安排运输，而将仅有信用证金额、号码、装运期、有效期等少量信用证内容的文字用电信通知出口商已开证，这种通知就是简电本。这种简电本在法律上无效，不能凭此交单付款、承兑或议付。这种简电通知往往注明"详情见航邮件（detail airmail）"或类似字样。全电本开证是指使用电报或电传等电信工具将信用证的全部条款传达给通知行。《跟单信用证统一惯例》（UCP600）第11条a款规定，经证实的信用证或修改的电信文件将被视为有效的信用证或修改文据，任何随后的邮寄证实书将被不予受理。若该电信文件声明"详情后告"（或类似词语）或声明随后寄出的邮寄证实书将是有效的信用证或修改文据，则该电信文件将被视为无效的信用证或修改文据。开证必须随即不延误地开出有效的信用证或修改文据，且条款不能与电信文件相矛盾。该条b款规定：只有准备开立有效信用证或修改的开证行，才可以发出开立信用证或修改预先通知书。发出预先通知书的开证行应不可撤销地承诺将不延误地开出有效的信用证或修改文据，且条款不能与预先通知书相矛盾。目前，西北欧、美洲和亚洲等地区的银行广泛使用 SWIFT 开证，我国银行在电开信用证或收到的信用证电开本，SWIFT 信用证已占很大比重。采用 SWIFT，使信用证标准化、固定化和统一格式化，且传递速度快捷，成本也低，因此能使银行在开立信用证时乐于使用。

按理说，开证行可以将信用证直接寄给受益人，或通过开证申请人转交给受益人，但在实际业务中几乎没有这样做的先例。因为出口人对境外银行并不熟悉，无法确认信用证的真假。所以，开证时一般要由开证行将信用证通过通知行通知或转交给受益人。

（4）通知行通知受益人。通知行收到信用证后，应立即核对信用证的签字印鉴（信开）或密押（电开），在核对无误后，除留存副本或复印件外，须迅速将信用证交给受益人。如果收到的信用证是以通知行为收件人的，通知行应以自己的通知书格式照录信用证全文通知受益人。

（5）受益人审证改证，确定信用证与合同无误后，备货装运出口。受益人收到信用证后，应立即进行认真审查，主要审核信用证中所列的条款与买卖合同中所列的条款是否相符。如发现有与合同不一致的且不能接受的内容，应及时通知开证人，请求其修改信用证。修改信用证的传递方式与开证相同。在修改不可撤销信用证时，应注意以下事项：信用证的修改必须征得各有关当事人的同意，方为有效，否则此项修改不能成立，信用证仍以原来的内容为准；如果修改通知涉及两个及以上的条款，受益人只能全部接受或全部拒绝，不能接受其中一部分而拒绝其他部分；在同一份信用证中的多处条款的修改，应做到一次向对方提出；信用证的修改通知书应通过原证的通知行转递或通知。受益人收到信用证经审查无误，或收到修改通知书确认后，即可根据信用证规定发运货物。

（6）出口商按照合同和信用证规定的装运时间、地点发货装船后，从船运公司处获取正本提单。

（7）出口商交单议付。出口商在货物发运完毕后，须取得信用证规定的全部单据，开立汇票和发票，连同信用证正本（如经修改的还需连同修改通知书）在信用证规定的交单期或信用证有效期内，递交给信用证规定的银行或与自己有往来的其他银行办理议付。信用证交单应注意单据的种类和份数与信用证的规定相符，以及单据内容包括所用文字均与信用证保持严格一致。

（8）议付行审单无误后，向受益人承兑或垫付货款。议付行在收到单据后应立即按照信用证规定进行审核，并在收到单据次日起不超过 5 个银行工作日将审核结果通知受益人。在我国出口业务中，使用议付信用证较多。所谓"议付"（negotiation）是指议付行在审核单据后确认受益人所交单据符合信用证条款规定的情况下，按信用证条款买入受益人的汇票和/及单据，按照票面金额扣除从议付日到估计收到票款之日的利息，将净数按议付日人民币市场汇价折算成人民币付给信用证的受益人。

议付行办理议付后持有汇票成为正当持票人，这样银行就取得了单据的所有权。由于是议付行垫付资金，购买汇票和单据，所以又称议付行为"买单"。买单结汇是议付行向信用证受益人提供的资金融通，可加速资金周转，有利于扩大出口业务，由此可见，它又是出口押汇的一种做法。

（9）议付行将汇票和单据寄交付款行索偿。索偿是指议付行根据信用证规定，凭单据向开证行或其指定行请求偿付的行为。议付行按信用证要求将单据分次寄给开证行或代付行，并将汇票和索偿证明书分别寄给开证行、付款行或偿付行，以航邮或电报、电传索偿。单据通常分为正副两批先后寄发，以免遗失。

（10）付款行向议付行偿付。偿付是指开证行或被指定的代付行或偿付行向议付行进行付款的行为。开证行收到议付行寄来的汇票和单据后，经检查认为与信用证规定相符，应将票款偿还给议付行。如果信用证指定付款行或偿付行，则由该指定行向议付行进行偿付。

（11）开证行通知进口商付款赎单。开证行在向议付行偿付后，立即通知开证申请人付款赎单。

（12）进口商核对单据无误后，付款赎单。进口商接到通知后，应立即到开证行检验单据，如认为无误，就应将全部货款和有关费用向银行一次付清并赎回单据。银行则返还在申请开证时开证人所交的押金和抵押品，此时开证申请人与开证行之间因开立信用证而构成的债权债务关系即告结束。如果开证人验单时，发现单证不符，亦可拒绝付款赎单。但如果开证申请人凭运输单据向承运人提货，发现货物与买卖合同不符，只能向受益人、承运人或保险公司等有关责任方索赔，与银行无关。

（13）进口商将单据交给船公司提货，船公司将货物交给进口商。

四、信用证的主要内容

在实际业务中，各银行的信用证没有统一格式，但其内容大致相同。总的说来，就是国际贸易合同的有关条款与要求和受益人提交的单据，再加上银行保证。信用证通常主要包括以下几方面内容。

1. 关于信用证本身的说明
①开证行名称（opening bank）。
②信用证的种类（form of credit）。
③信用证号码（L/C number）。
④开证日期、地点（date and place of issue）。
⑤开证申请人（applicant）。
⑥受益人（beneficiary）。
⑦有效期及地点（date and place of expiry）。
⑧信用证金额（L/C amount）。
⑨通知行（advising bank）。
⑩议付行（negotiating bank）。

2. 汇票条款
①出票人（drawer）。
②付款人（drawee）。
③汇票金额（draft amount）。
④汇票号码（number of draft）。
⑤汇票期限（tenor）。
⑥出票条款（drawn clause）。

3. 单据条款
①商业发票（commercial invoice）。
②品质检验证书（inspection certificate of quality）。
③重量检验证书（inspection certificate of weight）。
④运输单据（transport document）。
⑤保险单据（insurance policy）。
⑥原产地证书（certificate of origin）。

4. 货物条款
①货物名称和规格（description and specification）。
②数量（quantity）。
③单价（unit price）。
④包装（packing）。

5. 装运和保险条款
①装运港（port of loading/shipment）。
②卸货港或目的港（port of discharge or destination）。

③装运期（latest date of shipment）。
④分批装运和转船规定（the stipulations for partial shipment and transshipment）。
⑤保险条款（insurance clause）。

6. 特殊条款

特殊条款视具体交易情况而定。在实践中可以规定佣金与折扣（commission and discount）、费用（charges）、产地（origin）、议付与偿付（negotiation and reimbursement）等几方面。

7. 《跟单信用证统一惯例》文句

This credit is subject to the *Uniform Customs and Practice for Documentary Credits* (2007 Revision) International Chamber of Commerce publication NO. 600. （本证根据国际商会2007年修订本第600号出版物《跟单信用证统一惯例》办理。）

五、SWIFT 信用证简介

SWIFT 是环球银行间金融电讯协会（Society for Worldwide Interbank Financial Telecommunication）的简称。该组织是个国际银行同业间非营利性的合作组织，专门从事非公开性的国际金融业电信业务，主要有十大类业务：①客户汇款与支票；②银行头寸调拨；③外汇买卖和存放款；④托收；⑤证券；⑥贵金属和辛迪加；⑦跟单信用证和保函；⑧旅行支票；⑨银行账务；⑩SWIFT 系统电报。

SWIFT 具有安全可靠、高速度、低费用、自动加核密押等特点。凡依据国际商会所制定的电信信用证格式设计，利用 SWIFT 网络系统设计的特殊格式，通过 SWIFT 网络系统传递的信用证的信息，即通过 SWIFT 开立或通知的信用证称为 SWIFT 信用证，也称为环球电协信用证。凡采用 SWIFT 信用证，必须遵守 SWIFT 使用手册的规定，使用 SWIFT 手册规定的代号（tag）。目前开立 SWIFT 信用证的格式代号为 MT700 和 MT701。SWIFT 信用证实例如下：

```
*OWN ADDRESS                    : CITICNS×××
*INPUT MESSAGE TYPE             : 700 ISSUE OF A DOCUMENTARY CREDIT
*SENT TO                        : CITIUS33×××
27/SEQUENCE OF TOTAL
1/1
40A/FORM OF DOCUMENTARY CREDIT
IRREVOCABLE
20/DOCUMENTARY CREDIT NUMBER
0227LC07000016
31C/DATE OF ISSUE
20220702
40E/APPLICABLE RULES
UCP LATEST VERSION
31D/DATE AND PLACE OF EXPIRY
```

20220831 U.S.A.
50/APPLICANT
SHANGHAI BAILI TRADING CO., LTD.
NO. 115 XUJIAHUI ROAD, SHANGHAI, CHINA
59/BENEFICIARY
NEW YORK KMY IMP. & EXP. CORP.
NO. 124 GROVE STREET, NEW YORK, NY 10038, U.S.A.
32B CURRENCY CODE, AMOUNT
USD 135000.00
39A/ PERCENTAGE CREDIT AMOUNT TOLERANCE
0/0
41D/AVAILABLE WITH... BY...
ANY BANK IN U.S.A.
BY NEGOTIATION
42C/DRAFT AT...
SIGHT FOR 100PCT OF INVOICE VALUE SHOWING THIS L/C NO. AND DATE OF ISSUE
42A/DRAWEE
CITIBANK (CHINA) CO., LTD., SHANGHAI BRANCH
43P/PARTIAL SHIPMENT
ALLOWED
43T/TRANSSHIPMENT
ALLOWED
44E/PORT OF LOADING
NEW YORK, U.S.A.
44F/PORT OF DISCHARGE
SHANGHAI, CHINA
44C/LATEST DATE OF SHIPMENT
20220820
45A/DESCRIPTION OF GOODS AND/OR SERVICES
"NANIWA" BRAND STEEL MOULD FOR LAMINATION NTK-630 (SUS-630)

SPECIFICATION	QUANTITY	UNIT PRICE
20MM × 966MM × 1270MM	600SHTS	USD 225.00/SHT

TOTAL AMOUNT: USD 135000.00 CIF SHANGHAI
PACKING: STANDARD EXPORT PACKING
46A/DOCUMENTS REQUIRED
+ SIGNED COMMERCIAL INVOICE IN 3 FOLD.
+ FULL SET OF ORIGINALS OF CLEAN ON BOARD OCEAN BILLS OF LADING MADE OUT TO ORDER AND BLANK ENDORSED, MARKED "FREIGHT PREPAID", NOTIFY SHANGHAI SFECO INTERNATIONAL CUSTOMS BROKERS CO., LTD. MR. CHEN YUN TEL: 0086-21-67721234 AND APPLICANT.

+ FULL SET OF INSURANCE POLICY/CERTIFICATE FOR 110PCT OF INVOICE VALUE SHOWING CLAIMS PAYABLE IN SHANGHAI, CHINA UP TO SONGJIANG WAREHOUSE, IN CURRENCY OF THE DRAFT BLANK ENDORSED, COVERING ALL RISKS AND WAR RISKS.

+ WEIGHT MEMO/PACKING LIST IN 3 FOLD ISSUED BY BENEFICIARY INDICATING QUANTITY GROSS AND NET WEIGHT OF EACH PACKAGE.

+ CERTIFICATE OF ORIGIN IN 2 FOLD.

47A/ADDITIONAL CONDITIONS

+ THIRD PARTY AS SHIPPER IS NOT ACCEPTABLE.

SHORT FORM/BLANK BACK B/L IS NOT ACCEPTABLE.

+ ALL DOCUMENTS MUST INDICATE THIS L/C NO.

+ THE NEGOTIATION BANK/PRESENTING BANK MUST INDICATE THE EXACT DATE OF DOCS PRESENTATION ON THEIR COVERING SCHEDULE. IF SUCH A DATE WAS NOT MENTIONED WITHIN THE COVERING SCHEDULE, THE DATE OF THE COVERING SCHEDULE WILL BE DEEMED TO BE THE DATE OF DOCS PRESENTATION.

71 B/CHARGES

ALL BANKING CHARGES OUTSIDE THE ISSUING BANK ARE FOR BENEFICIARY'S ACCOUNT

48/PERIOD FOR PRESENTATION

DOCUMENTS MUST BE PRESENTED WITHIN 21 DAYS AFTER THE DATE OF ISSUANCE OF THE TRANSPORT DOCUMENTS BUT WITHIN THE VALIDITY OF THIS CREDIT.

49/CONFIRMATION INSTRUCTIONS

WITHOUT

78/INSTRUCTIONS TO THE PAYING/ACCEPTING/NEGOTIATING BANK

+ UPON RECEIPT OF THE DOCUMENTS AND THE DRAFTS IN COMPLIANCE WITH THE TERMS AND CONDITIONS OF THIS CREDIT, THE REIMBURSEMENT WILL BE EFFECTED AS PER THE NEGOTIATING BANK'S INSTRUCTION.

+ THE AMOUNT OF EACH DRAFT MUST BE ENDORSED ON THE REVERSE OF THIS CREDIT BY THE NEGOTIATING BANK.

+ A CHARGE OF USD 50.00 OR EQUIVALENT IN THE CREDIT CURRENCY WILL BE DEDUCTED FROM THE PROCEEDS FOR EACH PRESENTATION BEARING DISCREPANCIES.

+ ALL DOCUMENTS MUST BE SENT IN ONE LOT TO ISSUING BANK: ROOM 509, UNION BUILDING, NO.261 MIDDLE SICHUAN ROAD, SHANGHAI, CHINA.

在MT700/701电文中，一些项目是必选项目，而一些项目则是可选项目，主要栏目说明如下。

1. 27/SEQUENCE OF TOTAL（合计次序）

如果该跟单信用证条款能够全部容纳在该MT700报文中，那么该项目内就填入"1/1"。如果该证由一份MT700报文和一份MT701报文组成，那么在MT700报文的项目"27"中填入"1/2"，在MT701报文的项目"27"中填入"2/2"，以此类推。

2. 40A/FORM OF DOCUMENTARY CREDIT（跟单信用证类别）

信用证中必须明确注明是可撤销信用证还是不可撤销信用证。若没有明示此点，则视该证为不可撤销信用证。原则上，银行只受理不可撤销信用证。

该项目内容有六种填法：

①IRREVOCABLE：不可撤销跟单信用证；

②REVOCABLE：可撤销跟单信用证；

③IRREVOCABLE TRANSFERABLE：不可撤销可转让跟单信用证；

④REVOCABLE TRANSFERABLE：可撤销可转让跟单信用证；

⑤IRREVOCABLE STANDBY：不可撤销备用信用证；

⑥REVOCABLE STANDBY：可撤销备用信用证。

详细的转让条款应在项目"47A"中列明。

3. 20/DOCUMENTARY CREDIT NUMBER（信用证号码）

该项目列明开证行开立跟单信用证的号码。

该编号由系统自动产生，据此编号填写即可。

4. 31C/DATE OF ISSUE（开证日期）

该项目列明开证行开立跟单信用证的日期，如 20230428。

如果报文无此项目，那么开证日期就是该报文的发送日期。

5. 31D/DATE AND PLACE OF EXPIRY（到期日及地点）

该项目列明跟单信用证最迟交单日期和交单地点，根据开证申请书填写。

6. 40E/APPLICABLE RULES（适用规则）

该项目列明适用规则，通常为最新版《跟单信用证统一惯例》，目前为 UCP 600。

7. 50/APPLICANT（申请人）

此栏需列明申请人名称及地址。申请人又称开证人（opener），系指向银行提出申请开立信用证的人，一般为进口人，就是买卖合同的买方。开证申请人为信用证交易的发起人。

8. 59/BENEFICIARY（受益人）

此栏须列明受益人名称及地址，系指信用证上所指定的有权使用该信用证的人，一般为出口人，也就是买卖合同的卖方。受益人通常也是信用证的收件人（addressee），其有按信用证规定签发汇票向所指定的付款银行索取价款的权利，也有在法律上以汇票出票人的身份对其后的持票人负有担保该汇票必获承兑和付款的责任。

9. 32B/CURRENCY CODE，AMOUNT（币别代号、金额）

此栏根据交易金额填写。

10. 41D/AVAILABLE WITH … BY …（……银行押汇，押汇方式为……）

此栏根据申请书的相关内容，指定有关银行及信用证兑付方式。

该项目列明对该证付款、承兑或议付的被授权银行及该信用证的兑付方式。

（1）银行表示方法。

①当该项目代号为"41A"时，银行用 SWIFT 名址码表示。

②当该项目代号为"41D"时，银行用银行名称、地址表示。如果信用证为自由议付信用证，则该项目代号应为"41D"，银行用"ANY BANK IN …（地名/国名）"表示。

③如果该信用证为自由议付信用证，而且对议付地点也无限制，那么该项目代号应为"41D"，银行用"ANY BANK"表示。

（2）兑付方式表示方法：

BY PAYMENT：即期付款；

BY ACCEPTANCE：远期承兑；

BY NEGOTIATION：议付；

BY DEFERRED 或 DEF PAYMENT：延期付款；

BY MIXED PAYMENT：混合付款。

如果该证是延期付款信用证，那么有关付款的详细条款将在项目"42P"中列明；如果该证是混合付款信用证，那么有关付款的详细条款将在项目"42M"中列明。

11. 42C/DRAFTS AT（汇票期限）

该项目列明跟单信用证项下汇票付款期限。如果是即期付款，则填"AT SIGHT"或"SIGHT"；如果是远期承兑，则按照申请书填写。

12. 42A/DRAWEE（付款人）

该项目列明跟单信用证项下汇票的付款人。汇票付款人通常是开证银行、信用证申请人或开证银行指定的第三者。

注：该项目内不能出现账号。

13. 43P/PARTIAL SHIPMENT（分批装运）

该项目列明跟单信用证项下分批装运是否被允许，填"ALLOWED"或"NOT ALLOWED"。

14. 43T/TRANSSHIPMENT（转运）

该项目列明跟单信用证项下货物转运是否被允许，填"ALLOWED"或"NOT ALLOWED"。

15. 44E/PORT OF LOADING（装运港）

该项目列明跟单信用证项下货物的装运港。

16. 44F/PORT OF DISCHARGE（卸货港）

该项目列明跟单信用证项下货物的卸货港。

17. 44C/LATEST DATE OF SHIPMENT（最迟装运日）

该项目列明最迟装船、发运和接受监管的日期，按照申请书填写。

18. 45A/DESCRIPTION OF GOODS AND/OR SERVICES（货物描述及/或交易条件）

该项目为货物描述与价格条款，如 FOB、CIF 等列在该项目中，按照申请书内容填写。

19. 46A/DOCUMENTS REQUIRED（应具备单据）

此栏根据信用证申请书填写，如果信用证规定运输单据的最迟出单日期，那么该条款应和有关单据的要求一起在该项目中列明。

20. 47A/ADDITIONAL CONDITIONS（附加条件）

该项目列明信用证的附加条款。

注意：当一份信用证由一份 MT700 报文和一至三份 MT701 报文组成时，项目"45A""46A"和"47A"的内容只能完整地出现在某一份报文中（即在 MT700 或某一份 MT701 中），不能被分割成几部分分别出现在几份报文中。

在 MT700 报文中，"45A""46A""47A"三个项目的代号应分别为"45A""46A""47A"；在报文 MT701 中，这三个项目的代号应分别为"45B""46B""47B"。

21. 71B/CHARGES（费用）

此栏根据申请书填写。该项目的出现只表示费用由受益人负担。若报文无此项目，则表示除议付费、转让费外，其他费用均由开证申请人负担。

22. 48/PERIOD FOR PRESENTATION（交单期限）

此栏规定受益人应于"……日前"（或"……天内"）向银行提示汇票的交单，根据申请书要求填写。若无此项目，则须在开立运输单据后 21 天内交单。

23. 49/CONFIRMATION INSTRUCTIONS（保兑指示）

该项目列明对收报行的保兑指示，如下：

CONFIRM：要求收报行保兑该信用证；

MAY ADD：收报行可以对该信用证加具保兑；

WITHOUT：不要求收报行保兑该信用证。

24. 78/INSTRUCTION OF THE PAYING/ACCEPTING/NEGOTIATING BANK（给付款行、承兑行、议付行的指示）

该项目列明给付款行、承兑行、议付行的指示。

任务实施

（1）进口商准备相关单据材料向开证行办理信用证申请手续。

在国贸仿真平台"贸易公司"菜单栏点击进入"业务详情"页面，进入对应的业务界面，在单据下添加开证申请书（irrevocable documentary credit application）并依照合同填写相关信息，如图 2-8 所示。

IRREVOCABLE DOCUMENTARY CREDIT APPLICATION

TO: Bank of New York Mellon		DATE: 20231022	
☐Issue by airmail ☐With brief advice by teletransmission		Credit NO.	L/C CT0007420
☐Issue by express delivery		Date and place of expiry	20231225 Shanghai, China
☒ Issue by teletransmission (which shall be the operative instrument)			
Applicant Apple Trading Co., Ltd. No.1 Square, Los Angeles, California, America		Beneficiary (Full name and address) Shanghai Baili Trading Co., Ltd. No.115 Xujiahui Road, Shanghai, China	
Advising Bank Bank of Communications 360 North Zhongshan Road, Shanghai, China		Amount USD 96960 USD NINETY SIX THOUSAND NINE HUNDRED AND SIXTY ONLY	
Partial shipments ☐allowed ☒not allowed	Transhipment ☐allowed ☒not allowed	Credit available with Shanghai Branch of China Construction Bank By ☐sight payment ☐acceptance ☒ negotiation	
Loading on board/dispatch/taking in charge at/from Shanghai, China not later than 20231123 For transportation to: New York, America Price terms CIF		☐deferred payment at _____. against the documents detailed herein ☐and beneficiary's draft(s) for 100% of invoice value at _____ sight drawn on Bank of New York Mellon	

Documents required: (marked with×)
1. (×) Signed commercial invoice in   3   copies indicating L/C No. and Contract No. CT0009286 .
2. (×) Full set of clean on board Bills of Lading made out to order and blank endorsed, marked "freight [ ] to collect / [×] prepaid [ ] showing freight amount", notifying Applicant with full name and address .
   ( ) Airway bills/cargo receipt/copy of railway bills issued by _____, showing "freight [ ]to collect/[ ]prepaid[ ] indicating freight amount" and consigned to _____.
3. (×) Insurance Policy/Certificate in   2   copies for   110   % of the invoice value showing claims payable in
    New York, America   in currency of the draft, blank endorsed, covering ALL Risks additional WAR Risk .
4. (×) Packing List/Weight Memo in   3   copies indicating quantity, gross and net weights of each package.
5. (×) Certificate of Quantity/Weight in   2   copies issued by CIQ   .
6. ( ) Certificate of Quality in _____ copies issued by _____.
7. ( ) Certificate of Origin in _____ copies issued by _____.
Other documents, if any
1. ( )Health Certificate in _____ copies issued by _____.
2. ( )Certificate of phytosanitary in _____ copies issued by _____.
3. (×)Certificate of Origin Form A in   2   copies issued by Inspection Agency .
4. ( )Certificate of Origin Form E in _____ copies issued by _____.
5. ( )Certificate of Origin Form B in _____ copies issued by _____.

Description of goods:
CM-007
Small Cart
Size: 550mm*230mm*720mm, Wheel: pe frame, Rubber Tire

Trade terms: CIF New York

Additional instructions:
1. (×) All banking charges outside the opening bank are for beneficiary's account.
2. (×) Documents must be presented within 15 days after date of issuance of the transport documents but within the validity of this credit.
3. (×) Third party as shipper is not acceptable, Short Form/Blank B/L is not acceptable.
4. ( ) Both quantity and credit amount _____% more or less are allowed.
5. (×) All documents must be sent to issuing bank by courier/speed post in one lot.
   ( ) Other terms, if any.

图 2-8 开证申请书

（2）申请办理开证，进入办证流程，点击"申请开证"，选择提交合同形式发票（由出口商发送）、开证申请书，办理申请手续。申请提交后，需等待银行进行处理，处理完成后签发信用证（MT700）。

（3）开证申请人根据合同填写开证申请书并交纳押金或提供其他保证，请求开立信用证。开证行根据申请书内容，向受益人开出信用证并寄交出口人所在地通知行。通知行核对印鉴无误后，将信用证交受益人。在信用证寄出后，进口商若认为已开立的信用证有修改必要（通常是境外出口商收到信用证，经分析后认为有不恰当处，要求进口商修改，而进口商接受其修改要求的），则填"信用证修改申请书"（amendment to irrevocable letter of credit），向原开证银行申请修改，并缴交修改手续费。

实训一　申请开立信用证

2023年7月2日，上海百利外贸有限公司根据合同填写开证申请书，并向花旗银行（中国）有限公司上海分行（简称"花旗银行上海分行"，Citibank（China）Co.，Ltd.，Shanghai Branch）提交开证申请书。信用证于2023年8月31日在美国到期。请根据以下所提供的合同填写开证申请书。

PURCHASE CONTRACT

CONTRACT NO.：LTHL-5201314
DATE：JUN. 26，2023
BUYER：SHANGHAI BAILI TRADING CO.，LTD.
NO. 115 XUJIAHUI ROAD，SHANGHAI，CHINA
TEL：0158888　　FAX：01-884622
SELLER：NEW YORK KMY IMP. & EXP. CORP.
NO. 124 GROVE STREET，NEW YORK，NY 10038，U.S.A.
TEL：8006327792　　FAX：508-553-95

THIS CONTRACT IS MADE BY AND BETWEEN THE BUYER AND SELLER, WHEREBY IT IS AGREED THAT THE BUYER PURCHASE AND THE SELLER SUPPLY THE UNDER MENTIONED GOODS AND SERVICES ACCORDING TO THE FOLLOWING TERMS AND CONDITIONS.

1. COMMODITY & SPECIFICATIONS：
"NANIWA" BRAND
STEEL MOULD FOR LAMINATION
NTK-630（SUS-630）
20MM×966MM×1270MM

2. QUANTITY: 600SHTS

3. UNIT PRICE: USD 225.00/SHT CIF SHANGHAI

4. TOTAL AMOUNT: USD 135000.00

US. DOLLARS ONE HUNDRED AND THIRTY FIVE THOUSAND ONLY

5. ORIGIN: MADE IN U.S.A.

6. REMARKS:

HARDNESS: ABOVE 470HV

TOLERANCES: LENGTH & WIDTH +2 −0MM

THICKNESS: +0.1MM/ −0.1MM

FLATNESS 4MM MAX (WARP ONLY ALLOWED IN ONE DIRECTION AND TWIST NOT ALLOWED) PARALLELISM: 0.03MM MAX

DIAGONAL LINE: 2MM MAX

SURFACE FINISH: NO.6 (#320)

RA = 0.12μM MAX   RZ = 1.0μM MAX

7. PACKING: STANDARD EXPORT PACKING

8. SHIPPING MARK N/M

9. PORT OF LOADING: NEW YORK, U.S.A.

10. PORT OF DESTINATION: SHANGHAI, CHINA

PARTIAL SHPMENT AND TRANSSHIPMENT ALLOWED.

11. LATEST DATE OF SHIPMENT: AUG. 20, 2023.

12. TERMS OF PAYMENT: BY IRREVOCABLE L/C AT SIGHT

L/C SHOULD BE OPEND BEFORE JUL. 15, 2023

CREDIT IS AVAILABLE WITH ANY BANK BY NEGOTIATION

13. INSURANCE: TO BE COVERED BY THE SELLER

14. DOCUMENTS:

• SIGNED COMMERCIAL INVOICE IN 3 FOLD.

• FULL SET OF ORIGINALS CLEAN ON BOARD OCEAN BILLS OF LADING MADE OUT TO ORDER AND BLANK ENDORSED MARKED "FREIGHT PREPID", NOTIFY SHANGHAI SFECO INTERNATIONAL CUSTOMS BROKERS CO., LTD MR. CHENYUN TEL: 0086-21-67721234 AND APPLICANT.

• FULL SET OF INSURANCE POLICY/CERTIFICATE FOR 110PCT OF INVOICE VALUE SHOWING CLAIMS PAYABLE IN SHANGHAI, CHINA UP TO SONGJIANG WAREHOUSE, IN CURRENCY OF THE DRAFT BLANK ENDORSED, COVERING ALL RISKS AND WAR RISKS.

- WEIGHT MEMO/PACKING LIST IN 3 FOLD ISSUED BY BENEFICIARY INDICATING QUANTITY GROSS AND NET WEIGHT OF EACH PACKAGE.
- CERTIFICATE OF ORIGIN IN 2 FOLD.
- THIRD PARTY AS SHIPPER IS NOT ACCEPTABLE.
- SHORT FORM/BLANK BACK B/L IS NOT ACCETPABLE.
- DOCUMENTS MUST BE PRESENTED WITHIN 21 DAYS AFTER THE DATE OF ISSUANCE OF THE TRANSPORT DOCUMENTS BUT WITHIN THE VALIDITY OF THE CREDIT.

15. CLAIMS: ANY CLAIM BY THE BUYER CONCERNING THE GOODS SHIPPED HEREUNDER SHALL BE FILED WITHIN 60 DAYS AFTER THE ARRIVAL OF THE GOODS TO THE DESTINATION PORT.

16. FORCE MAJEURE: IN CASE OF NON-DELIVERY OR DELAY IN DELIVERY OF THE GOODS HEREUNDER BY REASON OF NATURAL DISASTERS, WAR OR OTHER CAUSES OF FORCE MAJEURE, THE SELLER SHALL NOTIFY THE BUYER AS SOON AS POSSIBLE AND MAIL BY DHL TO THE BUYER A CERTIFICATE ISSUED BY THE GOVERNMENT AUTHORITIES.

17. ARBITRATION: ALL DISPUTES RELATING CONTRACT SHALL TELEGRAM TO INTERNATIONAL TRADE ARBITRATION COMMISSION FOR ARBITRATION IN ACCORDANCE WITH ITS ARBITRAL RULES. THE ARBITRAL AWARD IS BINDING UPON BOTH PARTIES.

18. SELLER'S BANK INFORMATION:
ADVISING BANK: CITIBANK, NEW YORK
NO. 111 WALL STREET, NEW YORK, NY 10043, U.S.A.
SWIFT: CITIUS33×××

THIS CONTRACT IS MADE ON DUPLICATE AND THE BUYER AND THE SELLER POSSESS ONE RESPECTIVELY. IT IS AVAILABLE WHEN EACH PARTY SIGNED.

BUYER:	SELLER:
SHANGHAI BAILI TRADING CO., LTD.	NEW YORK KMY IMP. & EXP. CORP.
XIE JIANAN	DANNY BROWN
(AUTHORIZED SIGNATURE)	(AUTHORIZED SIGNATURE)

IRREVOCABLE DOCUMENTARY CREDIT APPLICATION

TO: DATE:

公司联系人: LI HONG 联系电话: 021-58887138	合同号: DATE AND PLACE OF EXPIRY:
APPLICANT'S NAME AND ADDRESS:	BENEFICIARY'S NAME AND ADDRESS:
ADVISING BANK:	AMOUNT:
PARTIAL SHIPMENT: TRANSSHIPMENT: SHIPMENT FROM: TO: LATEST DATE OF SHIPMENT:	CREDIT AVAILABLE WITH AGAINST THE DOCUMENTS DETAILED HEREIN AND BENEFICIARY'S DRAFT FOR AT DRAWN ON

DOCUMENTS REQUIRED:

COVERING (DESCRIPTION OF GOODS):
PACKING:

BANKING CHARGES:
ALL BANKING CHARGES OUTSIDE THE ISSUING BANK ARE FOR BENEFICIARY'S ACCOUNT.

PERIOD FOR DOCUMENTS PRESENTATION:

ADDITIONAL INSTRUCTIONS:

XIE JIANAN
SHANGHAI BAILI TRADING CO., LTD.

（开证申请书背面内容）

开证申请人承诺书

花旗银行上海分行：

我公司已办妥一切进口手续，现请贵行按我公司开证书内容（见背面英文）开出不可撤销跟单信用证，为此我公司愿不可撤销地承担以下有关责任：

一、我公司同意贵行依照国际商会第600号出版物《跟单信用证统一惯例》办理该信用证项下一切事宜，并承担由此产生的一切责任。

二、我公司保证按时向贵行支付该证项下的货款、手续费、利息及一切费用等（包括境外受益人拒绝承担的有关银行费用）所得外汇和人民币资金。

三、我公司保证在贵行单到通知书中规定的期限之内通知贵行办理对外付款/承兑，否则贵行可认为我公司已接受单据，同意付款/承兑。

四、我公司保证在单证表面相符的条件下办理有关付款/承兑手续。如因单证有不符之处而拒绝付款/承兑，我公司保证在贵行单到通知书中规定的日期之前将全套单据如数退还贵行并附书面拒付理由，由贵行按国际惯例确定能否对外拒付。如贵行确定我公司所提拒付理由不成立，或虽然拒付理由成立，但我公司未能退回全套单据，或拒付的单据退到贵行已超过单到通知书中规定的期限，贵行有权主动办理对外付款/承兑，并从我公司账户中扣款。

五、该信用证及其项下业务往来函电及单据如因邮、电或其他方式在传递中发生遗失、延误、错漏，贵行概不负责。

六、该信用证如需修改，由我公司向贵行提出书面申请，由贵行根据具体情况确定能否办理修改。我公司确认所有修改当由信用证受益人接受时才能生效。

七、我公司在收到贵行开出的信用证、修改书副本后，保证及时与原申请书核对，如有不符之处，保证在接到副本之日起两个工作日内通知贵行。如未通知，当视为正确无误。

八、因申请书字迹不清或词义含混而引起的一切后果由我公司负责。

XIE JIANAN
SHANGHAI BAILI TRADING CO., LTD.

实训二 信用证的开立

2024年9月20日，花旗银行上海分行接受上海百利进出口公司的开证申请，采用SWIFT对外开立信用证，请翻译以下SWIFT信用证的全文内容。

1/1
40A/FORM OF DOCUMENTARY CREDIT
IRREVOCABLE
20 /DOCUMENTARY CREDIT NUMBER
0450LC0608223
31C/DATE OF ISSUE

20240925
40E/APPLICABLE RULES
UCP LATEST VERSION
31D/DATE AND PLACE OF EXPIRY
20241105 U. S. A.
50/APPLICANT
SHANGHAI BAILI TRADING CO., LTD.
NO. 115 XUJIAHUI ROAD, SHANGHAI,
CHINA
59/BENEFICIARY
NEW YORK KMY IMP. & EXP. CORP.
NO. 124 GROVE STREET, NEW YORK,
NY 10038, U. S. A.
32B/CURRENCY CODE, AMOUNT
USD 27000.00
39A/PERCENTAGE CREDIT AMOUNT TOLERANCE
0/0
41D/AVAILABLE WITH … By…
ANY BANK IN U. S. A.
BY NEGOTIATION
42C/DRAFT AT…
SIGHT FOR 100PCT OF INVOICE VALUE SHOWING THIS L/C NO. AND DATE OF ISSUE
42A/DRAWEE
CITIBANK (CHINA) CO., LTD., SHANGHAI BRANCH
43P/PARTIAL SHIPMENTS
NOT ALLOWED
43T/TRANSSHIPMENT
ALLOWED
44E/PORT OF LOADING
NEW YORK, U. S. A.
44F/PORT OF DISCHARGE
SHANGHAI, CHINA
44C/LATEST DATE OF SHIPMENT
20241017
45A/DESCRIPTION OF GOODS AND/OR SERVICES
"NANIWA" BRAND STEEL MOULD FOR LAMINATION NTK-630 (SUS-630)

SPECIFICATION	QUANTITY	UNIT PRICE
20MM×966MM×1270MM	1200SHTS	USD 22.50/SHT

TOTAL AMOUNT: USD 27000.00 CIF SHANGHAI

PACKING: STANDARD EXPORT PACKING

46A/DOCUMENTS REQUIRED

+ SIGNED COMMERCIAL INVOICE IN 3 FOLD.

+ FULL SET OF ORIGINALS OF CLEAN ON BOARD OCEAN BILLS OF LADING MADE OUT TO ORDER AND BLANK ENDORSED, MARKED "FREIGHT PREPAID", NOTIFY SHANGHAI SFECO INTERNATIONAL CUSTOMS BROKERS CO., LTD. MR. CHEN YUN TEL: 0086-21-67721234 AND APPLICANT.

+ FULL SET OF INSURANCE POLICY/CERTIFICATE FOR 110PCT OF INVOICE VALUE SHOWING CLAIMS PAYABLE IN SHANGHAI, CHINA UP TO SONGJIANG WAREHOUSE, IN CURRENCY OF THE DRAFT BLANK ENDORSED, COVERING ALL RISKS AND WAR RISKS.

+ WEIGHT MEMO/PACKING LIST IN 3 FOLD ISSUED BY BENEFICIARY INDICATING QUANTITY GROSS AND NET WEIGHT OF EACH PACKAGE.

+ CERTIFICATE OF ORIGIN IN 2 FOLD.

47A/ADDITIONAL CONDITIONS

+ THIRD PARTY AS SHIPPER IS NOT ACCEPTABLE.

SHORT FORM/BLANK BACK B/L IS NOT ACCEPTABLE.

+ ALL DOCUMENTS MUST INDICATE THIS L/C NO.

+ THE NEGOTIATION BANK/PRESENTING BANK MUST INDICATE THE EXACT DATE OF DOCS PRESENTATION ON THEIR COVERING SCHEDULE. IF SUCH A DATE WAS NOT MENTIONED WITHIN THE COVERING SCHEDULE, THE DATE OF THE COVERING SCHEDULE WILL BE DEEMED TO BE THE DATE OF DOCS PRESENTATION.

71 B/CHARGES

ALL BANKING CHARGES OUTSIDE THE ISSUING BANK ARE FOR BENEFICIARY'S ACCOUNT.

48/PERIOD FOR PRESENTATION

DOCUMENTS MUST BE PRESENTED WITHIN 21 DAYS AFTER THE DATE OF ISSUANCE OF THE TRANSPORT DOCUMENTS BUT WITHIN THE VALIDITY OF THIS CREDIT.

49/CONFIRMATION INSTRUCTIONS

WITHOUT

78/INSTRUCTIONS TO THE PAYING/ACCEPTING/NEGOTIATING BANK

+ UPON RECEIPT OF THE DOCUMENTS AND THE DRAFTS IN COMPLIANCE WITH THE TERMS AND CONDITIONS OF THIS CREDIT, THE REIMBURSEMENT WILL BE EFFECTED AS PER THE NEGOTIATING BANK'S INSTRUCTION.

+ THE AMOUNT OF EACH DRAFT MUST BE ENDORSED ON THE REVERSE OF THIS CREDIT BY THE NEGOTIATING BANK.

+ A CHARGE OF USD 50.00 OR EQUIVALENT IN THE CREDIT CURRENCY WILL BE DEDUCTED FROM THE PROCEEDS FOR EACH PRESENTATION BEARING DISCREPANCIES.

+ ALL DOCUMENTS MUST BE SENT IN ONE LOT TO ISSUING BANK: ROOM 509, UNION BUILDING, NO. 261 MIDDLE SICHUAN ROAD, SHANGHAI, CHINA.

实训三　信用证的通知

2024 年 9 月 26 日，通知行纽约花旗银行根据收到的信用证缮制信用证通知书，未加保兑，将信用证通知受益人纽约 KMY 进出口公司。请根据实训一的合同填写下列信用证通知书。

CITIBANK, NEW YORK
NO. 111 WALL STREET, NEW YORK, NY 10043, U.S.A.

TO：	When corresponding, please quote our ref. No.	DATE： 518PLS-70742270
ISSUING BANK：	TRANSMITTED TO US THROUGH：	
L/C NO： DATED：	AMOUNT：	

Dear Sirs,

We have pleasure in advising you that we have received from the a/m bank a(n)

【　】TeleX/ SWIFT issuing 　　　　　【　】Uneffective

【　】Pre-advising of 　　　　　　　　【　】Mail confirmation of

【　】Original 　　　　　　　　　　　【　】Duplicate

Documentary Credit, contents of which are as per attached sheet(s).

This advice and the attached sheet(s) must accompany the relative documents when presented for negotiation.

【　】Please note that this advice does not constitute our confirmation of the above L/C nor does it convey any engagement or obligation on our part.

【　】Please note that we have added our confirmation to the above L/C. Negotiation is restricted to ourselves only.

【　】Please note that negotiation of the L/C is restricted to ourselves.

Remarks：

THIS L/C CONSISTS OF 2 SHEET(S), INCLUDING THE COVERING LETTER AND ATTACHMENT(S).

　　If you find any terms and conditions in the L/C which you are unable to comply with and/or any error(s), it is suggested that you contact the applicant directly for necessary amendment(s) so as to avoid any difficulties which may arise when documents are presented.

AUTHORIZED SIGNATURE IS NOT REQUIRED

实训四 信用证的审核

受益人纽约 KMY 进出口公司收到纽约花旗银行的信用证通知书（见实训三）后，审核信用证与合同（见实训一）是否相符，并填写下列信用证分析单。

L/C ANALYSIS SHEET

1）Format：【 】SWIFT issuing 　　【 】Pre-advising of 　　【 】Mail confirmation
2）L/C No：
3）Advising Bank's Ref.：
4）Issuing Date：
5）Date of Expiry：
6）Place of Expiry：
7）Type：　　【 】By payment 　　【 】By acceptance 　　【 】By negotiation
8）Currency Code：
9）Amount：
10）Max Amount：
11）Tolerance：
12）Period for Presentation：
13）Applicant：
14）Beneficiary：
15）Issuing Bank：
16）Advising Bank：
17）Negotiation Bank：
18）Drawee Bank：
19）Description of Goods：
20）Contract No.：
21）Contract Date：
22）Price Term：
23）Latest Date of Shipment：
24）Port of Loading：
25）Port of Discharge：
26）Partial Shipments：　　【 】ALLOWED 　　【 】NOT ALLOWED
27）Transshipment：　　【 】ALLOWED 　　【 】NOT ALLOWED
28）Shipping Marks：
29）Shipment：　　【 】By sea 　　【 】By air 　　【 】By land
30）Documents Required：

Doc.	DRAFT	INV.	P/L	C/O FORM A	B/L	AWB	I/P	C/R	CERT.
No.									
Doc.	INSP. CERT.	ANALY. CERT.	E/L	N/N B/L	QUAL. CERT.	QUAN. CERT.	FAX COPY	SSCO. CERT.	OTHERS
No.									

实训五　案例分析

我国 A 公司向加拿大 B 公司以 CIF 术语出口一批货物，合同规定 4 月装运。B 公司于 4 月 10 日开来不可撤销信用证。此证按 *UCP600* 规定办理。证内规定：装运期不得晚于 4 月 15 日。此时我方已来不及办理租船订舱，于是立即要求 B 公司将装运期延至 5 月 15 日。随后 B 公司来电称：同意展延船期，有效期也顺延一个月。A 公司于 5 月 10 日装船，提单签发日为 5 月 10 日，并于 5 月 14 日将全套符合信用证规定的单据交银行办议付。

试问：我国 A 公司能否顺利结汇，为什么？

项目三 备货、保险、申请出口许可证和产地证

【情景导入】

刘明与具有进口意向的某国客商进行交易磋商并协商落实货款支付事宜后,就可以开始备货、投保,并申请相关出口许可证和产地证,从而确保国际贸易能顺利进行。

要完成备货、投保、原产地证申请的任务,必须了解备货的程序,寻求国内制造厂商的几种途径,购销合同的内容和法律意义,保险的程序、时间、地点和主要内容,保险证书的种类、检验范围、期限与投保程序;清晰明白应申领许可证的出口商品范围,许可证签发机构,申领出口许可证的手续,以及出口许可证的修改、延期与补发;了解产地证的种类、作用和申请程序以及填制要点。因此,本项目的训练分解为下表中的三个任务。

任务	知识目标	应用目标
出口商备货	掌握备货的程序、购销合同的内容和法律意义、验货要点等知识	能根据合同要求快速寻找合适的供货商并签订供货合同
出口商办理保险	了解办理保险的流程与相关知识,了解如何在国际贸易中使货物运输过程减少风险,熟悉与掌握价格术语CIF、CFR、FOB的细节与运用技巧	掌握保险金额与保费的计算方法;能正确缮制货物运输险投保单
申请出口许可证和产地证	掌握出口许可证和产地证的范围和种类、申请程序、填制要点等	能根据贸易商品范围按程序申请相关出口许可证和产地证

任务一 出口商备货

【任务导入】

贸易双方确定支付条款后,刘明需要根据合同要求,寻找合适的厂商或供货商进行订货,双方达成共识并签订供货合同。

知识学习

出口商在落实货款支付事宜后,特别是接到信用证,审核无误后,即应开始准备货

物,并依约定日期(信用证规定的最后装船期限之前)将货品装船出运。货物的生产过程往往需要花费一段时间,因此出口商应配合装运期限,事先做好妥善的安排。

一、寻找厂商

出口商在与进口商进行贸易往来时,如果本身不是生产型企业,就要寻求相关产品的制造厂商,主要可通过以下几种途径:

(1) 利用商会或同业公会名簿或黄页电话簿。
(2) 利用网站、社交平台、报纸、杂志等媒体的广告。
(3) 商会或厂商团体介绍。
(4) 老顾客或往来银行介绍。
(5) 利用厂商的宣传广告来获取。

货物质量的好坏、能否如期交货、价格是否合理、是否能配合提供样品等都会影响出口商的信誉,因此出口商应选择信用可靠的制造厂商购买货物,可以把质量优良、交货准时、价格合理、信用可靠、配合度高等几项因素作为标准来选择厂商。

寻找到合适的厂商后,可向其寄送建立业务关系的信函。与进口商的交易磋商类似,出口商同工厂之间也要经过询盘、发盘、还盘、接受的过程,双方就各项交易条件达成一致后,才能签订购销合同,完成备货。

二、订货

出口商本身若为制造企业,通常由出口部向生产加工及仓储部门下达联系单,要求该部门按联系单的要求准备货物;而无生产实体的出口公司则需与工厂签订购销合同。无论是哪一种类,有关部门都要以联系单或购销合同为依据,对应交付的货物进行清点、加工整理、刷制运输标志(刷唛),以及办理申请报验和领证等工作。该单据同时也是出口商与工厂进行制单结算的依据。在缮制此类单据时要注意使其与原国际贸易合同相符,并且清楚、完整,应列明货物的品质、规格、数量、包装、唛头及其备货时间。

出口商与工厂的购销合同与国际贸易合同内容大致相同,比较简单,用中文填写,它是表明出口商与工厂相互之间权利和义务的法律文件。

三、验货

外贸验货服务,在进出口贸易中也称为公证验货或者第三方出口检验,是按委托方或者买家的要求,代表委托方或买家对供货质量及国际贸易合同、出口商与工厂的购销合同中的其他相关内容进行检查验收的一项活动,目的是查验供货方所供货物是否满足订货合同的要求和买方的其他特殊要求。使境外客户对收到的货物感到满意,不但是出口商应尽的责任,也是争取境外客户信任及后续订单所必须做到的。由于工厂并非实际出口者,并不完全了解进口商的要求,因此,在货物制造过程中,出口商有必要派人到工厂跟进监督,在货物生产过程中及生产完毕后,对货物进行严格的检验。

1. 验货服务的种类

(1) 生产前检验：验货人员通过随机抽样对生产的原材料、初加工产品、零部件进行检验。

(2) 生产过程中的检验：验货人员对生产线上的半成品或刚下线的产成品进行检验，检查纰漏和偏差，报告厂方，并提出纠正错误和偏差的有效方法。

(3) 产成品交付前抽样检验：验货人员在产品生产及包装完成待交运前（一般是100%生产出来80%包装好时），对货物的数量、工艺、功能、颜色、尺寸规格和包装等细节进行检查。抽样方法是按照 ISO 2859-1/NF X06-022/ANSI/ASQC Z1.4/BS 6001/DIN 40080 等国际认可的标准进行，同时遵照买家 AQL（acceptable quality limit，可接受质量限度）值抽样水平。

(4) 监督装运：验货人员在最终产品付运前的抽样检验之后，在工厂基地、仓库或装箱过程中，协助厂家确认所用包装容器是否符合应有的清洁状况和装箱条件等。

(5) 工厂评估：验货人员按客户的要求指派工厂审查员对生产企业的工作条件、生产状况、设施、制造设备、制造方式及质量保证管理及人员情况等进行检查，并提出相应的说明和意见书，不仅可为客户调查可能引起质量事故的问题，还可提供整改意见。

2. 验货服务的重点

(1) 货样对不对，如是否做错了产品、用错了材料，颜色与原设计是否相符等。

(2) 品质佳不佳，如材料质量好不好、代用品是否适当等。

(3) 数量够不够，如是否偷工减料、数量短少或以杂物混充等。

(4) 交货期是否紧迫，如按照信用证的规定，是否有充裕的时间如期交货。

(5) 包装与唛头是否与订单相符等。

出口商进行验货是保证出厂产品合格的必要步骤，主要能带来以下好处：查验供货方所供货物是否符合进出口国家（地区）法律法规或进出口国家（地区）有关标准规定的质量要求；核实货物的质量和数量，避免合同纠纷；避免交货上的延误和产品的缺陷，第一时间采取应急和补救措施；减少或避免因收到劣质产品而引起的消费者投诉、退换货及商业信誉的损失；降低因销售劣质产品而引发的赔偿、行政处罚风险；比较和选择最佳的供货商并获得相关的信息和建议；减少为监控和检验产品所支出的高额管理费和人工费。如果各环节能全都做到位，卖家不仅可以保证交付水平从而提高客户满意度，更能将优秀的产品和服务带到全球市场上。

任务实施

(1) 在国贸仿真平台的"贸易公司"菜单栏点击"业务详情"右侧的"办理流程"，进入履约流程，在图3-1所示的办理流程界面点击"订货"进行订货操作。

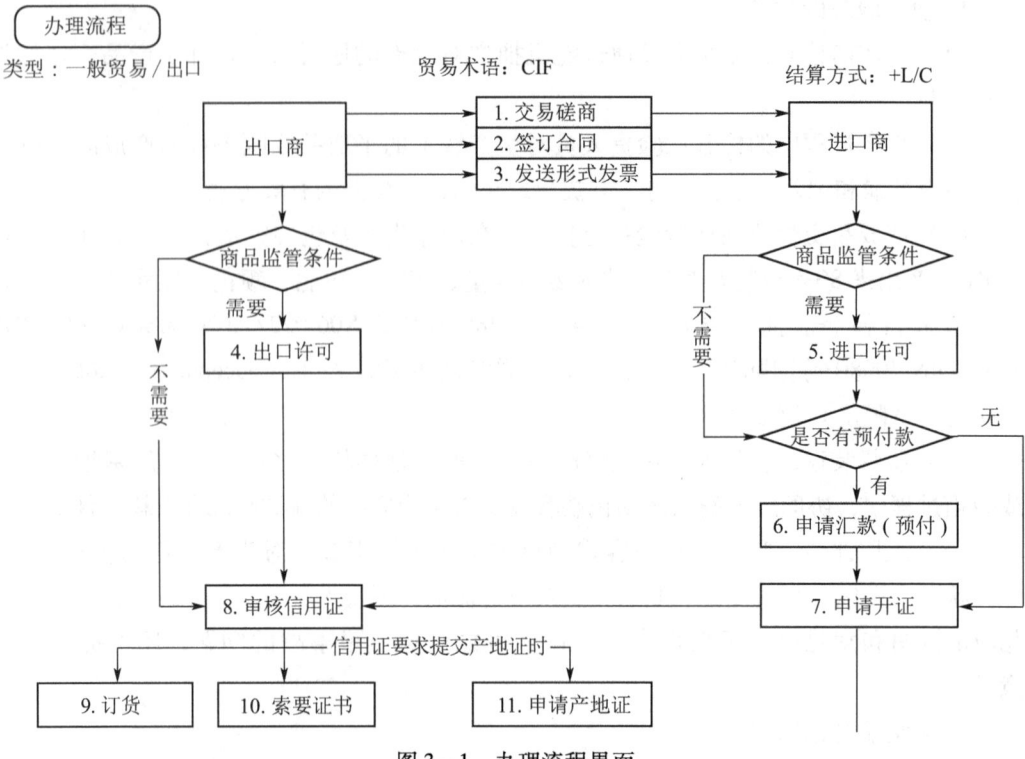

图 3-1 办理流程界面

（2）在弹出的操作步骤页面（图 3-2）下方先点击"查看合同"，查看其中的商品明细，确定商品编号与数量，以免订错货。再点击"查看合同"右侧的"订货"，输入要购买的货物的编号及数量（根据合同），再点击"确定"。

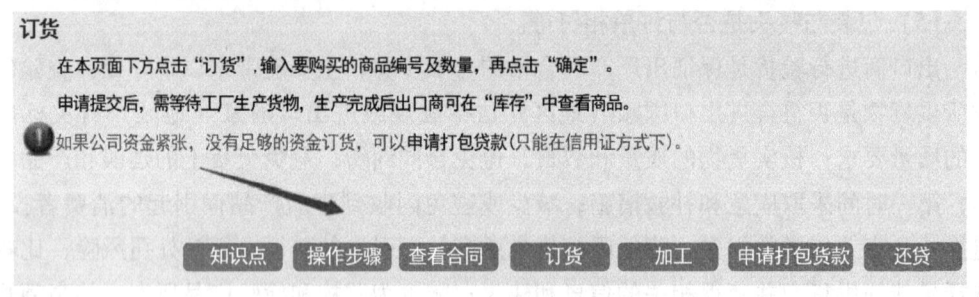

图 3-2 订货步骤界面

（3）订货申请提交后，需等待工厂的货物生产状态更新（约 5 分钟），更新完成后出口商可在"贸易公司"页面下的"公司库存"界面中查看商品。

任务二　出口商办理保险

【任务导入】

刘明根据双方签订的合同的要求，确定保险险别和责任范围，办理相关投保手续。

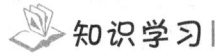 **知识学习**

一、境外货物运输保险

在我国的对外贸易运输中，海洋运输是最为重要的一种方式。在各种运输货物保险中，起源最早、历史最悠久的是海上运输货物保险，其他运输方式的货物保险都是借鉴海运货物保险的基本做法而产生的。因此，海运保险单也越来越频繁地出现在贸易的全套单据中。保险单是保险人与被保险人之间订立保险合同的证明文件，它反映了保险人与被保险人之间的权利和义务关系，也是保险人的承保证明。当发生保险责任范围内的损失时，它又是保险索赔和理赔的主要依据。目前，在保险实务中，我国绝大多数企业采用中国人民保险公司出具的海洋货物运输保险单，也有部分企业采用英国伦敦保险业协会海运货物保险条款。

在国际贸易中是否使用保险单取决于 L/C 的规定。在确定以 FOB、CFR 价格成交时，出口方无须提交保险单。在以 CIF 价格成交时，出口方须办理保险手续，填写保险单。例如，信用证保险条款规定"Insurance Policy covered for 110% of total value against All Risks and as per and subject to the relevant Ocean Marine Cargo Clause of the People's Insurance Company of China dated 1/1/1981"，则要求卖方提供保险单。

1. 保险单据的种类

（1）保险单（insurance policy），俗称大保单，是使用最广泛的一种保险单据。保险单上一般须载明以下内容：当事人的名称和地址；保险标的名称、数量或重量、唛头；运输工具；保险险别；保险责任起讫时间和地点；保险人签章；赔款偿付地点以及经保险人与被保险人双方约定的其他事项；等等。保险单背面载明的保险人与被保险人之间权利和义务等方面的保险条款，也是保险单的重要内容。

（2）保险凭证（insurance certificate），俗称小保单，是一种简化的保险合同。这种凭证除背面不载明保险人和被保险人双方的权利和义务等保险条款外，其他内容与保险单相同。保险凭证与大保单具有相同的法律效力。

（3）联合凭证（combined certificate），是一种更为简化的保险单据，由保险公司在出口公司提交的发票上加上保险编号、承保险别、保险金额并加盖保险公司的印章。这种凭证曾在我国对某些特定地区的出口业务中使用，因标准化要求现已不再使用。

（4）批单（endorsement）。保险单出立后，投保人如需要补充或变更其内容时，可根据保险公司的规定，向保险公司提出申请，经同意后即另出一种凭证，注明更改或补充的内容，这种凭证即称为批单。保险单一经批改，保险公司即按批改后的内容承担责任。其批改内容如涉及保险金额增加和保险责任范围扩大，保险公司只有在证实货物未发生出险事故的情况下才同意办理。批单原则上须粘贴在保险单上，并加盖骑缝章，为保险单不可分割的一部分。

（5）预约保险单（open policy），是一种长期性的货物运输保险合同。合同中规定了承保范围、险别、费率、责任赔款处理等项目。凡属于合同约定的运输货物，在合同有效期内自动承保。预约保险单的优点是减少了逐笔签订保险合同的手续，并可以防止因漏保或迟保而造成的无法弥补的损失。保险公司一般对使用预约保险单的投保人提供更优惠的保险费用，因而也吸引了不少投保人。预约保险单往往与保险通知书、保险声明书（insurance declaration）一起使用，如果进口商和保险公司订有长期的预约保险单，每当货物装船后，由出口方将货物装船的详细情况，包括品名、数量、重量、金额、运输工具、运输日期以及列明在信用证中的预约保单号码直接通知保险公司和进口商，并以此作为正式保险单生效的标志。出口商的书面证明（受益人证明或通知副本）将作为议付单据之一，向议付行提交。

2. 保险单的缮制

现以中国人民保险公司的海洋货物运输保险单的缮制方法为例，解释保险单的缮制方法。

（1）保险公司名称（name of insurance company）：此栏应根据信用证和合同要求的相应的保险单办理货运保险。例如，来证中规定"Insurance Policy in Duplicate by PICC"，即信用证要求由中国人民保险公司出具保险单。

（2）保险单据名称（name）：一般保险公司在单据正上方印"INSURANCE POLICY"字样。

（3）保险单号（invoice No.）：此栏填写保险公司的保险单号码。

（4）被保险人（the insured）：在出口业务中，通常买卖双方对货物的权利凭单据的转移而转移。保险单中的可保利益（即货物）也随卖方转移给买方。因此，运输保险索赔几乎是由买方进行的。保险业务中的投保人和被保险人的区别被单据转让掩盖了，按照习惯，此栏中一般填出口公司的名称，即信用证的受益人。

（5）标记（marks & Nos.）：此栏填制装运唛头，一般与商业发票的唛头完全一致，可以填写"AS PER INVOICE NO. ×××"。

（6）包装及数量（packing & quantity）：本栏填写商品外包装的最大包装件数。

（7）保险货物项目（description of goods）：本栏填写商品的名称，可以用总称。

以上三个栏目的填写内容与提单一致。其中，"保险货物项目"一栏使用统称；"标记"一栏可以只填"AS PER INVOICE NO. ×××"，因为保险单索赔时一定要出具发票，这样简单地填写，可使两种单据互相参照，避免填写单据时疏忽导致"单单不符"的严重错误；"包装及数量"一栏填写最大包装的件数。

（8）保险金额（amount insured）：应按信用证规定的金额及加成率投保。如果信用证对此未作规定，一般是按发票金额加一成（即110%发票金额）填写，但允许不按这个比例而按双方商定的比例计算保险金额，如允许加二成或三成甚至更多。保险单上的保险金额的填写方法应该是"进一法"，即如果保险金额为 USD 18055.16，则在此栏应填写"USD 18056"。

（9）保险总金额（total amount insured）：这一栏只需将保险金额以大写的形式填入，计价货币也应以全称形式填入。保险金额使用的货币应与信用证使用的货币一致。

（10）保费（premium）：一般这一栏都已由保险公司在保险单印刷时填入"AS ARRANGED"字样，出口公司在填写保险单时无须填写。

（11）费率（rate）：这一栏基本上不需要由出口公司填写，保险公司已经在该栏目中印有"AS ARRANGED"字样。

（12）装载工具（per conveyance S. S.）：该栏应如实填写装载船的船名。当运输由两程运输完成时，应分别填写第一程船名和第二程船名。填写时，要按提单中相应栏目的内容填写。例如，提单的第一程船名是"May Flower"，第二程船名是"Shanghai"，

本栏目应填写 "MAY FLOWER/SHANGHAI"。

（13）开航日期（slg. on or abt.）：一般地，这一栏根据提单中提单签发日填，也可以填写 "AS PER B/L"。

（14）起讫地点（from…to…）：起点指装运港名称，讫点指目的港名称。当一批货物经转船到达目的港时，这一栏按下列方法填写：from 装运港 to 目的港 W/T（via）转运港。

（15）承保险别（conditions）：出口公司在制单时，只需在副本上填写这一栏的内容。当全套保险单填好后交给保险公司审核、确认时，才由保险公司把承保险别的详细内容加注在正本保险单上。

承保险别可分为基本险和附加险两大类。中国人民保险公司承保的基本险别是平安险（F. P. A.）、水渍险（W. A.）和一切险（All Risks），在填写时，一般只需填写险别的英文缩写；同时，注明险别的来源，如 "PICC" 指中国人民保险公司，"CIC" 指中国保险条款；并标明险别生效的时间，如 PICC 或 CIC 规定的险别生效时间是1981年1月1日。在实际业务中，对于要求投保英国协会货物条款（ICC）的，我国一般也接受。在填写保险单时要标出所投保的险别适用的文本名称及其日期，例如 "…as per Ocean Marine Cargo（All Risks）Clauses of the People's Insurance Company of China dated 1/1/1981."。

（16）货损检验与理赔代理人（surveying and claim setting agent）：根据中国人民保险公司 "货损检验、理赔代理人名册" 选择在目的港或目的港附近的有关机构的货损检验、理赔代理人。保险单上应注明代理人的地址，以便收货人联系查找。

（17）赔付地点（claim payable at）：此栏应按照信用证的规定填制。一般来说，将目的地作为赔付地点，将目的地名称填入这一栏目。

（18）日期及地点（date & place）：日期是指填写保险单的签发日期。由于保险公司提供仓至仓服务，所以要求保险手续在货物离开出口方仓库前办理。保险单的日期相应地填写货物离开仓库的日期，或至少填写早于提单签发日的日期。保险单签发地点即办理投保所在地的地点。一般保险公司在印制保险单时即事先印妥。

（19）盖章和签字（stamp & signature）：此栏由签发保险单的保险公司签字盖章。

3. 保险单的背书转让

保险单是可以经背书（endorsement）转让的单据。根据国际保险行业的习惯，保险单据经被保险人背书后，即随着被保险货物的所有权转移自动转到受让人手中。背书前后均不需要通知保险公司。因此，出口方只需在保险单上背书就完成了转让手续。保险单背书一般分为空白背书和记名背书。空白背书只注明被保险人的名称（包括出口公司的名称和经办人的名字）。当来证没有明确使用哪一种背书方式时，可使用空白背书方式。记名背书在出口业务中较少使用，因为这一背书方式只允许被背书人（受让人）而限制其他任何人在被保险货物损失后享有向保险公司或其代理人索赔的权利，并得到合理的补偿。其背书方法与提单背书相似，在此不多作阐述。

任务实施

在国贸仿真平台的 "贸易公司" 菜单栏的 "办理流程" 界面点击 "出口投保"，选择投保方式（逐笔投保与预约投保效力相同，可任选其一）。操作步骤如下：

（1）若选择逐笔方式，进入"业务详情"页面，在页面下方点击"逐笔投保"，添加并填写货物运输险投保单（图3-3），填写完毕后选择提交货物运输险投保单和商业发票（如没有需先添加并填写），办理申请手续。

货物运输险投保单
APPLICATION FOR CARGO TRANSPORTATION INSURANCE

投保单号 No: TI0006610

注意：请您在保险人明确说明本投保单及适用保险条款后，如实填写本投保单，您所填写的材料将构成签订保险合同的要约，成为保险人核保并签发保险单的依据。除双方另有约定外，保险人签发保险单且投保人向保险人缴清保险费后，保险人开始按约定的险种承保货物运输保险。

投保人 Applicant	Shanghai Baili Trading Co., Ltd.			
投保人地址 Applicant's Add	No.115, Xujiahui Road, Shanghai, China		邮编 Code	210023
联系人 Contact	Xie Yunsheng	电话 Tel.	86-21-96587458	电子邮箱 E-mail
被保险人 Insured	Shanghai Baili Trading Co., Ltd.		电话 Tel	86-21-96587458
贸易合同号 Contract No.	CT0007423	信用证号 L/C No.	002/0006485	发票号 Invoice No. IV0005648

标记 Marks & Nos.	包装及数量 Packing & Quantity	保险货物项目 Description of Goods
N/M	1000　　　　CARTONS	Small Cart Size:550mm*230mm*720mm, Wheel:pe frame, Rubber Tire

装载运输工具：
Name of the Carrier　TRINITY

起运日期：　　　　　　　　　　　赔付地点：
Departure Date　2023-08-22　　　Claims Payable At　New York, America

航行路线：
自 Route From　Shanghai, China　　经 Via　　　　到达（目的地）To (Destination)　New York, America

包装方式：
Manner of Packing　in cartons
运输方式：
Mode of Transport　by sea

承保条件　投保人可根据投保意向选择投保险别及条款，并画"√"确认，但保险人承保的险别及适用条款以保险人最终确定并在保单上列明的险种、条款为准。
Conditions:

Marine Risk:　☑ALL Risks（一切险）　☐WPA（水渍险）　☐FPA（平安险）　（PICC《海洋运输货物保险条款》）
进出口海洋运输　☐ICC(A)　☐ICC(B)　☐ICC(C)　（ICC《伦敦协会条款》）

Aviation Risk:　☐AIR TPT Risks（航空运输险）　☐AIR TPT ALL Risks（航空运输一切险）　（PICC《航空运输货物保险条款》）
进出口航空运输

Land Risk:　☐Overland Transportation Risks（陆运险）　☐Overland Transportation ALL Risks（陆运一切险）　（PICC《陆上运输货物保险条款》）
进出口陆上运输

Special Additional Risks:　☑WAR Risks（战争险）　☑Strikes Risk（罢工险）
特殊附加险

特别约定 Special Conditions:
1. 加成 Value Plus: About　110　%
2. CIF 金额 CIF Value:　USD　96960.00
3. 保险金额 Insured Value:　USD　106656.00
4. 费率 Rate(%):　8.80
5. 保险费 Premium:　USD　938.57

投保人声明：
1. 本人填写本投保单之前，保险人已经就本投保单及适用的保险条款的内容，尤其是关于保险人免除责任的条款及投保人和被保险人义务条款向本人作了明确说明，本人对该保险条款及保险条件已完全了解，并同意接受保险条款的约束。
2. 本投保单所填各项内容均属事实，同意以本投保单作为保险人签发保险单的依据。
3. 保险合同自保险单签发之日起成立。

投保人签字（盖章）Signature　Shanghai Baili Trading Co., Ltd.　　日期 Date　2023-08-12

图3-3　货物运输险投保单

（2）若选择预约投保方式，在"业务详情"页面下方点击"预约投保"，添加并填写好进出口货物预约保险协议后选择提交进出口货物预约保险协议，由出口商发送装运通知后，办理申请手续。

（3）申请提交后，须等待保险公司进行处理，处理完成后签发"货物运输保险单"。

任务三　申请出口许可证和产地证

【任务导入】

刘明按照合同要求快速寻找合适的供货商并签订供货合同后，根据贸易商品范围按程序申请相关出口许可证和产地证。

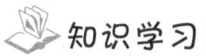知识学习

出口许可证（export license）是国家对实行出口许可证管理的商品批准其出口的法律文件，是海关监管、验放出口货物的依据。凡实行出口许可证管理的商品（规定免领的除外），各类出口企业应在商品出口前按规定在指定的发证机关申领出口许可证，海关凭出口许可证接受申报。

所谓配额许可证管理即实行配额与许可证配合使用，出口企业在取得配额后再申请的出口许可证。根据《中华人民共和国对外贸易法》的规定，我国出口许可证管理实行非自动出口许可证与自动出口许可证两种管理办法。

一、申领出口许可证

申领出口许可证，是指出口商在出口货物前依政府规定向指定机构申请签发出口许可证（export permit or export license）。

1. 应申领许可证的出口商品范围

国家对限制出口的货物实行出口许可证管理，我国实行统一的货物出口许可证制度。按照最新实行的《货物出口许可证管理办法》规定，各发证机构应按照商务部制定的《出口许可证管理货物目录》和《出口许可证管理商品分级发证目录》的范围，依照相关规定签发出口许可证。在目前的制度下，大部分货物的出口均可免申请许可证，需要申领出口许可证的情况主要包括以下方面：

（1）必须申领出口许可证的物品：

①未经批准经营出口业务的企业、团体、学校或个人运往境外的货物；

②各有关部门、企业、团体组织的出境展览的展销品和出卖品；

③各企业、厂矿与境外签订补偿贸易、来料加工合同，不通过外贸公司，要求直接出口的商品；

（2）有权经营出口业务的公司需申请出口许可证的情况：

经批准经营出口的公司，在批准的经营范围内的出口商品，一般即视为取得出口许

可，不必另行申领出口许可证，而有下列情况之一者，需另行申请出口许可证：

①输往国家、地区有单笔贸易配额限制的商品；

②为了防止各地、各部门的出口总量超过输往国家、地区市场的容纳量，商务部认为有必要实行出口许可制度，规定各地、各部门出口数量的商品；

③为了防止出口价格过低，商务部认为有必要实行出口许可制度，规定最低出口价格的商品；

④国务院有关主管部门已明确规定控制出口的商品；

⑤由于国际市场的变化或者输往国（地区）政策需要，商务部认为需要在一定时期内适当控制出口的商品。

2. 许可证签发机构

目前我国办理许可证签发的各级机构从上到下依次为：

（1）商务部：全国出口许可证的最高管理部门，负责制定出口许可证管理办法及规章制度；监督、检查出口许可证管理办法的执行情况；处罚违规行为。

（2）商务部许可证事务局：由商务部授权，统一管理、指导全国各发证机构的出口许可证签发工作，许可证事务局对商务部负责。

（3）商务部驻各地特派员办事处和各省、自治区、直辖市、计划单列市以及商务部授权的其他省会城市商务厅（局）、外经贸委（厅、局）：为出口许可证发证机构，在许可证事务局统一管理下，负责授权范围内的发证工作。

3. 申领出口许可证的手续

经营者出口《出口许可证管理货物目录》中的货物，应当到《出口许可证管理商品分级发证目录》指定的发证机构申领出口许可证。申请时，应提交以下文件向发证机构申请办理：

（1）出口许可证申请表（正本）1份，并加盖印章。实行网上申领的，应当认真如实地在线填写电子申请表并传送给相应的发证机构。

（2）加盖对外贸易经营者备案登记专用章的对外贸易经营者备案登记表或者中华人民共和国进出口企业资格证书或者外商投资企业批准证书（复印件）。

（3）有关出口货物配额或者其他有关批准文件。

各发证机构经审核同意后，将在自收到符合规定的申请之日起3个工作日内签发相关出口货物的出口许可证，一式三份，其中，一份由申报人留存，一份由海关留存，一份由海关签印后送当地中国银行凭以检查、结收外汇。

出口许可证的有效期不得超过6个月，需要跨年度使用时，有效期的截止日期不得超过次年2月底，逾期自动失效，海关不予放行。

4. 出口许可证的修改、延期与补发

（1）申请修改。出口许可证签发后，任何单位和个人不得擅自更改证面内容。如需更改，经营者应当在出口许可证的有效期内将出口许可证退回原发证机构，重新申领出口许可证。

（2）申请延期：

①出口许可证因故在有效期内未使用，经营者应当在出口许可证有效期内向原发证

机构提出延期申请，发证机构收回原证，在发证系统中注销原证后，重新签发出口许可证，并在备注栏中注明延期使用和原证证号。

②出口许可证因故在有效期内未使用完的，经营者应当在出口许可证有效期内向原发证机构提出未使用部分的延期申请，发证机构收回原证，在发证系统中对原证进行核销，并扣除已使用的数量后，重新签发出口许可证，并在备注栏中注明延期使用和原证证号。

③当年出口配额领取的出口许可证若办理延期，其延期最长不得超过次年2月底，有效期已为次年2月底的不得延期。

（3）申请补发。已领取的出口许可证如遗失，经营者应当立即向许可证证面注明的出口口岸地海关及相关发证机构提交书面报告，并在全国性经济类报刊中登载遗失声明，发证机构凭遗失声明，并经核实该证确未通关后，可注销该证，并核发新证。

二、申请产地证

产地证明书（certificate of origin）是出口国（地区）的特定机构出具的证明其出口货物为该国家（地区）原产的一种证明文件，也是进口国（地区）海关征收关税的依据。不使用海关发票或领事发票的国家（地区）要求提供产地证明书，作用在于提供给进口国（地区）海关凭以确定货物的生产国别（地区）从而核定进口货物应征收的税率。有的国家（地区）为了限制从某个国家或地区进口的货物，也会要求用产地证来证明货物来源，从而控制进口额度。

一般产地证的出证机构视信用证的具体规定而定，通常都由出口地的公证行或工商团体签发。在我国，产地证由中国国际贸易促进委员会（China Council for the Promotion of International Trade，CCPIT，简称"贸促会"）签发。

1. 产地证的种类

（1）普通产地证（certificate of origin）。

普通产地证又称一般产地证，是原产地证的一种，是用以证明有关出口货物和制造地的一种证明文件，是货物在国际贸易中的"原籍"证书，即证明有关出口货物是该国（地区）天然产品或是在该（地区）经过了主要的和最后的制造加工工序的产品，且该制造加工工序所使用的主要原料的外形、性质、形态或用途产生了实质性的改变。在实际签发时，由谁出具或出具何种产地证，应根据买卖合同或信用证的具体规定而定。在我国，一般原产地证书（商会产地证）由中国国际贸易促进委员会签发。买卖合同或信用证中关于普通产地证的条款为"Certificate of Origin Issued by China Council for the Promotion of International Trade"。

（2）普惠制产地证（格式A）（generalised system of preference certificate of origin "Form A"）。

普惠制（generalised system of preference，GSP）是发达国家给予发展中国家或地区出口制成品、半制成品的一种优惠的关税制度，它是在最惠国关税的基础上进一步减免的，因而是国际贸易中最低的关税。全球先后有近40个国家给予我国普惠制关税待遇，涉及玩具、机电产品、纺织服装、轻工产品、食品等领域。由于欧盟成员国、英国、加拿大、土耳其、乌克兰和列支敦士登等普惠制给惠国已取消对华关税优惠待遇，自2021年12月1日起，我国海关对出口至上述国家的货物停止签发普惠制原产地证明书。目前仍然给予中国普惠制待遇的只剩挪威、新西兰、澳大利亚三国。在我国，普惠制原产地证书（Form A）由出口企业通过中国国际贸易单一窗口或"互联网＋海关"平台向海关总署在线申请，经审核通过后自助打印或现场领取。买卖合同或信用证中关于普惠制产地证的条款为："G. S. P. Certificate of Origin Form A showing importing country"。

（3）纺织品产地证（certificate of origin textile products）。

对欧盟国家出口纺织品时，信用证一般都规定需要提供特定的产地证，即输欧盟纺织品产地证，这种产地证在我国是由出口地的商务部授权的纺织品出口证书发证机构签发的。

（4）中国－东盟自由贸易区优惠原产地证明书（简称东盟产地证，Form E）。

中国与东盟的货物贸易减税已经正式启动，中国和文莱、柬埔寨、印度尼西亚、老挝、马来西亚、缅甸、菲律宾、新加坡、泰国、越南10个国家相互实施自由贸易区协定税率。我国货物出口到上述国家，凡符合中国－东盟自由贸易区优惠关税的有关规定，只要签发了Form E证书，该批货物就能够享受更优惠的进口国关税待遇，平均减税幅度可达5%。

（5）智利产地证（Form F）。

这是出口智利的"金质证书"。中国与拉美国家签署的第一个自由贸易协定是《中国－智利自由贸易协定》），该协定正式实施后中国近6000种输往智利的产品可凭海关总署签发的Form F证书享受零关税优惠。Form F现由海关总署通过中国国际贸易单一窗口或"互联网＋海关"平台统一签发，支持智能审核与自助打印。首次申办企业需完成线上海关原产地备案，已备案企业可直接申请证书，无须单独开通业务权限。

（6）非多种纤维纺织品声明书（Form C）。

Form C为多国家产地声明书（multiple country declaration），声明商品的原材料是由几个国家或地区生产的。其适用于主要价值或主要重量与麻或丝相符的原料，或其中所含羊毛重量不超过17%的纺织品。

（7）东盟自贸区的原产地证书（Form D）。

东盟自贸区（不包括中国在内）的原产地证书，是作为泰国、越南、马来西亚等东盟国之间的产地证。很多东盟国家客户使用的是Form E而不是Form D。因此，与东盟国家客户从事贸易，只需提供Form E。

（8）《亚太贸易协定》优惠原产地证书（Form B）。

Form B是《亚太贸易协定》成员国之间互相给予关税优惠的凭证，符合条件的产品可享受比最惠国税率（MFN）更低的关税，甚至零关税。中国出口至韩国、印度、斯里兰卡、孟加拉国、老挝等成员国的商品，凭Form B可降低进口关税成本并便于货物顺利通关。

（9）《中国－巴基斯坦自由贸易区》优惠原产地证书（Form P）。

根据中巴自贸协定，符合条件的产品可享受零关税或大幅降税优惠，巴基斯坦对45%的中国商品已实施零关税，未来零关税比例将逐步提升至75%。

2. 产地证的申请程序

（1）申请单位应持营业执照、主管部门批准的对外贸易经营权证明文件及证明货物符合出口货物原产地的有关材料，向所在地签证机构办理注册登记手续。经签证机构审核合格后，享有申办产地证资格。

（2）企业经注册登记后，其授权及委派的手签人员和申领员应接受签证机构的业务培训，并最迟于货物报关出运前三天由申领员向签证机构申请办理产地证，并严格按签证机构要求，真实、完整、正确地填写以下材料：

①规定格式的申请书一份；

②出口企业自行按标准填制的产地证一套；

③出口货物商业发票一份；

④签证机构认为必要的其他文件。

（3）签证机构在受理企业的申请，并认真审核申请单位提交的有关单证，确认无误后，将盖章签发产地证。产地证一般为一正本三副本，其中一正二副交申请企业，另一副本和申请书、商业发票等有关文件由签证机构存档。

3. 产地证的填制要点（一般原产地证填制要点）

（1）出口商：应填写已办理原产地证书申请人备案的出口商详细的名称、地址和国家。此栏不得填写两个或两个以上公司名称。

（2）收货人：应填写进口方收货人详细的名称、地址和国家。此栏不得填写非进口方公司信息。

（3）运输方式和路线：注明装货港、到货港及运输方式；如有转运，也要注明。

（4）目的港：标明货物的最终目的港。

（5）签证机关专用栏：一般情况下，此栏空白，由签证当局视情况填写相应的内容。但信用证要求产地证由商会（chamber of commerce）出具时，则由贸促会在此栏中加盖"商会章"作"China Council for the Promotion of International Trade is China Chamber of International Commerce"证明。

（6）唛头和包装号码：此栏填写商品包装上的装运标志，应完整、规范并与其他单据上的装运标志一致，不能简单填写"As per Invoice No. ×××"或类似表示。

（7）货物描述及包装件数和包装种类：此栏填写商品的名称以及商品外包装的数量及种类。在货物描述结束时应有终止符"*"。

（8）H. S. 编码：此栏应按照商品在《商品名称和编码协调制度》（*Harmonized Commodity Description & Coding System*）中的编码填写。此栏中的编码要与报关中的商品编码一致。

（9）数量或重量：应按照提单或其他运输单据中的数量填写，若填重量的话则应填入毛重。

（10）发票号码和日期：填入本次交易的发票号码和发票日期，此栏不得留空。

（11）出口商声明：此栏必须由出口商手签、加盖公章并加注签署地点、日期。此栏填写的签署日期不能早于发票日期（一般与发票日期相同），同时，不能迟于装船日期和签证机关加注的签署日期。

（12）签证机关栏：此栏供签证机关作证明用，必须由签证机关手签、加盖公章并加注签署地点、日期。

🔼 任务实施

（1）出口商申请产地证并填写相关单据，在国贸仿真平台的"贸易公司"菜单下的"业务详情"页面，添加并填写商业发票与装箱单，在"办理流程"界面申请产地证。

（2）在业务办理流程图中点击"申请产地证"，进入国际贸易单一窗口（图3-4）。在"原产地证"菜单中选择"海关原产地证书"或"贸促会原产地证书"（两者任选一个申请即可，但需注意贸促会不支持签发普惠制产地证 Form A）。申报成功后，在录入界面中点击"打印"（需等待审批通过后才能打印），生成相关产地证（在单据中查看），用于后续的出口交单等操作。

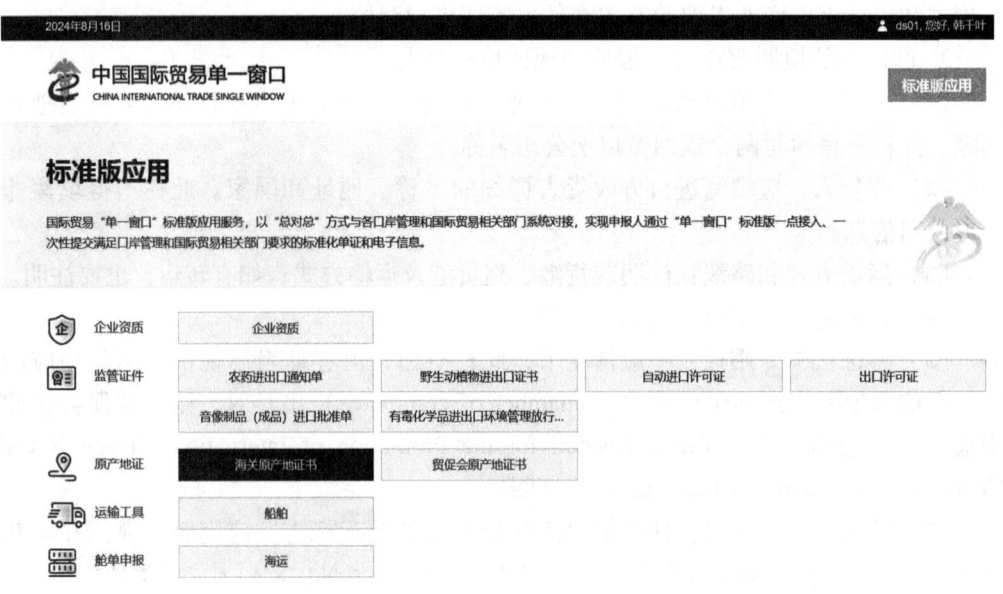

图3-4　国际贸易单一窗口

实训　备货、报检及申请出口许可证和产地证

根据本项目所学知识，仔细阅读下面的公司贸易案例，完成三项实训任务。

国内出口商上海亿通国际股份有限公司（Shanghai E & P International Inc.）近日与新西兰进口商卡特贸易公司（Carters Trading Company, LLC.）签订了采购1万件真丝长袖衬衫的合同，请综合应用备货、报检、申请出口许可证和产地证等相关知识，梳理、总结各实训任务的详细流程和步骤。

1. 上海亿通国际股份有限公司如何备货？
2. 上海亿通国际股份有限公司如何报检？
3. 上海亿通国际股份有限公司如何申请出口许可证和产地证？

项目四　租船订舱、报检报关和装船出运

【情景导入】

刘明在上海百利外贸有限公司业务部完成了三个月的实习后，熟悉了公司产品，掌握了出口报价（FOB、CFR 和 CIF 报价）、成本核算以及进出口预算表的填制与业务洽谈等工作。人力资源部通知他去运输部门报到，张经理给他安排了新任务——实习租船订舱、办理出口货物报检报关与装船出运。要完成以上任务，刘明必须尽快熟悉出口货物托运订舱、出口报检报关的操作流程以及掌握托运单、出口报检报关相关文件的缮制。因此，本项目的训练分解为下表中的三个任务。

任务	知识目标	应用目标
出口商租船订舱	了解租船订舱的流程与相关知识	掌握向货代公司询价的技巧，能正确制作海运货物委托书或空运货物委托书
出口货物申报（出口货物报检报关）	了解出口报检报关的流程、要求等内容以及所需的单据	能根据相关要求对贸易商品进行报检报关；能正确填制出境货物报关单
货物装船出运	了解出口货物出运的基本流程（报关后，将盖有放行章的相关单据交给货代，再由货代交给集装箱堆场的装载部门，通知码头理货部门装船，再准备出运）	学会制作装运通知并及时发送给买方

任务一　出口商租船订舱

【任务导入】

运输部门张经理通知刘明根据合同和信用证在外贸平台上缮制相关单据传真给货代公司，供其办理租船订舱手续。

知识学习

出口公司向运输公司询价并掌握船期信息后，委托对外贸易运输部门或受理对外货

运代理业务的部门办理海、陆、空运的出口托运业务，出口公司需要提供出运货物的必要资料。询价时应首先根据合同或信用证规定的最迟装运期、工厂生产的交货期和承运人及港区截载日期等确定符合条件的船期。其次询问运输费用的价格，主要包括两方面：一是将货物集中到港区时的内陆运费和港杂费；二是从装运港至卸货港的海洋运费。除此以外，出口公司还需缮制出口货物明细单和货物托运单。

一、出口货物运输托运单填写

在杂货班轮运输方式下，托运单（booking note）指由托运人根据买卖合同和信用证的有关内容向承运人或其代理人办理货物运输的书面凭证。经承运人或其代理人对该单据签认，表示其已接受托运，即承运人和托运人运输合同关系即告建立。托运单虽然不是出口结汇的正式单据，但它是日后制作提单的主要资料，因此比较重要。

（1）收货人（consignee）。在信用证支付的条件下，对收货人的规定常用以下两种表示方法：

①记名收货人（straight B/L），填写单据时应直接将收货人的名称、地址完整地表示出来。这一方法简单明了，收货人就是合同的买方。

②指示收货人（order B/L），常用空白指示和记名指示两种表达法。指示收货人掩饰了具体的收货人的名称和地址，使单据可以转让。在空白指示情况下，单据的持有人可自由转让单据；在记名指示情况下，记名人有权控制和转让单据。

（2）被通知人（notify）。这一栏中应填写接受船方发出货到通知的人的名称与地址。被通知人的选择与确定的权利是合同的买方或买方代理人。买方有时确定其本人为通知人，有时将其代理人或其他与其联系较密切的人确定为被通知人。被通知人的职责是及时地接收船方发出的到货通知并将该通知转告真实的收货人。在极少数的交易中，可能出现将收货人栏目和被通知人栏目留空的要求。这是因为提出要求的一方准备买卖在途货物。制作单据时要在副本单据的被通知人栏中填写买方或开证申请人的名称与地址。

（3）运输标志（shipping marks）。一般而言，买卖合同或者信用证均规定了唛头。填写这一栏目时，要求填写的内容和形式与合同或信用证所规定的完全一致。

有时买卖合同和信用证中没有规定唛头，这时，卖方可以自行选择一个合适的唛头。在选择唛头时，要充分考虑买方提货方便、买方利益和买方所在国（地区）的特别要求。卖方也可以不制作唛头，此时在该栏填写"N/M"。

（4）数量（quantity）。托运单中的数量指最大包装的件数。例如，出口10吨速冻草莓，装在100个纸箱内，此栏目应填写"100 CARTONS"，而不是"10 MT of Strawberries"。

（5）货物说明（description of goods）。这一栏允许只写统称。例如，出口各种用途的化工颜料，无须逐一列出颜料的规格、成分、用途，而只写"化工颜料"。但是，如果同时出口化工颜料和瓷器产品，则应分别填写"化工颜料""陶瓷产品"，而不允许只填写其中一种数量较多或金额较大的商品。

(6) 重量 (gross weight/net weight)。填写这一栏内容时应分别计算毛重和净重。如果一次装运的货物有几种不同的包装材料或完全不同的货物，那么在填写这一栏时，应先分别计算并填写每一种包装材料或每一种货物的毛重或净重，然后合计全部的毛重和净重。在计算重量时，要求使用统一的计量单位，一般使用"千克"。

(7) 尺码 (measurement)。在这栏中填写一批货的尺码总数，单位一般使用立方米。总尺码不仅包括各件货物尺码之和，还应包括件与件之间堆放时的合理空隙所占的体积。因此总尺码都略大于货物的尺码数。毛重、净重和尺码是填写装箱单 (packing list) 和重量单 (weight note) 的重要依据，因此要认真核查。

(8) 分批装运 (partial shipment)。这一内容应严格按照合同或信用证条款填写。如果合同或信用证规定分若干批装运或对分批装运有进一步说明，不要将这些说明填入本栏目，而应将这些说明填入"特别条款"栏中。该栏主要填写允许或不允许分批转运。

(9) 转船 (transshipment)。本栏的填写要求与"分批装运"一致，只能填写"允许"或"不允许"。如果合同和信用证中对这一内容有其他说明，应在"特别条款"栏中做出补充说明。

(10) 装运期 (time of shipment)。在信用证支付条件下，装运期是最重要的期限之一，要求严格遵守。

装运期的表达可以全部使用阿拉伯数字，也可以使用英文与阿拉伯数字一起表示。例如，2023 年 5 月 6 日可以表示为 "05/06/2023"，最好用 "MAY 6th, 2023"。

装运期还可以表示为一段时间之内，例如，"2023 年 5 月"，英文表达为 "Shipment in May, 2023"。

(11) 到期日 (expiry date)，即信用证的有效期。在信用证支付条件下，有效期和装运期有着较密切的关系，因此这两项往往先后出现在同一张单据中。这一栏的填写一般按信用证规定，但如果"装运期"一栏留空不填的话，这一栏也可相应留空。留空的原因主要是托运时间距离装运期限、信用证到期日很长。

(12) 提单正本份数 (No. of original B(s)/L)。信用证中一般都会用各种方式表示对提单正本份数的要求。例如，来证要求 "3 Original Bill of Lading"，指 3 份正本提单；来证要求 "Full Set of Bill of Lading"，指全套提单。

(13) 提单副本份数 (No. of copy B(s)/L)。提单副本究竟应提供多少份，一般在信用证中要有明确规定。在信用证中，寄单需要的份数一般也都要做出明确规定。

(14) 存货地点 (inventory location)。这一栏内容用中文填写，填写即将出口的货物在出口前存放的最后一个仓库的名称与地点。

(15) 运费缴付 (freight & charge)。此栏填写"运费到付"或"运费预付"。填写两者中的哪一个取决于买卖合同中的价格术语，常见的有 FOB、CFR 和 CIF。按 FOB 成交的买卖合同，该栏应该填写"运费到付"；而 CFR 或 CIF 成交的买卖合同则应该填写"运费预付"。

(16) 提单号码 (B/L No.)。这一栏内容仍然留给船方或其代理人填写。提单是由承运人签发的与托运人之间的契约证明文件。当提单号码和船名被填写在托运单上后，承运人、托运人之间的法律关系即被确定。同时更进一步证明船方或其代理经办的配船工作完成。

一旦出现原定配载船舶无法适航、适货，需要更换配载船舶的情况时，船方或其代理应及时通知托运人。托运人将根据通知修改托运单中的有关栏目，包括船名和提单号码。但有时更换配载船舶后，船方或其代理人只通知托运人修改船名。

正是由于托运单上反映了提单号码，载明了承运人和托运人之间工作往来的原始记录，出口企业不仅应认真填写，而且还应保存好托运单，直至货款安全收回、货物如数到达、法定索赔期限结束。

（17）船名（name of the vessel）。这一栏由船方或其代理人填写，填写运载所承运的货物的船舶名称。当船方或其代理人将填有船名的托运单退还出口企业时，证明配船工作完成。

（18）托运单号码（booking note number）。填写托运单号码时一般要填写与发票号码一致的内容。一是为了使发票填写的内容与实际装货的情况完全一致，二是为了便于查询、核对。

（19）托运单日期（date of booking note）。与托运单号码处理方法一样，填写时，托运单日期应与发票日期一样，即开立发票的日期。虽然也可以晚于发票日期，但实际中，一般按开立托运单的日期填写。

（20）起运地和目的地（port of shipment & destination）。这一栏内容由出口企业按信用证规定的要求填写。填写时应注意世界上是否有重名港口，如果有重名港口，往往要求在港口后写明国名。

（21）签字（signature）。在托运单的右下角由经办人签字，出口企业盖章。

（22）买方提出的特别条款（special terms proposed by the buyer）。买方提出的特别条款来源于信用证有关装运的内容。例如，允许分两批装运（partial shipments allowed in two lots），装运由上海经香港至伦敦（shipment from Shanghai to London via Hong Kong），等等。像这类的由买方提出的特别条款应该一字不漏地填在托运单的这个栏目中，其目的是要求承运人严格履行。

（23）由卖方提出的特别条款（special terms proposed by the seller）。卖方提出的特别条款一般是针对船方或其代理人的装运行为，目的在于保护受载货物。因此，这些特别条款无须征得买方同意或确认。

这类特别条款的内容包括要求用集装箱装运、要求不与其他货物混杂、要求不被其他重物挤压、要求货物的装卸和放置不倒置等。

二、装货联单

目前，我国各港口使用的装货联单的组成不尽相同，但是主要是由装货单（shipping order, S/O）、收货单（mate's receipt, M/R）、留底（counterfoil）三联组成。

装货单是托运人要求船公司装船的依据；收货单又称大副收据，是船公司装完货后，经大副签字表示收妥货物的凭据，也是船公司签发提单的最重要的凭证；留底是船公司留存的单据。当出口公司收到船公司签好的托运单后，填好装货单、收货单和留底，并以此连同货物一起办理装运手续，装运之后，托运人取得了经大副签署的收货单后，即可凭此向船公司或其代理人换取已装船清洁提单。

装货联单和托运单一样不是货物结汇的单据，但出口单据的提单又是基于这些单据制作的，下面介绍这些单据的填制方法：

（1）托运人：一般填写出口公司的名称，但如果托运单或提单的这一栏显示的是第三方时，装货联单的这一栏也应与托运单或提单上的保持一致。

（2）编号：通常这一栏填写的是提单号码。虽然提单还未签发，但将要签发的提单已由出口公司填写好大部分的栏目，仅留下提单签发日期和船长或其代理人的签字等仍未填写，而提单号码早在船方或其代理人接收托运单时就已告知托运人了。这一栏填写提单号码，便于查询、对照所有与装运有关的单据。

（3）船名：根据船代理签发的托运单中的船名来填写。

（4）运往地点：这一栏只需填写目的港名称。

（5）唛头：大部分交易在合同中就订立了唛头，在这种情况下，应填写与合同规定完全一样的唛头。但在少数交易中，合同中并没订立唛头，这时取决于装运的要求和卖方的需要。当卖方决定使用唛头时，要在所有需要填写唛头的栏目中填写自己订立的唛头。

（6）数量：填写最大的包装数量。

（7）货名：与托运单相同栏目填写一致的内容。

（8）重量/尺码：填写毛重和净重，可参考托运单相同的栏目。

填写此栏时，应在实际货物尺码基础上，加上合理的件与件之间空隙的尺码，填写整批货物的尺码总数。

（9）合计：指数量一栏中若有两个或两个以上不同货名的数量之和。例如，A商品有5箱，B商品有100捆，这一栏中填105件。

（10）日期：这一栏应填写制作装、收背单的日期，但也可以不填。

另外，装入何舱、实收、理货员签名、代理人与大副的签名等栏目都留给船公司或其代理人填写。

任务实施

（1）如图4-1所示，进入国贸仿真平台的"贸易公司"菜单下的"办理流程"页面点击"向货代询价"，先选择一家货代公司，填写询价单，填写完成后点击"发送询价单"，向出口货代发送询价；最多可以向3家货代公司询价。收到报价后，选择点击其中一家的"接受报价"按钮即可。

图 4-1 委托订舱询价

（2）在"业务详情"页面里添加海运货物委托书（instruction for cargo by sea）并填写相关信息；若是空运，添加并填写空运货物委托书（instruction for cargo by air），填写完成后点击"检查"，若显示绿色的"√"说明单据填写正确且已通过。在该页面下方点击"委托货代"，选择提交海运货物委托书或空运货物委托书，办理申请手续。海运货物委托书如下：

\multicolumn{4}{c	}{INSTRUCTION FOR CARGO BY SEA 海运货物委托书}	
To	International Logistics CO., Ltd.		☑ 委托代理报关 Customs Agent
SHIPPER（发货人）	Shanghai Baili Trading Co., Ltd.	TEL 86-21-96587458	☐ 委托我司拖货 Transport Agent
ADDRESS（地址）	No. 115 Xujiahui Road, Shanghai, China		☐ 委托办理保险 Insurance Agent
DATE（日期）	2023-08-12		
CONSIGNEE（收货人）	to order	TEL	
ADDRESS（地址）			

ALSO NOTIFY（并通知）			Apple Trading Co., Ltd.		TEL	001-212-4336899
ADDRESS（地址）			No.1 Square, Los Angeles, California, America			
PLACE OF SHIPMENT（起运地）			Shanghai, China			
PLACE OF DELIVERY（目的地）			New York, America			
PORT OF DISCHARGE（卸货港）			New York, America			
OCEAN VESSEL/VOYAGE（船名航次）			TRINITY		230E	
DESCRIPTION OF GOODS 货物名称及描述		MARKS & NUMBERS 唛头	NO. OF PACKAGE 件数	GROSS WEIGHT 毛重	NET WEIGHT 净重	MEAS 体积
Small Cart Size: 550mm*230mm*720mm, Wheel: pe frame, Rubber Tire		N/M	1000 CARTONS	17000.00 KGS	14500.00 KGS	360.0000 CBMS
TOTAL			1000 CARTONS	17000.00 KGS	14500.00 KGS	360.0000 CBMS
RATE AGREED 运费议定			SPECIAL INSTRUCTIONS 特别附注			
☑ 货柜 FCL						
☐ 拼箱 LCL						
柜型及数量 Container Type and Quantity	☐ 20′ GP（普柜） ×		☐ 40′ GP（普柜） ×		☑ 40′ HC（高柜）×5	
	☐ 20′ RF（冻柜） ×		☐ 40′ RF（冻柜） ×		☐ 40′ RH（冻高柜） ×	
	☐ 20′ Platform ×		☐ 40′ Platform ×			
	☐ 20′ Car ×		☐ 40′ Car ×			
IMPORTANT—Please indicate freight payment by WHOM.			FREIGHT （运费）	☑ PREPAID	LOCAL CHARGES （本地运费）	☐ PREPAID
				☐ COLLECT		☐ COLLECT
OTHER CHARGE（其他费用）						
DOCUMENT 文件单据	INVOICE 发票#:		IV0005648	OTHER DOCUMENT 1# & NO.		
	PACKING LIST 装箱单#:		PL0007965	OTHER DOCUMENT 2# & NO.		
DECLARED VALUE 价值	INSURANCE AMOUNT 保险额	USD 106656.00	Service Mode	CY	For Customs 报关金额	USD 96960.00
					For Carriage 运输金额	USD 96960.00

注意事项（委托前请仔细阅读）	1. 由于收货人拒绝收货或延迟收货，所产生的所有费用包括货物返程的费用，由委托人承担，委托人应在接到通知 7 日内支付，并承担相关法律责任。 2. 委托人交付的货物，其申报价值如果在 USD 600 以上，请自行购买保险，并书面通知我司相关人员；虚报所产生的责任由委托人承担。 3. 货物应具有符合海运运输要求的完整包装，若收货人对货物有任何异议，应在提货前提出，并得到发货单位书面确认，否则将被视为主动放弃。 4. 托运人需要在我司要求的付款时间内结清全部费用，托运人承诺如不按时支付运费，将按 5% 缴纳滞纳金，并且承运人有权采取任何措施收回运费。 5. 客户应及时、准确提供有关单证。如无特殊要求，一律按可转船、可分批处理，运费到付、预付不填，按预付处理，托运人承担由此引起的一切损失。		
CONSIGNOR'S DETAIL 委托人资料			
CONSIGNOR'S NAME & ADDERSS 委托人名称及地址	Shanghai Baili Trading Co., Ltd. No.115 Xujiahui Road, Shanghai, China	INSTRUCTION BY：（经手人）SIGNED & CHOPPED：（经手人签字及盖章）	委托人声明：1. 已经阅读以上注意事项并同意。2. 所委托的货物及包装不涉及违反起运国（地区）和目的国（地区）相关法律及国际海运输安全规定，并对此承担相应责任。 Xie Yunsheng

(3) 在流程图上点击"委托订舱"，准备相关单据办理租船订舱手续，如图 4-2 所示。

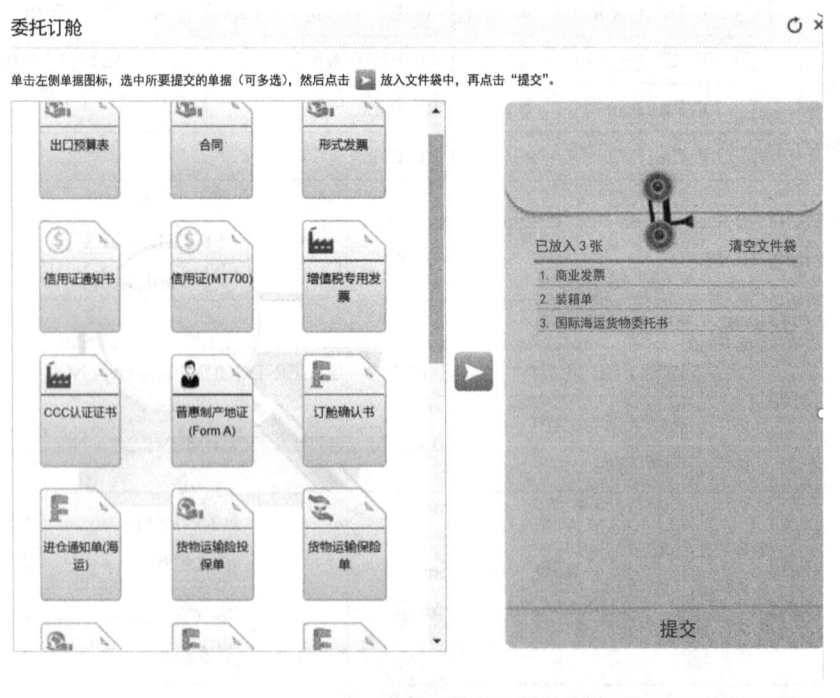

图 4-2 委托订舱所需单据

任务二 出口货物申报

【任务导入】

刘明办理完租船订舱手续后，根据《中华人民共和国海关法》将出口货物运抵海关管辖区，而在货物出口前，必须向海关申报（export customs clearance）。根据向货代询价时是否委托货代报关，出口货物申报分为自主报关和代理报关两种方式。本任务中的报关方式为自主报关。

知识学习

货物申报是指进出口货物的收货人、发货人及其代理人按照有关法律、行政法规和规章的要求，在规定的期限、地点，采用规定的形式，向海关、出入境检疫检验机关（现已并入海关总署）报告实际进出口货物的情况。货物申报是整个进出口业务的中心环节，包括报检和报关，以前是独立办理的，申报人需要先使用检疫检验，在申报系统申请报检，取得出入境货物通关单后，再使用海关申报系统办理海关手续。2018 年 8 月 1 日海关总署发布公告，正式执行关检合一，取消出入境货物通关单，将原来独立的报检与报关系统进行融合，统一为单一窗口系统，在通关作业上实现了一次申报、一次检验、一次放行，简化了货物申报手续，提高了效率。

一、准备申报单证

申报单证主要包括基本单证和特殊单证。基本单证是指出口货物的货运单据和商业单据，主要有出口装货单据、合同、商业发票、装箱单等。一般来讲，任何货物在申报时都必须附基本单证，有些货物申报时需要附特殊单证，主要有出口许可证件、原产地证明书等。

二、进行出口申报

目前可以通过单一窗口系统来进行出口货物整合申报，将报检报关数据录入系统并提交随附单据，生成电子数据报关单。海关接受申报后，可以根据货物情况以及实际执法需要，确定是否需要检验，申报人应积极配合。完成出口申报后应缴纳税费。我国实行鼓励出口的政策，对绝大部分货物均不征收出口关税。但为了限制和调控某些商品的过度、无序出口，尤其是防止一些重要自然资源和原材料的无序出口，仍然对少数的商品征收出口关税。

三、报关单概述

1. 进出口货物报关单的含义与类别

进出口货物报关单是指进出口货物的收货人、发货人或其代理人，按照海关规定的格式就进出口货物的实际情况做出书面申明，以此要求海关对其货物按适用的海关制度办理通关手续的法律文书。进出口报关单按照不同的标准可以分为以下几种类型：

（1）按进出口状态划分，报关单可分为出口货物报关单和进口货物报关单。

（2）按表现形式划分，报关单可分为纸质报关单和电子报关单。

（3）按海关监管方式划分，报关单可分为进料加工进（出）口货物报关单、来料加工进（出）口货物报关单和一般贸易及其他贸易进（出）口货物报关单。

（4）按用途划分，报关单可以分为以下几种类型：

①报关单录入凭单，指申报单位按海关规定的格式填写的凭单，即申报单位提供给预录入单位的原始数据报关单，用作报关单预录入的依据。

②预录入报关单，指预录入单位录入、打印，由申报单位向海关申报的报关单。它处于报关单申报作业流程中的正式申报电子数据报关单环节。

③报关单证明联，指海关在核实货物实际进境、出境后按报关单格式提供的证明，用作企业向税务部门、外汇管理部门申请办结有关手续的证明文件。

2. 进出口货物报关单各联的用途

通常情况下进口报关单有四联，即海关作业联、企业留存联、海关核销联和付汇证明联。出口报关单有五联，即海关作业联、企业留存联、海关核销联、收汇证明联和退税证明联。2019年，我国海关总署发布关于取消报关单收汇联和海关核销联的公告（2019年第39号文件），取消了付汇证明联、收汇证明联和海关核销联。目前保留海关作业联与企业留存联。因此，进出口公司在进口或出口以后，通常情况下，7天以后，可以向报关行申请企业留存联。

（1）进出口货物报关单海关作业联和企业留存联，是指报关员配合海关查验、缴纳税费、提取或装运货物的重要单据，也是海关查验货物、征收税费、编制海关统计以及处理其他海关事务的重要凭证。

（2）进出口货物报关单收汇、付汇证明联，是指海关对已实际进出境的货物所签订的证明文件，是银行和国家外汇管理部门办理售汇、付汇和收汇及核销手续的重要依据之一。对需办理进口付汇核销或出口收汇核销的货物，进出口货物收货人、发货人或其代理人应当在海关放行货物或结关以后，向海关申领进口货物报关单进口付汇证明联或出口货物报关单出口收汇核销联。

（3）进出口货物报关单加工贸易海关核销联，是指口岸海关对已经申报进口或出口的货物所签发的证明文件，是海关办理加工贸易合同核销、结案手续的重要凭证。加工贸易的货物进出口后，申报人应向海关领取进出口货物报关单海关核销联，并凭此向主管海关办理加工贸易合同核销手续。

（4）出口货物报关单出口退税证明联，是指海关对已实际申报出口并已装运离境的货物所签发的证明文件，是国家税务部门办理出口货物退税手续的重要凭证之一。对可办理出口退税的货物，出口货物发货人或其代理人应当在载运货物的运输工具实际离境且海关收到载货清单（俗称"清洁舱单"）、办结海关手续后，向海关申领出口货物报关单出口退税证明联。对不属于退税范围的货物，海关均不予签发该联。

3. 进出口货物报关单的法律效力

《中华人民共和国海关法》规定："进口货物的收货人、出口货物的发货人应当向海关如实申报，交验进出口许可证件和有关单证。"进出口货物报关单及其他进出口报关单（证）在对外经济贸易活动中具有十分重要的法律效力，是货物的收货人、发货人向海关报告其进出口货物实际情况及适用的海关业务制度，申请海关审查并放行货物的必备法律书证。它既是海关对进出口货物进行监管、征税、统计以及开展稽查、调查的重要依据，又是加工贸易核销、出口退税和外汇管理的重要凭证，也是海关处理进出口货物走私、违规案件及税务、外汇管理部门查处骗税、套汇犯罪活动的重要书证。因此，申报人对所填报的进出口货物报关单的真实性和准确性应承担法律责任。电子数据报关单与纸质报关单具有同等法律效力。

4. 海关对进出口货物报关单填制的一般要求

进出境货物的收货人、发货人或其代理人向海关申报时，必须填写并向海关递交进出口货物报关单。申报人在填制报关单时，应当依法如实向海关申报，对申报内容的真实性、准确性、完整性和规范性承担相应的法律责任。

（1）报关员必须按照《中华人民共和国海关法》及《中华人民共和国海关进出口货物申报管理规定》和《中华人民共和国海关进出口货物报关单填制规范》的有关规定和要求，向海关如实申报。

（2）报关单的填报必须真实，做到"两个相符"：一是单、证相符，即所填报关单各栏目的内容必须与合同、发票、装箱单、提单以及批文等随附单据相符；二是单、货相符，即所填报关单各栏的内容必须与实际进出口货物情况相符，尤其是货物的品名、规格、数量、价格等栏的内容必须真实，不得出现差错，更不能出现伪报、瞒报、虚报。

（3）报关单的填报要准确、齐全、完整、清楚，报关单各栏目内容要逐项详细准确填报（打印），字迹清楚、整洁、端正，不得用铅笔或红色复写纸填写；若有更正，必须在更正项目上加盖校对章。

（4）不同批文或合同的货物、同一批货物中不同贸易方式的货物、不同备案号的货物、不同提运单的货物、不同征免性质的货物、不同运输方式或相同运输方式但不同航次的货物，均应分别填写报关单。

（5）已向海关申报的进出口货物报关单，如原填报内容与实际进出口货物不一致而又有正当理由的，申报人应向海关递交书面更正申请，经海关核准后，对原填报的内容进行更改或撤销。

四、出口货物报关单的填制

中华人民共和国海关进出口货物报关单按进口和出口分为《中华人民共和国海关入境货物报关单》和《中华人民共和国海关出境货物报关单》两种，每种报关单均有47个栏目，其中大部分为报关单位（人）填写。为便于报关单位（人）准确填报和便于海关接受申报时审核有关数据，海关对外发布了《中华人民共和国海关进出口货物报关单填制规范》，统一规定了报关单各栏目的填写要求。报关单位（人）必须按照填制规范的要求，真实准确地填制报关单的有关栏目，并对其填报的数据的准确性和真实性承担相应的法律责任。现将海关对进出口货物报关单的各栏目的填制内容和规定介绍如下：

（1）预录入编号。预录入编号是申报单位或预录入单位对该单位填制录入的报关单的编号，预录入报关单及 EDI（electronic data interchange，电子数据交换）报关单的预录入编号由接受申报的海关决定编号规则，计算机自动打印。

（2）海关编号。海关编号是海关接受申报时给予报关单的编号。一般为 18 位顺序编号，其中前 4 位为接受申报海关的编号（关区代码表中相应关区代码），第 5～8 位为海关接受申报的公历年份，第 9 位为进出口标志（"1"为进口，"0"为出口），第 10～18 位为报关单顺序编号。例如，2233（浦东机场）、2023（年份）、0（出口）、334116586（报关单顺序编号）。海关编号由各直属海关在接受申报时确定，并标志在报关单的每一联上。一般来说，海关编号就是预录入编号，由计算机自动打印，不用填写。

（3）进境口岸/离境口岸。进境口岸/离境口岸是货物实际进（出）口我国关境口岸海关的名称。本栏应根据货物实际进（出）口的口岸海关选择填报"海关名称及代码表"中相应的口岸海关名称及代码。口岸海关代码指国家正式对外公布并已编入海关"关区代码表"的海关的中文名称及代码（4 位码）。"关区代码表"中只有直属海关关别及代码的，填报直属海关名称及代码；如果有隶属海关关别及代码时，则应填报隶属海关名称及代码。例如，上海海关的关区代码为 2200，浦江海关的关区代码为 2201 等。

（4）备案号。备案号指进出口企业在海关办理加工贸易合同备案或征、减、免税审批备案等手续时，海关给予进料加工登记手册、来料加工及中小型补偿贸易登记手册、外商投资企业履行产品出口合同进料件及加工出口成品登记手册（简称"登记手册"）以及进出口货物征免税证明（简称"征免税证明"）或其他有关备案审批文件的编号。一份报关单只允许填报一个备案号。备案号长度为 12 位，其中第 1 位是标记代码。加工贸易手册第 1 位"A""B""C""D""E""F""G"，分别表示备料、来料加工、进料加工（专指进料对口）、加工贸易设备（包括作价和不作价设备）、便捷通关电子账册、加工贸易异地进出口分册、加工贸易深加工结转分册。备案号的标记代码必须与"贸易方式"及"征免性质"栏相一致，例如，贸易方式为来料加工，征免性质也应当是来料加工，备案号的标记代码应为"B"。值得注意的是，一份报关单只允许填报一个备案号；无备案审批文件的报关单，本栏免予填报。

（5）进口日期/出口日期。进口日期指运载所申报货物的运输工具申报进境的日期。本栏填报的日期必须与相应的运输工具进境日期一致。进口货物收货人或其代理人在进口申报时无法确定相应的运输工具的实际进境日期时，"进口日期"栏允许为空。进口货物收货人或其代理人未申报进口日期，或申报的进口日期与运输工具负责人或其代理人向海关申报的进境日期不符的，应以运输工具申报进境的日期为准。

出口日期是指运载所申报货物的运输工具办结出境手续的日期。本栏供海关打印报关单证明联用，预录入报关单及 EDI 报关单均免予填报。

对于无实际进出境的货物，报关单"进（出）口日期"栏应填报向海关办理申报手续的日期，以海关接受申报的日期为准。

进出口日期的填报均为 8 位数字，顺序为年（4 位）、月（2 位）、日（2 位）。例如，2023 年 11 月 18 日进口的一批商品，运输工具申报进境日期为 11 月 18 日，则"进口日期"栏填报为"2023.11.18"。

（6）申报日期。申报日期指海关接受进（出）口货物收货人、发货人或其代理人申请办理货物进（出）口手续的日期。以电子数据报关单方式申报的，申报日期为海关计算机系统接受申报数据的记录的日期；以纸质报关单方式申报的，申报日期为海关接受纸质报关单并对报关单进行登记处理的日期。

本栏填报格式要求同"进口日期""出口日期"栏。除特殊情况外，进口货物申报日期不得早于进口日期；出口货物申报日期不得晚于出口日期。

（7）经营单位。经营单位指对外签订并执行进出口贸易合同的境内企业、单位或个人。本栏应填报经营单位中文名称及经营单位编码。经营单位编码为 10 位数字，指进出口企业在所在地主管海关办理报关注册登记手续时，海关给企业设置的注册登记编码。

进出口企业之间相互代理进出口业务的，或没有进出口经营权的企业委托有进出口经营权的企业代理进出口业务的，"经营单位"栏填报代理方中文名称及编码。外商投资企业委托外贸企业进口投资设备、物品的，"经营单位"栏填报外商投资企业的中文名称及编码，并在"标记唛码及备注"栏注明"委托×××公司进口"。对于援助、赠送、捐赠的货物，"经营单位"栏填报接收货物的单位的中文名称及编码。经营单位编码第 6 位数为"8"的单位是只有报关权而没有进出口经营权的企业，不得作为经营的单位填报。

（8）运输方式。运输方式指货物进出关境时所使用的运输工具的分类，即海关规定的运输方式。海关规定的运输方式主要包括水路运输、铁路运输、公路运输、航空运输、邮递运输等。

"运输方式"栏应根据实际运输方式按海关规定的"运输方式代码表"选择填报相应的运输方式名称或代码。

（9）运输工具名称。运输工具名称指载运货物进出境的运输工具的名称或运输工具编号。本栏填写的内容应与运输部门向海关申报的载货清单所列相应内容一致，一份报关单只允许填报一个运输工具名称。纸质报关单具体填报要求如下：

①水路运输：填报船名及航次，即"运输工具名称"+"/"+"航次号"。例如，"May Flower"号轮 HK886W 航次，则在"运输工具名称"栏填报"May Flower/HK886W"。

②公路运输：填报该跨境运输车辆的境内行驶车牌号码+"/"+进出境日期［8 位数字，顺序为年（4 位）、月（2 位）、日（2 位）］。

③铁路运输：填报车厢编号或交接单号+"/"+进出境日期。

④航空运输：填报航班号，如"KZ0225"，此处前两位数为航空公司代号。

⑤邮政运输：填报邮政包裹单号+"/"+进出境日期。

⑥其他运输：填报具体运输方式名称，如管道、驮畜等。

（10）提运单号。提运单号指进出口货物提单或运单的编号。本栏填报的内容应与运输部门向海关申报的载货清单所列相应内容一致（包括数码、英文大小写、符号、空格等）。一份报关单只允许填报一个提运单号，一票货物对应多个提运单时，应分单填报。在实际业务中，不同运输方式的填报要求如下：

①水路运输：填报进出口提运单号。如有分提运单的，填报进出口提运单号＋"＊"＋分提运单号。

②公路运输：免予填报。

③铁路运输：填报运单号。

④航空运输：填报总运单号＋"_"（下划线）＋分运单号，无分运单的填报总运单号。

⑤邮政运输：填报邮运包裹单号。

（11）收货单位/发货单位。收货单位指已知的进口货物在境内的最终消费、使用单位，如自行从境外进口货物的单位、委托有外贸进出口经营权的企业进口货物的单位等。

发货单位指出口货物在境内的生产或销售单位，如自行出口货物的单位、委托有外贸进出口经营权的企业出口货物的单位。

备有海关注册编码或加工生产企业编号的收货、发货单位，进口货物报关单的"收货单位"栏和出口货物报关单的"发货单位"栏必须填报其经营单位编码或加工生产企业编号；没有编码或者编号的，填报其中文名称。加工贸易报关单的收货、发货单位应与加工贸易手册的货主单位一致。减免税货物报关单的收货、发货单位应与征免税证明的申请单位一致。

收货单位/发货单位与经营单位不一定存在必然的关系。自行进口、出口货物的，收货单位/发货单位同经营单位；外商投资企业委托外贸企业进口设备、物品的，收货单位同经营单位；其他委托有外贸进出口经营权的企业进口、出口货物的，收货单位/发货单位与经营单位不一致。

（12）海关监管方式。监管方式指以国际贸易中进出口货物的交易方式为基础，结合海关对进出口货物的征税、统计及监管条件综合设定的对进出口货物的管理方式。其代码由四位数字构成，前两位是按照海关监管要求和计算机管理需要而划分的分类代码，后两位是参照国际标准编制的贸易方式代码。海关监管方式即从前的贸易方式，有一般贸易、来料加工、进料对口和进料非对口等。

本栏应根据实际对外贸易情况，并按海关规定的监管方式代码表选择填报相应的监管方式简称或代码，一份报关单只允许填报一种监管方式。

特殊情况加工贸易货物监管方式填报要求如下：

①进口少量低值（5000美元以下）货物，按照规定不使用加工贸易手册的，填报"低值辅料"；使用加工贸易手册的，按加工贸易手册上的监管方式填报。

②加工贸易出口成品因故退运进口的及复运出口的，填报"来料成品退换"或"进料成品退换"；加工贸易过程中产生的剩余料件、边角料退运出口，以及进口料件因品质、规格等原因退运出口且不再更换同类货物进口的，分别填报"来料料件复出""来料边角料复出""进料料件复出""进料边角料复出"。

（13）征免性质。征免性质指海关根据《中华人民共和国海关法》《中华人民共和国关税条例》及国家有关政策对进出口货物实施征、减、免税管理的性质类别。征免性质共有41种，以代码首位作为标记，征免性质分为法定征税、法定减免税、特定减免税、其他减免税和暂定税率五部分。其中特定减免税又分为按地区和用途、贸易性质、企业性质、资金来源实施的税收政策四类。常见的征免性质有一般征税（101）、加工设备（501）、来料加工（502）、进料加工（503）、中外合资（601）、中外合作（602）、外资企业（603）、鼓励项目（789）等。

本栏应按海关核发的征免税证明中批注的征免性质填报，或根据实际情况按海关规定的征免性质代码表选择填报相应的征免性质的代码。

在加工贸易报关单中，本栏应按照海关核发的登记手册中批注的征免性质填报相应的征免性质简称或代码，一份报关单只允许填报一种征免性质。

（14）征税比例/结汇方式。征税比例用于原"进料非对口"（代码0715）贸易方式下进口料件的进口报关单，填报海关规定的实际应征税比率。现在该栏不再需要填报。

出口报关单应填报结汇方式，即出口货物的发货人或其代理人收结外汇的方式。本栏应按海关规定的结汇方式代码表选择填报相应结汇方式名称或代码。常用的结汇方式有信汇（M/T）、电汇（T/T）、票汇（D/D）、付款交单（D/P）、承兑交单（D/A）和信用证（L/C）等。

（15）许可证号。进出口货物许可指根据进出口管制法令由商务主管部门签发的允许管制商品进出口的证件。应申领进（出）口许可证的货物，必须在此栏目填报商务部及其授权发证机关签发的进（出）口货物许可证的编号，不得为空。"许可证号"栏填报进出口货物许可证的编号，长度为10位字符，一份报关单只允许填报一个许可证号。对于非许可证管理商品，本栏为空白。

（16）起运国（地区）/运抵国（地区）。起运国（地区）指在未与任何中间国（地区）发生任何商业性交易或其他改变货物法律地位的情况下，把货物发出并运往进口国家（地区）的国家（地区）。如果货物在运抵进口国（地区）之前在第三国（地区）发生中转，并且发生某种商业性交易或活动，则应把第三国（地区）作为起运国（地区）。

运抵国（地区）亦称为目的国（地区），指在未发生任何商业性交易或其他改变货物法律地位的活动的情况下，货物被出口国（地区）所发往的或最后交付的国家（地区）。

本栏应按海关规定的国别（地区）代码表选择填报相应的起运国（地区）或运抵国（地区）中文名称或代码。国别（地区）为非中文名称时，应翻译成中文名称填报或填报其相应代码。

（17）装货港/指运港。装货港指进口货物在运抵关境前的最后一个境外装运港；指运港指出口货物运往境外的最终目的港。

本栏应根据实际情况按海关规定的港口航线代码表选择填报相应的港口中文名称或代码。

（18）境内目的地/境内货源地。境内目的地指已知的进口货物在境内的消费、使用地或最终运抵地；境内货源地指出口货物在境内的产地或原始发货地。

本栏应根据进口货物的收货单位，出口货物生产厂家或发货单位所属境内地区，并按海关规定的境内地区代码表选择填报相应的境内地区名称或代码。

（19）批准文号。该栏曾经填报内容为出口收汇核销单的编号。随着2012年后出口收汇核销单制度的废止，该栏目亦随之取消。

（20）成交方式。成交方式是指进出口贸易中进出口商品的价格构成和买卖双方各自应承担的责任、费用和风险，以及货物所有权转移的界限。成交方式在国际贸易中称为贸易术语，又称价格术语，在我国习惯称为价格条件。成交方式包括两方面的内容：一方面表示交货条件；另一方面表示成交价格的构成因素。

本栏根据实际成交价格条款，按海关规定的成交方式代码表选择填报相应的成交方式代码。货物无实际进出境的，进口成交方式填报"CIF"或其代码，出口成交方式填报"FOB"或其代码。

（21）运费。本栏填报进口货物运抵境内输入地点卸下前的运输费用，或者出口货物运至境内输出地点装载后的运输费用。

运费是指进出口货物从始发地至目的地的境外运输所需要的各种费用。本栏应填报该份报关单所含全部货物的境外运输费用，即成交价格中不包含运费的进口货物或成交价格中含有运费的出口货物。例如，进口成交方式为FOB或出口成交方式为CIF、CFR，应在本栏填报运费。

本栏可按运费单价、总价或运费率三种方式之一填报，同时注明运费标记，并按海关规定的货币代码表选择填报相应的币种代码。运保费合并计算的，运保费填报在本栏。

运费标记有以下三种："1"表示运费率，"2"表示每吨货物的运费单价，"3"表示运费总价。填制纸质报关单时，"运费"栏不同的运费标记填报如下：

①运费率：直接填报运费率的数值，如5%的运费率填报"5"。

②运费单价：填报运费币制代码＋"/"＋运费单价的数值＋"/"＋运费单价标记，如24美元的运费单价填报为"502/24/2"。

③运费总价：填报运费币制代码＋"/"＋运费总价的数值＋"/"＋运费总价标记，如7000美元的运费总价填报为"502/7000/3"。

另外，如果运保费合并计算的，运保费填报在"运费"栏中。

（22）保费。本栏用于成交价格中不包含保险费的进口货物或成交价格中含有保险费的出口货物，应填报该份报关单所含全部货物境外运输的保险费用，即进口成交方式为FOB、CFR或出口成交方式为CIF的，应在该栏填报保险费。

本栏可按保险费总价或保险费率两种方式之一填报，同时注明保险费标记，并按海关规定的货币代码表选择填报相应的币种代码。运保费合并计算的，运保费填报在运费栏中。

保险费标记有以下两种："1"表示保险费率，"3"表示保险费总价。填制纸质报关单时，"保费"栏不同的保费标记填报如下：

①保费率：直接填报保费率的数值，如3‰的保险费率填报为"0.3"。

②保费总价：填报保费币制代码+"/"+保费总价的数值+"/"+保费总价标记，如 10000 港元保险费总价填报为"110/10000/3"。

（23）杂费。本栏用于填报杂费。杂费是指成交价格以外的，应计入完税价格或应从完税价格中扣除的费用，如手续费、佣金、回扣等。

应计入完税价格的杂费填报为正值或正率，应从完税价格中扣除的杂费填报为负值或负率。

本栏可按杂费总价或杂费率两种方式之一填报，同时注明杂费标记，并按海关规定的货币代码表选择填报相应的币种代码。

杂费标记有以下两种："1"表示杂费率，"3"表示杂费总价。填制纸质报关单时，"杂费"栏不同的杂费标记填报如下。

①杂费率：直接填报杂费率的数值，例如，应计入完税价格的 1.5% 的杂费填报为"1.5"；应从完税价格中扣除的 1% 的回扣率填报为"-1"。

②杂费总价：填报杂费币制代码+"/"+杂费总价的数值+"/"+杂费总价标记，例如，应计入完税价格的 500 英镑杂费总价填报为"303/500/3"。

（24）合同协议号。合同协议号是指在进出口贸易中，买卖双方或多方当事人根据国际贸易惯例或国家（或地区）的法律法规，自愿按照一定的条件买卖某种商品所签署的合同协议的编号。本栏应填报进（出）口货物合同（协议）的全部字头和号码。

（25）件数。件数指有外包装的单件进出口货物的实际件数，货物可以单独计数的一个包装称为一件。

本栏应填报有外包装的进（出）口货物的实际件数，本栏目不得填报为"0"，裸装和散装货物填报为"1"。例如，"9 PALLETS"，件数应填报为 9。有关单据既列明集装箱个数，又列明托盘件数、单件包装件数的，按以上要求填报。如仅列明集装箱个数，未列明托盘或者单件包装个数的，填报集装箱个数。

（26）包装种类。进出口货物报关单所列的"包装种类"栏指进出口货物在运输过程中外表所呈现的状态，包括包装材料、包装方式等。本栏应根据进（出）口货物的实际外包装种类，按海关规定的包装种类代码表选择填报相应的包装种类或代码，如木箱、纸箱、铁桶、散装等。散装货物在"包装种类"栏填报为"散装"；裸装货物、件货或集装箱在"包装种类"栏填报为"其他"。不属于包装种类代码表中前 6 种包装种类的货物都应填报为"其他"。

（27）毛重（千克）。毛重指货物及其包装材料的重量之和。该栏填报进（出）口货物实际毛重，计量单位为千克，不足 1 千克的填报为"1"。

（28）净重（千克）。净重指货物的毛重减去外包装材料后的重量，即商品本身的实际重量。该栏填报进（出）口货物的实际重量，计量单位为千克。根据海关总署 2024 年第 30 号公告，报关单上毛重和净重不足 1 千克时，应精确到小数点后 2 位。对于大于等于 1 千克的情况，系统通常允许小数点后保留 5 位有效数值，但企业可根据实际情况保留，不超过 5 位即可。

（29）集装箱号。集装箱号指在每个集装箱箱体两侧标示的全球唯一的编号。其组成规则是：箱主代号（3 位字母）+设备识别号"U"+顺序号（6 位数字）+校验码

(1位数字），如 EASU9809490。

在填制纸质报关单时，集装箱号以集装箱号+"/"+规格+"/"+自重的方式填报。多个集装箱的，第一个集装箱号填报在"集装箱号"栏中，其余的依次填报在"标记唛码及备注"栏中。例如，"TEXU3605231/20/2275"，表明这是一个20英尺的集装箱，箱号为 TEXU3605231，自重2275千克。非集装箱货物，填报"0"。

（30）随附单据。随附单据指随进（出）口货物报关单一并向海关递交的单证或文件，包括发票、装箱单、运单、装运单等基本单证，监管证件、征免税证明等特殊单证和合同、信用证等预备单证。

在填制报关单时，"随附单据"栏仅填报除进出口许可证以外的监管证件代码及编号。其格式为监管证件的代码+"："+监管证件编号。所申报货物涉及多个监管证件的，第一个监管证件代码和编号填报在"随附单据"栏，其余监管证件代码和编号填报在"标记唛码及备注"栏中。合同、发票、装箱单、进出口许可证等随附单证不在"随附单据"栏填报。

一份原产地证书只能对应一份报关单，同一份报关单上的同一商品不能同时享受协定税率和减免税。在一票进口货物中，对于实行原产地证书联网管理的，如涉及多份原产地证书或含非原产地证书商品，应分别填报。报关单上申报商品的计量单位必须与原产地证书上对应商品的计量单位一致。

（31）用途/生产厂家。用途指进口货物在境内应用的范围。进口货物填报用途，应根据进口货物的实际用途按海关规定的用途代码表选择填报相应的用途名称和代码。进口货物填报的常见用途有"外贸自营内销""其他内销""企业自用""加工返销""借用""收保证金""免费提供""作价提供"等。

生产厂家指出口货物的境内生产企业的名称；本栏供必要时填写。

（32）标记唛码及备注。标记唛码是运输标志的俗称。进出口货物报关单上标记唛码专指货物的运输标志；备注是指填制报关单时需要备注的事项，包括关联备案号、关联报关单号等。

本栏填报"随附单据"栏中第一个监管证件以外的其余监管证件和代码；标记唛码中除图形以外的文字、数字；一票货物多个集装箱的，在本栏打印其余的集装箱号；一票货物多个提（运）单的，在本栏打印其余的提（运）单号等。

（33）项号。项号指申报货物在报关单中的商品排列序号。每项商品的项号分两行填报及打印：第一行打印报关单中的商品排列序号；第二行专用于加工贸易和实行原产地证书联网管理等已备案的货物，填报和打印该项货物在加工贸易手册中的项号或对应的原产地证书上的商品项号。加工贸易合同项下进出口货物，必须填报与贸易手册一致的商品项号，所填报项号用于核销对应项号下的料件或成品数量。

优惠贸易协定项下实行原产地证书联网管理的报关单分两行填写。第一行填写报关单中商品排列序号，第二行填写对应原产地证书上的商品项号。

一张纸质报关单最多打印5项商品，一张电子报关单有20栏。

（34）商品编号。商品编号指按海关规定的《中华人民共和国进出口税则》确定的进（出）口货物的商品编号。"商品编号"栏应填报《中华人民共和国进出口税则》

规定的 8 位税则号列，有附加编号的，还应填报附加的第 9、10 位附加编号。在填报商品编码时应该按照进出口商品的实际情况填报。加工贸易手册中商品编号与实际不符的，应按实际商品编号填报。

（35）商品名称、规格型号。商品名称指缔约双方同意买卖的商品的名称，在报关单中的商品名称是指进出口商品规范的中文名称。商品的规格型号是指反映商品性能、品质和规格的一系列指标。

本栏分两行填报：第一行填报进（出）口货物规范的中文商品名称，如果发票中的商品名称为非中文名称，则需翻译成规范的中文名称填报，仅在必要时加注原文；第二行填报规格型号。

2019 年以前一份报关单最多允许填报 20 项商品，但根据海关总署公告 2019 年第 18 号附件《中华人民共和国海关进出口货物报关单填制规范》规定，一份报关单最多可以填报 50 项商品；若货物超过 50 项，则需分单填报。

（36）数量及单位。数量及单位指进（出）口商品的实际数量及计量单位。计量单位分为成交计量单位和海关法定计量单位。成交计量单位是指买卖双方在交易过程中所确定的计量单位。海关法定计量单位是指海关按照《中华人民共和国计量法》的规定所采用的计量单位，我国海关采用的是国际单位制的计量单位。海关法定计量单位又分为海关法定第一计量单位和海关法定第二计量单位，海关法定计量单位以《中华人民共和国统计商品目录》中规定的计量单位为准。

进出口货物必须按海关法定计量单位和成交计量单位填报。本栏分三行填报：①法定第一计量单位及数量填报在本栏第一行。②凡海关列明第二计量单位的，必须填报该商品第一及第二计量单位与数量，第二法定计量单位填报在本栏的第二行。无第二法定计量单位的，本栏第二行为空。③以成交计量单位申报的，须填报与海关法定计量单位转换后的数量，同时还需将成交计量单位及数量填报在本栏第三行。如成交计量单位与海关法定计量单位一致时，本栏第三行为空。加工贸易等已备案的货物，成交计量单位必须与备案登记中同项号下货物的计量单位一致，不一致时必须修改备案或转换一致后填报。

（37）原产国（地区）/最终目的国（地区）。原产国（地区）指进口货物的生产、开采或加工制造国家（地区）；最终目的国（地区）指已知的出口货物的最终实际消费、使用或进一步加工制造国家（地区）。本栏应按海关规定的国别（地区）代码表选择填报相应的国家（地区）名称或代码。

（38）单价。单价指商品的一个计量单位以某一种货币表示的价格。本栏目应填报同一项号下进（出）口货物实际成交的商品单位价格。单价非整数，其小数点后保留 2 位。无实际成交价格的，填报货值。

（39）总价。总价指进出口货物实际成交的商品总价。本栏应填报同一项号下进（出）口货物实际成交的商品总价。总价非整数，其小数点后保留 2 位。无实际成交价格的，填报货值。

（40）币制。币制指进出口货物实际成交价格的币种。本栏应根据实际成交情况按海关规定的币制代码表选择填报相应的货币名称或代码。如币制代码表中无实际成交币种,需转换后填报。

(41)征免。征免指海关依照《中华人民共和国海关法》《中华人民共和国进出口关税条例》及其他法律法规,对进(出)口货物进行征税、减税、免税或特案处理的实际操作方式。

同一份报关单上可以有不同的征减免税方式。报关单填制的主要征减免税的方式有"照章征税""折半征税""全免""特案减免""随征免性质""保证金"和"保证函"等。

本栏应按照海关核发的征免税证明或有关政策规定,对报关单所列每项商品,选择填报海关规定的征减免税方式代码表中相应的征减免税方式。加工贸易报关单应根据登记手册中备案的征免规定填报。加工贸易手册中备案的征免规定为"保金"或"保函"的,不能按备案的征免规定填报,而应填报"全免"。

(42)税费征收情况。本栏供海关批注进(出)口货物税费征收及减免情况。

(43)录入员。本栏用于预录入报关单和EDI报关单,打印录入人员的姓名。

(44)录入单位。本栏用于预录入报关单和EDI报关单,打印录入单位名称。

(45)申报单位。本栏指报关单位左下方用于填报申报单位有关情况的总栏。申报单位指对申报内容的真实性直接向海关负责的企业或单位。自理报关的,应填报进(出)口货物的经营单位名称及代码;委托代理报关的,应填报经海关批准的专业或代理报关企业名称及代码。一般应加盖申报单位的有效公章。

(46)填制日期。填制日期指报关单的填制日期。预录入报关单和EDI报关单位由计算机自动打印。

(47)海关审单批注栏。本栏指供海关内部作业时签注的总栏。其中"放行"栏填写海关对接受申报的进出口货物做出放行决定的日期。

五、进出口货物报关单填制常见差错分析

在报关活动的长期实践中,由于各种原因,企业在填制报关单时存在着很多差错,这既影响海关监管工作的正常进行,又给企业进出口工作带来不便。因此对进出口货物报关单填制的常见差错做简单分析就显得尤为重要。

1. 报关单指标项目填制不齐全

报关单指标项目不按规定的内容和要求填制的情况很普遍,是进出口报关单填制差错中最常见的。从对差错的统计来看,经常出现漏填的栏目有备案号、合同号、许可证号、批文、进(出)口日期、征免性质、毛重、成交总价等十多项。这些栏目都关系到海关工作的重要内容,涉及货物是否允许进出口以及征免税问题,有些差错还涉及法律责任。因此,这些差错常常影响企业进出口货物正常通关,给海关监管工作带来困难,也给企业造成经济上的损失。

2. 报关单指标项目填制不准确

报关单指标项目填制不准确的差错主要表现在以下几方面:

(1)经营单位及其代码和企业类型填制错误。例如,委托进出口货物:将经营单位填制为被委托单位;代理报关进出口货物:将报关企业作为经营单位填制。

（2）贸易方式填制错误。

①三资企业凭手册从保税仓核出货物，其贸易方式应按货物种类分别填为"合作合资设备"或"外资设备物品"等，但常常出现填制为"其他"的现象。

②货样广告品，除商业机构进出口陈列用样品和暂时进出口货样广告外，无论是价购还是免费提供，无论是来料加工、进料加工还是一般贸易项下的来样或去样，对于有进出口经营权的企业，其贸易方式应填为"货样广告品A"；对于无进出口经营权的企业，其贸易方式应填为"货样广告品B"。而在实际报关中，常常出现填为"其他""其他进口免费提供"或"出口免费提供"的现象。

（3）征免性质填制错误。报关员在报关过程中，常常发生这类差错。有的报关员将三资企业进口设备、料件的征免性质错填为"例外减免"，"科教用品"免税性质错填为"其他法定"，货样广告品的征免性质错填为"一般征税"，进料加工贸易征免性质错填为"来料加工"等。

（4）运费、保险费填制错误。例如，将运费、保险费单价错按总价处理，将总价错按单价处理，或将费值错按费率处理等，给征税工作带来困难。

（5）成交单价、总价填制错误。

①将总价错按单价填制，或将单价错填为总价。

②计算货物价格的货币类别填写错误。

③对于暂时进出口货物、展览品等不需统计和征税的货物，企业不按规定申报货值，随意填制单价。

3. 报关单填制不规范

（1）合同号、备案号、许可证号、征免性质等内容不按规定填在相应的报关单栏目内，而填在备注栏中。

（2）应填在备案号栏目内的加工贸易登记手册编号、征免税证明编号填在"合同号""批文"栏，批文号错填在"合同号"栏，合同号错填在"备案号"栏等。

（3）进出境修理物品、暂时进出口货物、货样广告品等进出口货物或不足起征点金额的进出口货物不填货值，成交总价为0。

六、出口报检

出口检验（export inspection）指出口方政府机构依法所做的强制性商品检验，以确保出口商品能符合政府法规规定。其目的在于提高商品质量，建立市场信誉，促进对外贸易，保障消费者的利益。目前我国的进出口商品检验机构为海关。

凡列入《出入境检验检疫机构实施检验检疫的进出境商品目录》（简称《目录》）的出口商品和其他法律、法规规定须经检验的出口商品，或合同规定必须经由海关检验出证的商品，在货物备齐后，应在规定地点和期限内向海关申请检验。经检验不合格者，一般不得出口。出口商品检验包括品质检验、安全卫生、数量鉴定、重量鉴定等。

1. 检验范围与期限

实施法定检验的范围包括：

（1）列入《目录》内的出口商品；

（2）出口食品的卫生检验；

（3）贸易性出口动植物产品的检疫；

（4）出口危险物品和《目录》内商品包装容器的性能检验和使用鉴定；

（5）装运易腐烂变质食品、冷冻品出口的船舱和集装箱等运载工具的适载检验；

（6）有关国际贸易条约、信用证规定须经海关检验的出口商品；

（7）其他法律、行政法规规定须经海关检验的出口商品。

需检验的货物最迟应于报关或装运前七天报检。对于个别检验检疫周期较长的货物，应留有相应的检验时间。经海关检验合格发给检验证书或者放行单的出口商品，一般应在证单签发之日起两个月内装运出口，鲜活类出口商品应当在两周内装运出口。超过上述期限的应向海关重新报检，并交回原签发的所有检验证书和放行单。

2. 检验程序

2018年海关与检验检疫机构合并后，原检验检疫的职能整合纳入海关管理，检验程序在保持核心监管要求的基础上，实现了流程优化和一体化管理，主要程序如下：

（1）申报环节。企业通过"单一窗口"向海关一次性申报报关和报检数据，无须分别向原海关和检验检疫机构提交材料，实现"一次申报、一单通关"。申报内容涵盖货物基本信息、HS编码、原产地、所需监管证件（包括原检验检疫类证件，如通关单等）及检验检疫要求等。

（2）审单与布控。海关依托风险布控系统，对申报数据进行整合审核，并根据货物风险等级、商品类别（如法检商品、危险品等）、企业信用等级等因素，自动或人工判定是否需要实施现场检验、实验室检测等监管措施。

（3）现场查验/检验。

①对于需现场检验的货物，海关关员在口岸或指定地点实施查验，内容包括核对货物与申报是否一致、包装是否符合要求、是否携带病虫害或违禁品等，同时包括原检验检疫的监管要求（如品质、安全、卫生、环保等项目）。

②涉及实验室检测的（如食品的微生物检测、工业品的安全指标检测等），海关会抽取样品送指定实验室，待检测结果合格后放行。

（4）合格评定与放行。经检验符合国家技术规范的强制性要求（如国家标准、检疫要求等）的货物，海关完成合格评定后，出具相关证明文件（如检验检疫证书），并办理放行手续；不合格的，根据情况采取退运、销毁、整改等处理措施。

（5）后续监管。海关对已放行的货物可实施后续监管，包括追溯管理、风险监控、专项稽查等，确保符合持续合规要求。

海关与检验检疫机构合并后，检验程序实现了"一次查验、一次放行"，简化了企业操作，提升了通关效率，同时保持了进出口商品质量安全、国门生物安全等监管效能的连续性。具体流程可能因商品类别（如食品、工业品、动植物产品等）不同略有差异，企业可根据实际货物查询海关总署相关监管细则。

七、检验证书的种类

检验证书（inspection certificate）是各种进出口商品检验证书、鉴定证书和其他证明书的统称，是国际贸易有关各方履行契约义务、处理索赔争议和仲裁、诉讼举证，具有法律依据的有效证件，也是海关验放、征收关税和优惠减免关税的必要证明。检验证书的种类和用途主要有以下方面。

（1）品质检验证书（inspection certificate of quality）：是出口商品交货结汇和进口商品结算索赔的有效凭证；法定检验商品的证书，是进出口商品报关、输出输入的合法凭证。商检机构签发的放行单和在报关单上加盖的放行章有与商检证书同等的通关效力；签发的检验情况通知单同为商检证书性质。

（2）重量或数量检验证书（inspection certificate of weight or quantity）：是出口商品交货结汇、签发提单和进口商品结算索赔的有效凭证；出口商品的重量证书，也是国外报关征税和计算运费、装卸费用的重要依据。

（3）兽医检验证书（veterinary inspection certificate）：是证明出口动物产品或食品经过检疫合格的证件，适用于冻畜肉、冻禽、禽畜罐头、冻兔、皮张、毛类、绒类、猪鬃、肠衣等出口商品，是对外交货、银行结汇和进口国（地区）通关输入的重要证件。

（4）卫生检验证书（sanitary inspection certificate）：也称健康检验证书（inspection certificate of health），是证明可供人类食用的出口动物产品、食品等经过卫生检验或检疫合格的证件，适用于肠衣、罐头、冻鱼、冻虾、食品、蛋品、乳制品、蜂蜜等商品，是对外交货、银行结汇和通关验放的有效证件。

（5）消毒检验证书（inspection certificate of disinfection）：是证明出口动物产品经过消毒处理，保证安全卫生的证件，适用于猪鬃、马尾、皮张、山羊毛、羽毛、人发等商品，是对外交货、银行结汇和通关验放的有效凭证。

（6）熏蒸证书（inspection certificate of fumigation）：是用于证明出口粮谷、油籽、豆类、皮张等商品，以及木质包装与植物性填充物等已经过熏蒸灭虫的证书。

（7）残损检验证书（inspection certificate on damaged cargo）：是由海关或其他具备资质的检验机构出具的，用于证明进出口商品在运输、装卸、储存等过程中发生残损的程度、原因以及损失情况的正式文件。它不仅能证明残损情况，还是有关方面进行索赔、理赔的重要依据。

（8）货载衡量检验证书（inspection certificate on cargo weight &/or measurement）：是证明进出口商品的重量、体积吨位的证件，同时亦可作为计算运费和制订配载计划的依据。

（9）价值证明书（certificate of value）：作为政府管理外汇和征收关税的凭证。在发票上签盖商检机构的价值证明章与单独签发价值证明书具有同等效力。

（10）船舱检验证书（inspection certificate on tank /hold）：证明承运出口商品的船舱清洁、密固、冷藏效能及其他技术条件是否符合保护承载商品的质量和数量完整与安全的要求。可作为承运人履行租船契约适载义务，对外贸易关系方进行货物交接和处理货损事故的依据。

（11）生丝品级及公量检验证书（inspection certificate for raw silk classification & conditioned weight）：是出口生丝的专用证书，其作用相当于品质检验证书和重量/数量

检验证书。

(12) 产地证明书 (inspection certificate of origin): 是出口商品在进口国 (地区) 通关输入和享受减免关税优惠待遇和证明商品产地的凭证。

(13) 舱口检视证书、监视装/卸载证书、舱口封识证书、油温空距证书、集装箱监装/拆证书: 可作为证明承运人履行契约义务, 明确责任界限, 便于处理货损货差责任事故的证明。

(14) 集装箱租箱交货检验证书、租船交船剩水/油重量鉴定证书: 可作为契约双方明确履约责任和处理费用清算的凭证。

任务实施

1. 出口商自行报关

(1) 在国贸仿真平台, 进入 "业务详情" 页面, 在下方单据中, 选择添加 "装箱单" 并填写。

(2) 回到 "办理流程" 页面, 在流程图上点击 "出口报检报关" 按钮, 在弹出页面下方再点击 "出口报检报关"。

(3) 选择 "货物申报" 菜单 (图 4-3), 进入 "出口报关单整合申报" 页面, 录入数据 (图 4-4), 并在 "随附单据" 菜单中选择提交以下单据: 合同、商业发票、装箱单、海运提单、集装箱装箱单。

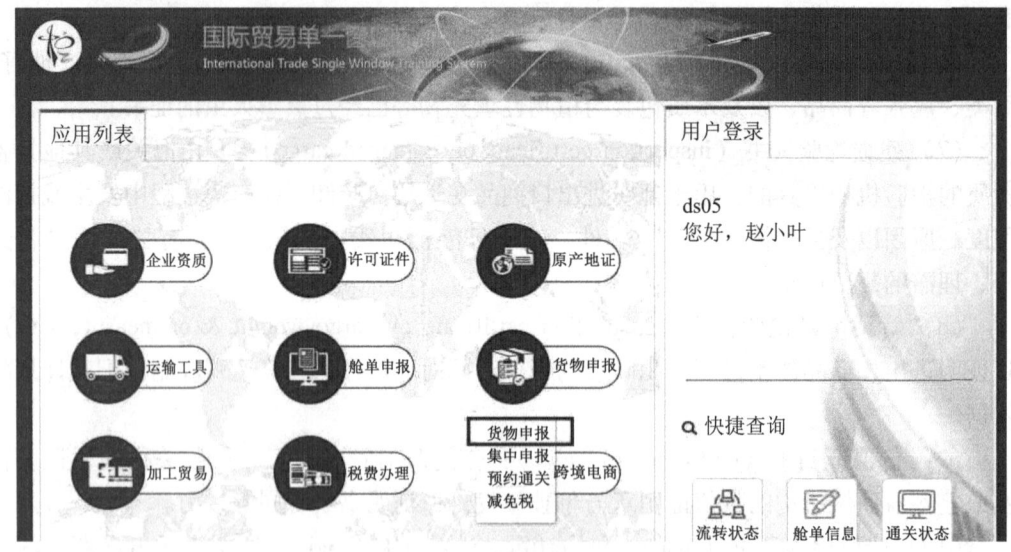

图 4-3 关检合一窗口

项目四 租船订舱、报检报关和装船出运

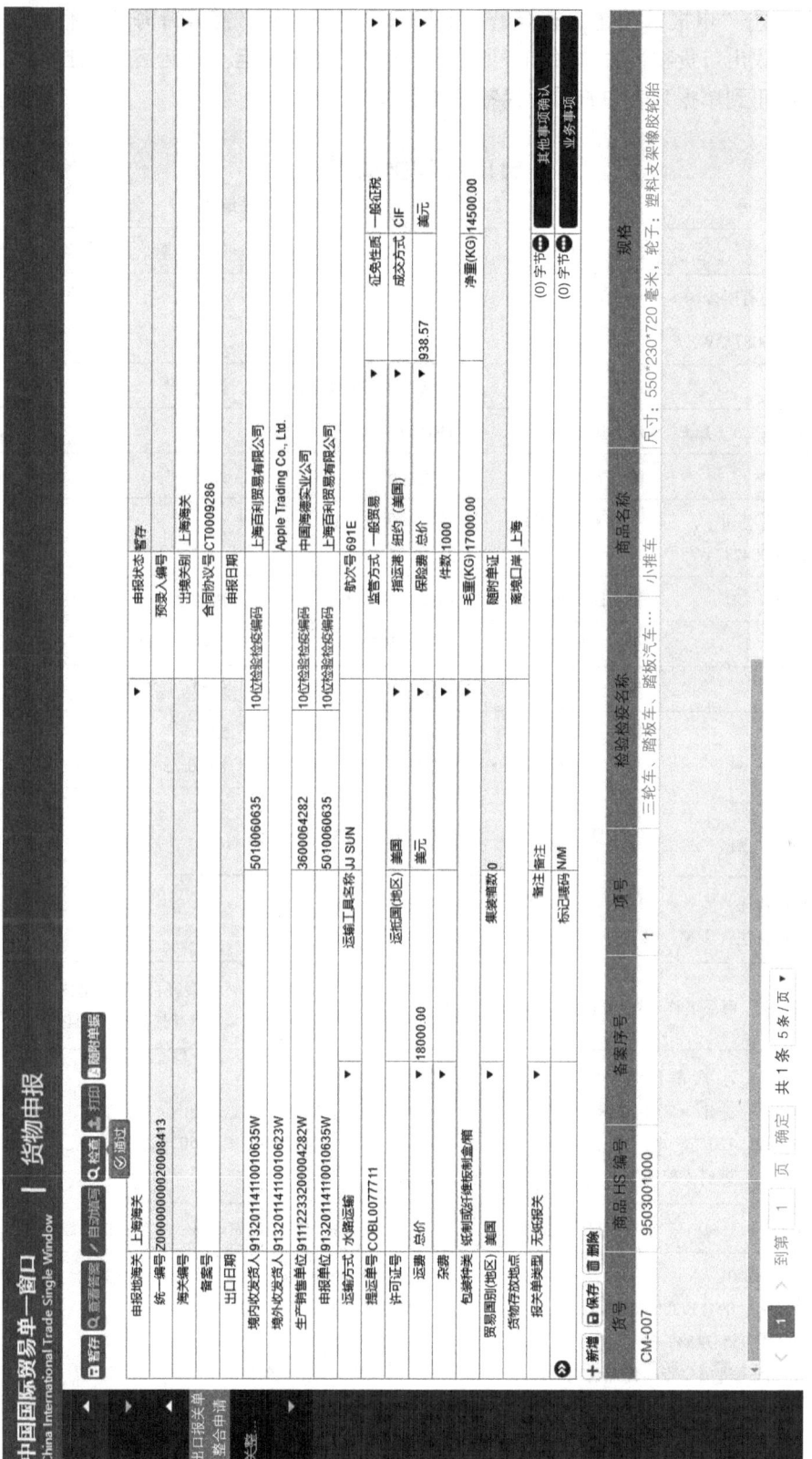

图4-4 出口货物申报

（4）点击"申报"按钮，进行出口申报。申请提交后，需等待海关进行处理，处理完成后形成出口货物报关单（如下所示），货物可通关出运。出运后系统自动发送通知，出口商可到单据列表中查看货代签发的账单。

出口货物报关单

预录入报关单编号：　　　　　　　　　海关编号：

境内发货人	出境关别	出口日期	申报日期	备案号
上海百利贸易有限公司 9132011411008772W	上海海关（2200）			

境外收货人	运输方式	运输工具名称及航次号	提运单号
Apple Trading Co., Ltd.	水路运输（2）	TRINITY/230E	

生产销售单位	监管方式	征免性质	许可证号
中国海德实业公司 91112233200004282W	一般贸易（0110）	一般征税（101）	

合同协议号	贸易国（地区）	运抵国（地区）	指运港	离境口岸
CT0007423	美国（502）	美国（502）	纽约（3166）岸	中国

包装种类	件数	毛重	净重	成交方式	运费	保费	杂费
纸箱	1000	（千克）17000.00	（千克）14500.00	CIF	502/18000./3	502/938.57/3	/

随附单据：
合同；发票；箱单

标记唛码及备注：
标记唛码及备注：N/M

项号	海关编码	商品名称、规格型号	数量及单位	单价/总价/币制	原产国（地区）	最终目的国（地区）	境内货源地	征免
1	950300 1000102	小推车尺寸：550 毫米*230毫米*720毫米，轮子：塑料支架橡胶 轮胎	4000.00辆 14500.00 千克	24.24 96960.00 美元（502）	中国（142）	美国（502）		照章征税

特殊关系确认：	价格影响确认：	支付特许权使用费确认：	自报自缴：是
报关人员：gdpz01 报关人员证号：0941192854680294 电话86-21-96587458 申报单位：国际进出口货运代理公司		兹声明对以上内容承担如实申报、依法纳税之法律责任。 申报单位（签章）	海关批注及签章

2. 出口商委托代理申报

(1) 在"业务详情"页面添加代理报关委托书(如下所示),然后在"办理流程"页面下方点击"出口报检报关",进入单一窗口实训系统。

代理报关委托书

编号:1220130009023

我单位现 A(A. 逐票;B. 长期)委托贵公司代理 ABCD 等通关事宜。[A. 填单申报;B. 申请、联系和配合实施检验检疫;C. 辅助查验;D. 代缴税款;E. 设立手册(账册);F. 核销手册(账册);G. 领取海关相关单证;H. 其他]。详见委托报关协议。

我单位保证遵守《中华人民共和国海关法》和国家有关法规,保证所提供的情况真实、完整、单货相符;否则,愿承担相关法律责任。

本委托书有效期自签字之日起至 2023 年 8 月 22 日止。

委托方(盖章):上海百利贸易有限公司

法定代表人或其授权签署代理报关委托书的人(签字)　谢云生

2023 年 8 月 19 日

委托报关协议

为明确委托报关具体事项和各自责任,双方平等协商签订协议如下:

委托方	上海百利贸易有限公司	被委托方		
主要货物名称	小推车	*报关单编码	No.	
HS 编码	9503001000 102	收到单证日期	年　月　日	
进出口日期	2023 年 8 月 22 日	收到单证情况	合同 □	发票 □
提(运)单号	COBL0074460		装箱清单 □	提(运)单 □
贸易方式	一般贸易		加工贸易手册 □	许可证件 □
数(重)量	4000		其他	
包装情况	1 辆	报关收费	人民币　　元	
原产地/货源地	中国	承诺说明:		
其他要求:				
背面所列通用条款是本协议不可分割的一部分,对本协议的签署构成了对背面通用条款的同意。		背面所列通用条款是本协议不可分割的一部分,对本协议的签署构成了对背面通用条款的同意。		
委托方签章:上海百利贸易有限公司 经办人签字:谢云生 联系电话:86-21-96587458 2023 年 8 月 19 日		被委托签章: 报关人员签名: 联系电话: 年　月　日		

中国报关协会监制

（2）选择"货物申报"菜单，进入"出口报关单整合申报"页面，录入数据，并在"随附单据"菜单中选择提交合同、商业发票、装箱单、海运提单以及所有的集装箱装箱单（委托订舱时如选择 CFS 交接方式，需完成"送货进仓"步骤并等待货代处理完成后才能收到集装箱装箱单）、代理报关委托书，如图 4-5 所示。

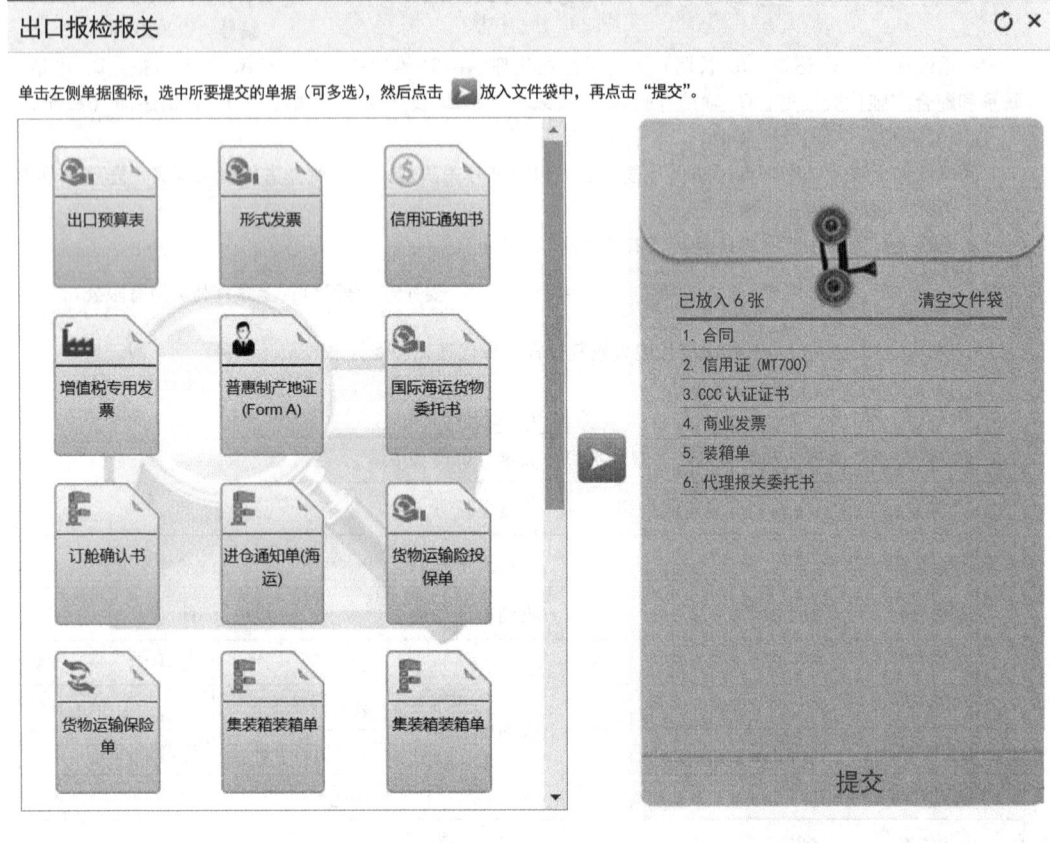

图 4-5 出口报检报关

（3）点击"申报"按钮，进行出口申报。申请提交后，需等待海关进行处理，处理完成后形成出口货物报关单，货物方可通关出运。

任务三 货物装船出运

【任务导入】

刘明完成了出口报关，将盖有海关放行章的相关单据交给货代，再由货代交给集装箱堆场的配载部门，由配载部门通知码头理货部门负责将货物装船。

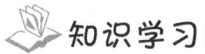知识学习

货物出运前的最后一个步骤是向海关办理出口通关（export customs clearance）。货物或运输工具进出境，其发货人或其代理人必须按规定将货物送进海关指定的集装箱堆场、集装箱货运站或码头仓库向进出境海关请求申报，校验规定的证件和单据，接受海关人员对其货物和运输工具的查验，依法缴纳海关关税和其他由海关代征的税款，然后才能由海关批准货物和运输工具的放行。海关放行后，发货人或其代理人凭放行后的装货凭证办理货物装运离境手续。

任务实施

（1）在国贸仿真平台"贸易公司"菜单下的"业务详情"页面添加装运通知（shipping advice），如图4-6所示。添加后，进行相关信息的填写，如图4-7所示。

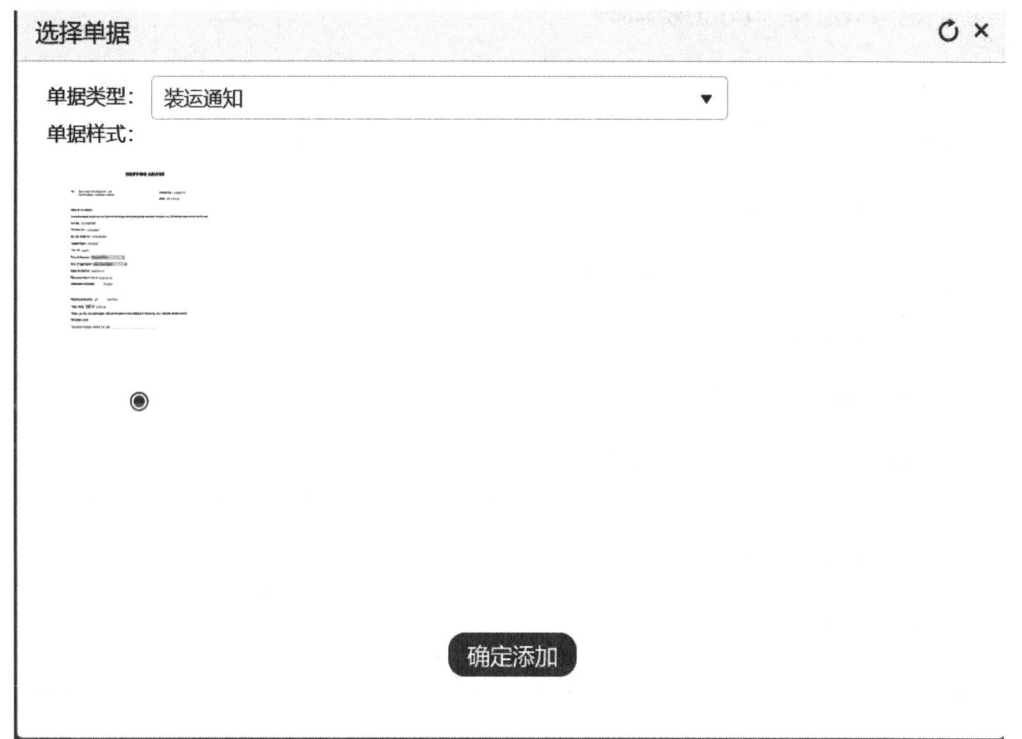

图4-6 添加"装运通知"界面

SHIPPING ADVICE

To： Apple Trading Co., Ltd.　　　　　　　　　　Invoice No.： IV0005648
　　　No. 1 Square, Los Angeles, California, America　Date： 2023-08-19

Dear Sir or Madam：

We are pleased to advice you that the following mentioned goods has been shipped out. Full details were shown as follows：

L/C No.： 002/0006485

Contract No.： CT0007423

B/L No./AWB No.： COBL0074460

Vessel/Flight： TRINITY

Voy. No.： 230E

Port of Shipment： Shanghai, China

Port of Destination： New York, America

Date of Shipment： 2023-08-22

Estimated Date of Arrival： 2023-08-30

Description of Goods：　　Small Cart
　　　　　　　　　　　　　Size： 550mm * 230mm * 720mm, Wheel： pe frame, Rubber Tire

Packing & Quantity： 230 Cartons

Total Value： USD 96960.00

Thank you for your patronage. We look forward to the pleasure of receiving your valuable repeat orders.

Yours faithfully,

Xie Yunsheng
Shanghai Baili Trading Co., Ltd.

图4-7　"装运通知"界面

装运通知的说明

装运通知（declaration of shipment 或 notice of shipment），系出口商向进口商发出的货物已于某月某日或将于某月某日装运至某船的通知。装运通知的作用在于方便买方投立保险、准备提货手续或转售；出口商作此项通知时，有时附上或另行寄上货运单据副本，以便进口商明了装货内容；若碰到货运单据正本迟到的情况，仍可凭装运通知及时办理担保提货（delivery against letter of guarantee）。

装运通知包括以下内容：

①进口商信息（"To"栏后所填内容）：填写进口方公司名称及地址（英文），可参考合同中"买方"（buyer）栏信息填写。

②发票编号（invoice number）：填写商业发票编号，可在商业发票中查找。

③通知日期（date）：按照当前日期填写。

④信用证编号（L/C number）：信用证方式下需填写，可参考信用证中相关内容；非信用证方式下不填。

⑤合同号（contract number）：填写合同编号。

⑥海运提单/航空运单编号（B/L number/AWB number）：海运方式下，填写海运提单编号，如"COBL0000220"；空运方式下，填写航空运单编号，如"666-00000112"。

⑦船名/航班号（vessel/flight）：海运方式下，填写船名；空运方式下，填写航班号。

⑧航次号（voyage number）：填写海运船只编号。

⑨装运日期（date of shipment）：根据订舱确认书中相关内容填写。

⑩预计到达日期（estimated date of arrival）：填写预计的货物到达日期，应大于等于装运日期。

⑪货物描述（description of goods）：填写商品名称（英文），如有多种货物，以分号隔开；可参考合同中相关内容填写。

⑫包装及数量（packing & quantity）：填写货物的总包装件数，数量和单位要分开填写，如"1 CARTON""300 CARTONS"。

⑬货价（total value）：货物总价，根据合同中相关内容填写。注意：币别和金额要分开填，如"USD 92240"。

⑭出口商名称（末尾署名）：填写出口商公司英文名称及主要负责人。

（2）在"办理流程"界面点击"出运查询"（步骤16），如图4-8所示。

（3）支付货代费用。

在图4-9所示的"支付出口运杂费"界面选择提交账单。提交账单后，可得到如图4-10所示的出口运杂费通知单。

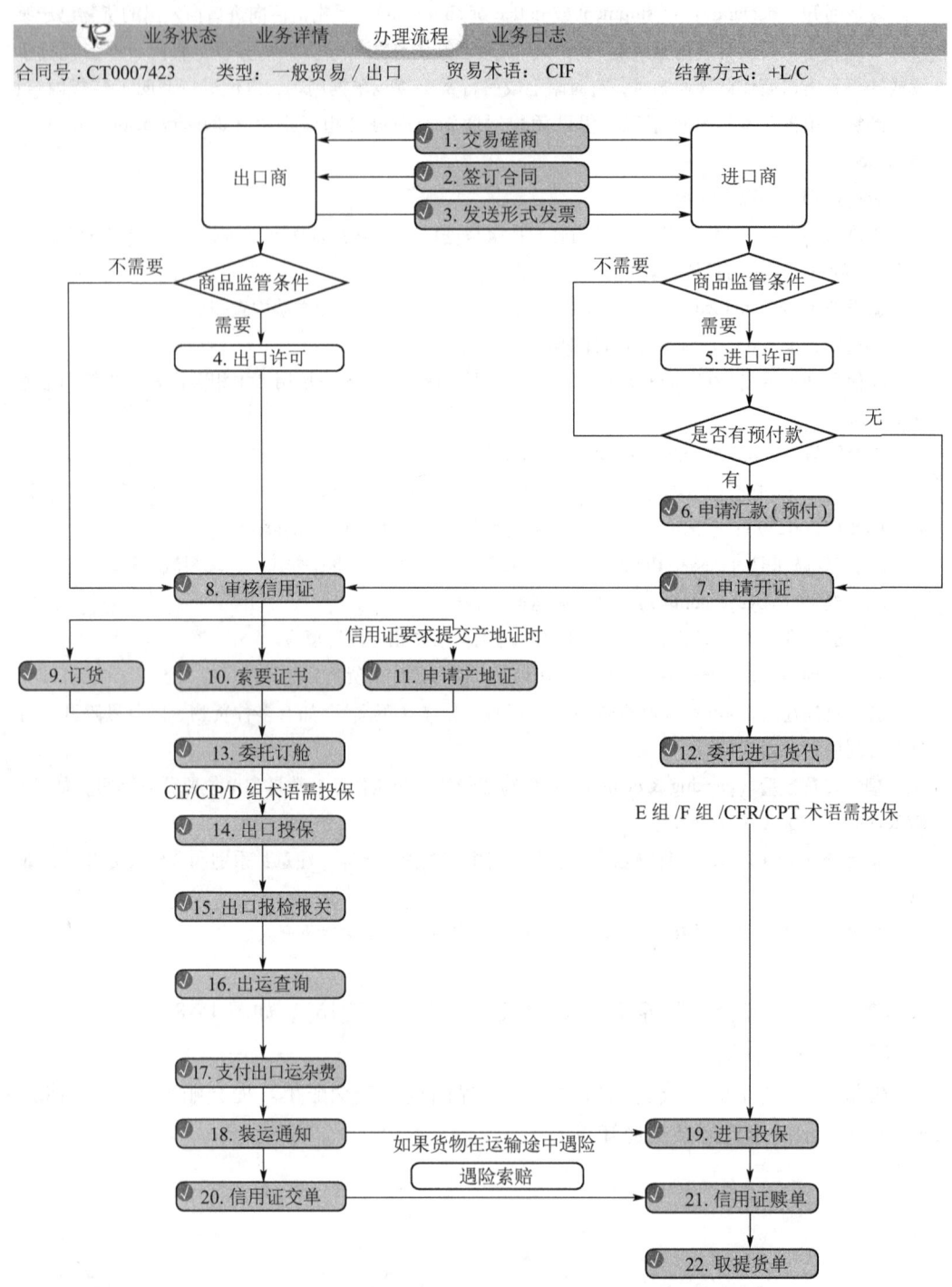

图 4-8 业务流程图

项目四 租船订舱、报检报关和装船出运

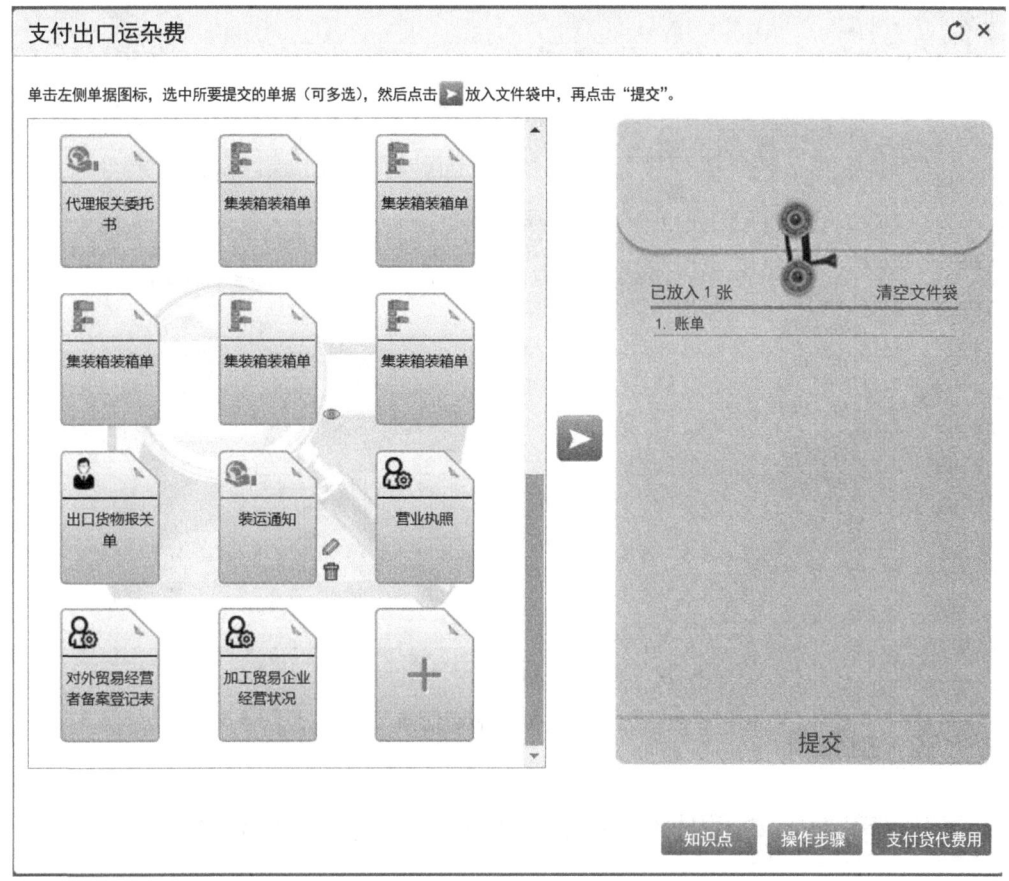

图4-9 支付出口运杂费

```
12880.16
请在收到账单后的两个工作日内签字确认并回传至我司,否则视为贵司默认接受费用,
谢谢合作!
                              确认人:_____

地址:纽约时代广场7号45楼           邮政编码:NY  10036
电话:212-23-75743                  传真:212-23-75744
```

图4-10 出口运杂费通知单

支付费用后,出口商将收到提单等单据。

(4)填写装运通知。

点击"装运通知",进入发送邮件界面,如图4-11所示,在"Subject"栏输入邮件主题(如Shipping Advice)并在"Text"栏输入邮件内容,然后点击"Send"即可发送装运通知,提交后,进口商将收到装运通知。

· 109 ·

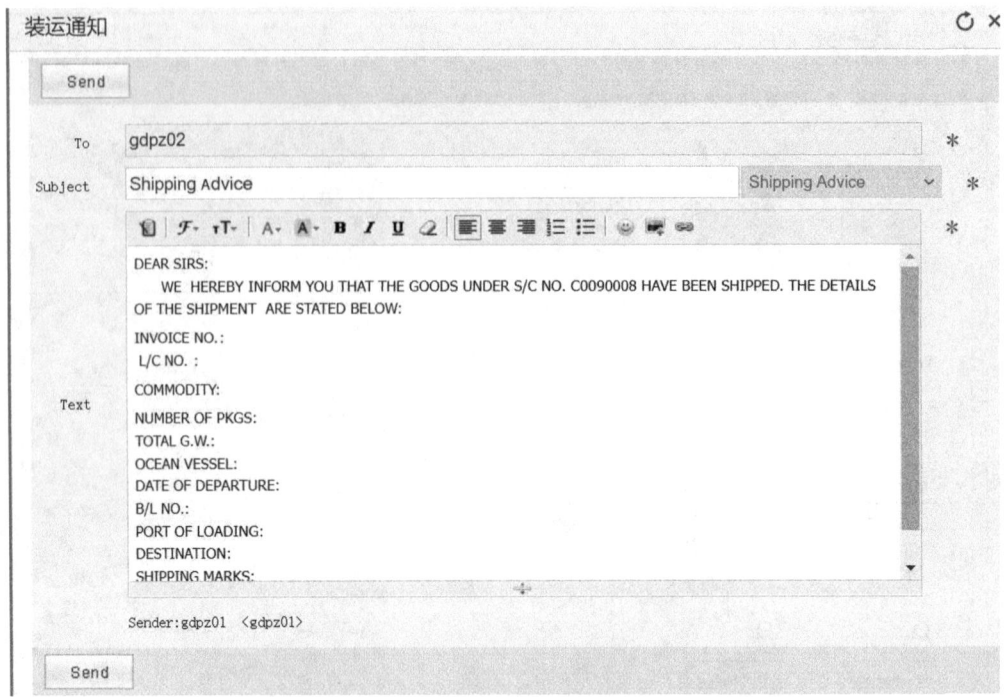

图4-11 装运通知

实训 办理出口货物报关并填制海运货物委托书

出口商上海麦邦公司（Shanghai Maibang Corporation）与英国ABC IMP. & EXP. Handcrafts Corporation 洽谈了一笔业务，于2023年3月签订了出售60000件手工艺品的合同，请综合应用租船订舱、报检报关等相关知识，向上海外港海关办理出口货物报关手续，并根据依照装箱单条款与信用证的有关规定填写的海运货物委托书与出口货物报关。

装箱单条款如下：

SHIPPING DETAILS AND MARKS：

FROM SHENZHEN, CHINA TO LONDON, UK BY SEA

ABC
AB20230330
LONDON
NO. 1 – 1000

C/NOS.	NOS. & KINDS OF PKGS	QUANTITY	DESCRIPTION OF THE GOODS	G. W.	N. W.	MEAS.
NO. 1 – 500 NO. 501 – 1000	500 CTNS 500 CTNS	60 PCS/CTNS 30000 PCS 30000 PCS	HANDCRAFT ART. NO.：ABE 2233 ART. NO.：ABC 2244	25 KGS/CTN 12500 KGS 12500 KGS	20 KGS/CTN 10000 KGS 10000 KGS	25CM * 30CM * 30CM 11. 25 CBMS 11. 25 CBMS
TOTAL	1000 CTNS	60000 PCS		25000 KGS	20000 KGS	22. 5 CBMS

SAY TOTAL PACKAGE IN ONE THOUSAND CARTONS ONLY.

SHANGHAI MAIBANG CORP.

Linna

信用证如下：

ISSUING BANK：LONDON BANK
    368 BARRON BLVD., LONDON, UK
MESSAGE TYPE：MT 700 ISSUE OF A DOCUMENTARY CREDIT
27. SEQUENCE OF TOTAL：1/2
20. DOCUMENTARY CREDIT NUMBER：No. AB20230330
40A. FORM OF DOCUMENTARY CREDIT：IRREVOCABLE
31C. DATE OF ISSUE：2023 – 03 – 30
31D. DATE AND PLACE OF EXPIRY：2023 – 05 – 15   GUANGZHOU, CHINA
40E. APPLICABLE RULES：*UCP600*
50. APPLICANT：
ABC IMP. & EXP. HANDCRAFTS CORP.
333 BARRON BLVD., LONDON, UK
51A. APPLICANT BANK：
LONDON BANK   368 BARRON BLVD., LONDON, UK
59. BENEFICIARY：
SHANGHAI MAIBANG CORP.
ROOM 2401, WORLDTRADE MANSION, SHANGHAI, CHINA

32B. CURRENCY CODE, AMOUNT:
CURRENCY USD 177600.00
SAY US DOLLARS ONE HUNDRED SEVENTY-SEVEN THOUSAND SIX HUNDRED ONLY.
57A. "ADVISE THROUGH" BANK:
BANK OF CHINA, GUANGHZOU BRANCH
NO. 29 PEOPLE'S ROAD, WORLDTRADE MANSION, GUANGZHOU, CHINA
41D. AVAILABLE WITH...BY: ANY BANK IN CHINA
42A. DRAWEE: LONDON BANK
42C. DRAFTS AT: 60 DAYS AFTER SIGHT
43P. PARTIAL SHIPMENTS: NOT ALLOWED
43T. TRANSSHIPMENT: NOT ALLOWED
44A. LOADING ON BOARD/DISPATCH/TAKING IN CHARGE AT/FROM:
　　　SHENZHEN, CHINA
44B. FOR TRANSPORTATION TO: LONDON, UK
44C. LATEST DATE OF SHIPMENT: NOT LATE THAN 2023-04-25
45A. DESCRIPTION OF GOODS AND/OR SERVICES:
NAME OF COMMODITY: HANDCRAFTS
ART. NO. ABE 2233: 30000 PCS
ART. NO. ABC 2244: 30000 PCS
PRICE: USD 2.96/PC CIF LONDON
PACKING: 12 PCS IN POLY BAG, 5 BAGS IN A CARTON
SHIPPING MARK:
ABC
AB20230330
LONDON
NO. 1-1000
46A. DOCUMENTS REQUIRED:
+FULL SET OF CLEAN ON BOARD BILLS OF LADING MADE OUT TO ORDER AND BLANK ENDORSED, MARKED PREPAID SHOWING FREIGHT AMOUNT" NOTIFYING THE APPLICANT WITH FULL NAME AND ADDRESS.
ADDITIONAL INFORMATION:
1. THE PERSON IN CHARGE: WANGBING
2. THE MERCHANDISE IS MADE IN CHINA (SHENZHEN), NOT CONTAINING ANY IMPORTING MATERIALS.
CONTRACT NO.: HB 22
H. S. CODE: 8415 1021
INSURANCE PREMIUM: CNY 500.00
FREIGHT CHARGE: CNY 1800.00
B/L NO.: TMSH5247
SHIPPED BY S/S MAKIS V.002
NET WEIGHT: 24000 KGS
GROSS WEIGHT: 25000 KGS

1. 根据上述装箱单和信用证填制下述海运货物委托书。

INSTRUCTION FOR CARGO BY SEA（海运货物委托书）

*Shipper 发货人、名称、地址、电话		上海易鸣货运代理有限公司 Shanghai Eminent Logistics Co., Ltd.		
Consignee 收货人、名称、地址、电话		TEL: 020-34800393, 13725194003 E-mail: 512897658@qq.com, eminent-ron@hotmail.com		
Notify Party 通知人		*柜量（Quantities）：		
		☐ 20′ GP	☐ 40′ HQ	/CTNR
		☐ 40′ GP	☐ 45′ HQ	/CTNR
			☐ 散货 LCL	/CBM
		*运输条款：		
		☐ CY-CY ☐ DOOR-CY	☐ DOOR-DOOR	☐ 其他
Place of Receipt	Port of Loading	可否转船		可否分批
		*FREIGHT & CHARGE：		
		☐ PREPAID	☐ COLLECT	
*Port of Discharge	Place of Delivery	☐ 船东单	Master B/L ☐ 电放单	Master B/L
		☐ 货代单		Telex Release
Marks & Nos. 标记与号码	*No. & Kind of Packages 件数	*Description of Packages & Goods 货名	*Gross Weight 毛重（千克）	*Measurement 尺码（立方米）
		CIF		
合计：				
请注意以下要求： 1. 请写明标记、货数、货名、毛重、体积、拖柜时间、拖柜地点、联系人、电话等。 2. 请注明运价，并签名加盖公章。 谢谢合作！		*拖柜时间/地点（Time, Address for Haulage）		
		*拖柜联系人/电话（Contacts）		
		联系人：	电话：	
注意事项	SHIPPERS ARE REQUESTED TO READ CAREFULLY	*联系人（Contact Person）： *电话：（Tel）_____ *传真：（Fax）_____ *托运人（Shipper）： *签名、盖章（Signature）： *日期（Date）：		

2. 上海麦邦有限公司如何办理报关手续？
3. 根据信用证和补充信息填制下述出口货物报关单。

中华人民共和国海关出口货物报关单

223120190003266816

预录入编号：E20190000303813789　　　海关编号：

境内发货人	出境关别	出口日期	申报日期	备案号
境外收货人	运输方式	运输工具名称及航次号	提运单号	
生产销售单位	监管方式	征免性质	许可证号	
合同协议号	贸易国（地区）	运抵国（地区）	指运港	离境口岸
包装种类	件数	毛重（千克）	净重（千克）	成交方式	运费	保费	杂费

随附单证及编号
标记唛码及备注

项号	商品编号	商品名称及规格型号	数量及单位	单价/总价/币值	原产国（地区）	最终目的国（地区）	境内货源地	征免

特殊关系确认	价格影响确认	支付特权使用费确认	自报自缴

申报人员　　申报人员证号　　电话　　兹申明对以上内容承担如实申报、依法纳税之法律责任　　海关批注及签章

申报单位　　　　　　　　　　报关单位签章

项目五　出口商制单结汇

【情景导入】

2023年10月20日，上海百利贸易有限公司已如期将货物装船出运，刘明结束了在物流部的实习，被先后安排到单证部与财务部进行为期一个月的实习，学习缮制信用证所要求的整套结汇单据，并学习向议付行交单结汇的操作流程。因此，本项目的训练分解为下表中的两个任务。

任务	知识目标	应用目标
结汇单据的缮制与审核	了解结汇单据的制作依据与制作要求；了解审核结汇单据的依据是否与合同或与信用证的规定相符	能根据合同或信用证的相关条款与贸易条件，审核单据是否符合合同或信用证的有关法规及商业习惯
交单与结汇	了解交单的种类和份数是否与合同或信用证的规定相符，单据内容是否正确；熟悉与掌握信用证汇票与托收汇票的结算方式	能正确制作信用证项下的汇票与托收项下的汇票

任务一　缮制与审核结汇单据

【任务导入】

货物出运后，刘明需在合同规定的时间内根据合同或信用证的相关条款与贸易条件，缮制与审核信用证规定的全套单据。

知识学习

在我国对外贸易中，大部分贸易货款的结算是采用信用证方式完成的，因此制单结汇、顺利收取货款就成为出口企业的一项重要工作。在传统贸易方式下，制单结汇若采用信用证支付，首先由付款人向银行申请开立信用证，然后由开证行开立信用证并传达收款人。收款人在收到收款通知后，根据信用证的要求，缮制好信用证所需单据并将单据备齐；然后在信用证到期前和在交单期限内向指定银行提交符合信用证条款规定的单据。银行确认无误后，办理出口结汇。

简言之，结汇单据就是信用证或合同规定的凭以获得付款的单据文件。检验证书、原产地证等已在前面部分详述。本部分只讲商业发票、装箱单、保险单、提单和汇票的缮制。

一、全套结汇单据的缮制要求

1. 正确（correctness）

正确是单证工作的前提，单证不正确就不能安全结汇和顺利履行合同。在信用证结算中，银行处理的是单据，而不是与单据有关的货物、服务或履约行为，只有提交符合信用证规定的单据，银行才能付款，否则，银行有权拒付。

此要求包括两方面的内容。

（1）各种单据必须做到"四相符"，即单据与信用证相符（单证相符）、单据与单据相符（单单相符）、单据与贸易合同相符（单同相符）、单据与实际货物相符（单货相符）。单证相符、单单相符、单同相符、单货相符是信用证业务的要求。依据《跟单信用证统一惯例》（*UCP600*）的规定，银行审核单据的标准是"表面上是否与信用证条款相符……单据之间表面互不一致，即视为表面与信用证条款不符"，这就是所谓"严格相符原则"（the doctrine of strict compliance）。*UCP600* 的单据审核标准规定"按指定行事的指定银行、保兑行（如果有的话）及开证行须审核交单，并仅基于单据本身确定其是否在表面上构成相符交单""相符交单指与信用证条款、本惯例的相关适用条款以及国际标准银行实务一致的交单""单据中的数据，在与信用证、单据本身以及国际标准银行实务参照解读时，无须与该单据本身中的数据、其他要求的单据或信用证中的数据等同一致，但不得相矛盾"。

为确保安全收汇，单证制作应尽量严谨，虽然在信用证方式下，只要做到单证相符、单单相符就能使银行付款，但是，只有同时做到单同相符、单货相符，才能在安全收汇的同时保证出口合同的顺利履行。在托收方式下，单同相符、单单相符、单货相符也是安全收汇和顺利履行合同的保证。

（2）各种单据必须符合有关国际法规、惯例及进出口国（地区）的有关法令法规。

所有国际贸易中要求的单据都有相应的法律、惯例和规则，较常见的有《联合国国际货物销售合同公约》《中华人民共和国合同法》《中华人民共和国票据法》《英国票据法》《中华人民共和国外贸法》《中华人民共和国保险法》和《中华人民共和国海商法》等，以及在国际贸易领域中影响巨大的 *UCP600*、*ISBP*、*URC522*、*URR525*、*INCOTERMS*®2020 等国际惯例，所有这些规定都对制单工作具有非常强的指导意义。除此之外，有些国家和地区对出口单据和进口单据有特殊的规定，制单时必须注意。

2. 完整（completeness）

单证完整首先是指单证群体的完整性。单证在通过银行议付或托收时，一般都是成套、齐全而不是单一的；单证完整的另一意义是要求每一种单据的本身内容必须完备齐全；单证完整还要求出口商所提供的各种单据的份数要如数交齐，不能短缺。

3. 及时（promptness）

此要求包括出单及时和交单及时两方面的内容。

（1）出单及时。各种单据的出单日期必须合理、可行，也就是说，每一种单据的出单日期不能超过信用证规定的有效期限或按商业习惯的合理日期。例如，保险单日期应早于提单的签发日期；提单日期不得迟于规定的最迟装运期；装运通知书必须在货物装运后立即发出；向银行交单的日期不能超过信用证规定的交单有效期。

（2）交单及时。向银行交单议付不能超过信用证规定的交单期。根据国际商会《跟单信用证统一惯例》（*UCP600*）规定，信用证必须规定一个交单的截止日；受益人或其代表必须在不迟于该惯例所指的发运日之后的21个日历日内交单，但是在任何情况下都不得迟于信用证的截止日。

4. 简洁（conciseness）

单证的内容应力求简洁，避免不必要的烦琐。国际商会《跟单信用证统一惯例》（国际商会第400号出版物）中指出："为了防止混淆和误解，银行应劝阻在信用证或其任何修改书中加列过多细节的企图。"该惯例还规定："商业发票中货物的描述必须与信用证中的描述相符。在一切其他单据中，货物描述可使用统称，但不得与信用证中货物的描述有抵触。"例如，棉布类商品，除商业发票外，除非信用证另有具体规定，在提单、保险单等单据中的货名栏内，都可使用"Cotton Piece Goods"这一统称。简化单证不仅可以减少工作量和提高工作效率，而且也有利于提高单证的质量和减少单证的差错。

5. 清晰（clearness）

单证的外观质量在一定程度上反映一个国家（地区）、一家企业的业务和技术水平。如果说正确和完整是单证的内在质量，那么清晰则是单证的外观质量。单证格式的设计和缮制力求标准化和规范化，单证内容的排列要行列整齐、主次有序，重点项目要突出醒目，字迹要清晰，语法要通顺，文句要流畅，用词要简明扼要、恰如其分。

清晰主要指单证的表面清洁、美观大方，各项内容清楚、易认且简洁、明了。

二、结汇单据的缮制与审核

1. 商业发票的缮制与审核

（1）信用证商业发票条款如下：

Signed commercial invoice in three fold showing the CIF value of the mentioned goods and stating contract number and L/C number.

（2）发票的抬头人是买方，发票日期是所有单据中最早的，有时发票要加证明文句。例如：

We certify that the goods are of Chinese origin.

如果有两种或两种以上商品时，要分别列出每一种的金额小计，最后列出总额。如果要列明折扣或佣金，应在总金额下列出所扣百分率和金额，然后得出净值。例如：

CIFC 5 NEW YORK

ART NO. JA001	1000 DOZ	USD 3.00/DOZ	USD 3000.00
ART NO. JA002	1000 DOZ	USD 6.00/DOZ	USD 6000.00
TOTAL	2000 DOZ		USD 9000.00
Less 5%			USD 450.00
			USD 8550.00

CIF 条件下，如需要列明运费、保险费支出，则扣除金额根据实际支出计算。例如：

CIF	USD 38000.00
F（FREIGHT）	USD 3500.00
I（PREMIUM）	USD 133.00

FOB　　　　　USD 34367.00

（3）商业发票填制方法。商业发票无统一格式，但内容大致相同。

①卖方：一般是信用证的受益人。若支付方式是托收或汇付，填写合同的卖方。发票右上角空白处填制卖方中文名称和地址及"COMMERCIAL INVOICE"字样。

②买方：一般是信用证申请人，名称不能换行，地址应合理分行。

③起运地：信用证规定的装货港、收货地或接受监管地。

④目的地：信用证规定的卸货港、交货地或最终目的地。

⑤运输方式：按照合同或信用证填写。

⑥运输工具名称：若为海洋运输，则填写船名和航次。航空运输与铁路运输方式下，分别填写航班号与总运单号或车次和运单号。

⑦提单号码：按照提单填写。

⑧发票号码，由卖方自行编制。

⑨发票日期，即发票签发日期：可以早于开证日期，但不早于合同日期。

⑩信用证号码/合同号码：按照信用证或合同填写。

⑪交货条件和支付方式：根据合同或信用证的贸易术语和收汇方式填写。

⑫装运标志，即唛头：按信用证规定填写；如未规定，可填写"N/M"；如为裸装货，则注明"NUDE"或散装"IN BULK"。

⑬货物描述：要与信用证货物描述完全一致。

⑭数量：按照实际出运情况填写。如信用证的数量前面有"ABOUT"字样，允许增减10%；若为散装货，即使无"ABOUT"字样，也允许增减5%；但以包装单位或个体计数的，则不适用。

⑮单价：按照合同或信用证填写。

⑯总值：用单价乘以计价数量即得。有时信用证内没有扣除佣金的规定，但来证金额正好是减佣后的净额，这时发票应显示减佣，否则发票金额超证。

⑰签署：凡要求提供"SIGNED COMMERCIAL"或"MANUALLY SIGNED"发票的，则必须签署或手签。

如图 5-1 所示为缮制的商业发票。

ISSUER Shanghai Baili Trading Co., Ltd. No.115 Xujiahui Road, Shanghai, China	商业发票 COMMERCIAL INVOICE	
TO Apple Trading Co., Ltd. No.1 Square, Los Angeles, California, America		
TRANSPORT DETAILS From Shanghai, China to New York, America shipment with 30 days after receit of the L/C by sea	NO. IV0005648	DATE 2023-08-12
	S/C NO. CT0007423	L/C NO. 002/0006485
TERMS OF PAYMENT 100 % by L/C at sight		

Product No.	Description of Goods	Quantity	Unit Price	Amount
			CIF New York, America	
CM-007	Small Cart Size: 550mm*230mm*720mm, Wheel: pe frame, Rubber Tire	4000 UNITS	USD 24.24	USD 96960.00
	Total: [4000][UNITS]			[USD][96960.00]

SAY TOTAL: USD NINETY SIX THOUSAND NINE HUNDRED AND SIXTY ONLY

MARKS AND NUMBERS:
N/M

Shanghai Baili Trading Co., Ltd.

Xie Yunsheng

图 5-1 商业发票

2. 装箱单的缮制与审核

装箱单是商业发票的一种补充单据，也是租船订舱及报关必备单据之一，主要显示包装、毛重、净重以及尺码方面的情况。制单时"尺码"一栏的单位是立方米，保留三位小数。

信用证装箱单条款如下：

Packing list in 3 copies showing the gross weight, net weight of each package as well as the total gross weight, net weight and measurement of each item.

（1）装箱单缮制要求。

①装箱单名称：按照信用证规定缮制。

②品名、规格、唛头、箱号、种类：与商业发票一致。其中箱号又称包装件号码。在单位包装货量或品种不固定的情况下，需注明每个包装件的包装情况，因此包装件应当编号。例如：Carton Nos. 1 - 5；Carton Nos. 6 - 10。

（2）装箱单（图5-2）的缮制。

装箱单无统一的格式，一般由出口商自行设计，其基本内容如下：

①出单人的名称与地址：名称、地址应该与相对应的商业发票一致，也要与合同的卖方或信用证的受益人的名称、地址相同。

ISSUER Shanghai Baili Trading Co., Ltd. No.115, Xujiahui Road, Shanghai, China	装箱单 PACKING LIST	
TO Apple Trading Co., Ltd. No.1 Square, Los Angeles, California, America	PACKING LIST NO. PL0009119	
	INVOICE NO. IV0006922	DATE 2023-10-20

Product No.	Description of Goods	Package	G.W.	N.W.	Meas.
CM-007	Small Cart Size: 550mm*230mm*720mm, Wheel:pe frame, Rubber Tire	1000 CARTONS	17000.00 KGS	14500.00 KGS	360.0000 CBMS

[Add] [Edit] [Delete]

Total: [1000] [CARTONS]　[17000.00] [KGS]　[14500.00] [KGS]　[360.0000] [CBMS]

SAY TOTAL: SAY ONE THOUSAND CARTONS ONLY.

MARKS AND NUMBERS:

Shanghai Baili Trading Co., Ltd.

Xie Yunsheng

图 5-2　装箱单

②抬头人：信用证项下为开证申请人名称和地址，托收项下为进口商名称和地址，填写时名称和地址不能同行放置，应分行表明。

③发票号码（invoice number）与制单日期（date）：与商业发票相一致。

④装运港和目的港：一般只简单地表明运输路线及运输方式，如"FROM ×× TO ×× BY SEA OR AIR"。

⑤合同号、信用证号：与商业发票相一致。

⑥唛头（shipping mark）：必须与商业发票保持一致，也要与信用证和合同规定的完全一致。可以填"AS PER INVOICE NO. ×××"。若信用证与合同显示无唛头时，应该填"NO MARKS（N/M）"。

⑦外包装数量（number of packages）：要写明包装物的名称及数量，如"1000 CTNS"。散装货写明"IN BULK"，裸装货写明"NUDE"。

⑧货物描述（description of goods）：装箱单货物描述可以使用统称，但不得与信用证的规定相冲突，而且装箱单上不得标明商品的单价和总价。

⑨产品数量（quantity）：按合同标明的装运货物数量填写，与商业发票相一致。

⑩毛重（gross weight）、净重（net weight）、体积（measurement）：既要填单件包装的毛重、净重、体积，也要填同类商品的总毛重、总净重和总体积，最后还要进行合计。

⑪出口商签章（signature）：如果合同或信用证有要求，则需进行签章。

3. 海运提单缮制与审核

信用证提单条款如下：

Full set of clean shipped on board marine Bills of Lading and endorsed to the order of the opening bank marked "FREIGHT TO COLLECT", notify applicant evidencing shipment from any Chinese port to Miami, U. S. A.

海运提单是承运人或其代理收到货物后签发给托运人的货物收据，它是物权凭证，是收货人在目的港换取提货单凭以提货的依据。

海运提单（图 5-3）填制方法：

(1) 提单号码（B/L number）：注明承运人及其代理人规定的提单编号，以便核查。

(2) 托运人（shipper）：合同的卖方或信用证受益人。

(3) 收货人或指示（consignee or order），即抬头人。在信用证或托收方式下，海运提单多为指示抬头，其"收货人"一栏应填"To order of ××× Co."（凭××公司指定）、"To order of ××× Bank"（凭××银行定）、"To order of shipper"（凭托运人指定）或"To order"（凭指定）。例如：

信用证条款规定"Bill of Lading made out to order of ABC Co."，则"收货人"一栏应填"To order of ABC Co."，即"凭 ABC 公司指定"。

信用证条款规定"…Bill of Lading consigned to order of the issuing bank…"，则"收货人"栏应填"To order of ××× Bank"，即"凭开证行的指定"。

1. Shipper Insert Name, Address and Phone Shanghai Baili Trading Co., Ltd. No.115, Xujiahui Road, Shanghai, China Tel:86-21-96587458		B/L No. COBL0074460		
2. Consignee Insert Name, Address and Phone to order		**ORIGINAL** Port-to-Port or Combined Transport **BILL OF LADING** RECEIVED in external apparent good order and condition except as other-wise noted. The total number of packages or units stuffed in the container, The description of the goods and the weights shown in this Bill of Lading are furnished by the merchants, and which the carrier has no reasonable means of checking and is not a part of this Bill of Lading contract. The carrier has issued the number of Bills of Lading stated below, all of this tenor and date, One of the original Bills of Lading must be surrendered and endorsed or signed against the delivery of the shipment and whereupon any other original Bills of Lading shall be void. The merchants agree to be bound by the terms and conditions of this Bill of Lading as if each had personally signed this Bill of Lading. SEE Clause 4 on the back of this Bill of Lading (Terms continued on the back hereof, please read carefully). *Applicable only when document used as a combined transport Bill of Lading.		
3. Notify Party Insert Name, Address and Phone (It is agreed that no responsibility shall attach to the Carrier or his agents for failure to notify) Apple Trading Co., Ltd. No.1 Square, Los Angeles, California, America Tel:001-212-4336899				
4. Combined Transport* Pre-cariage by	5. Combined Transport* Place of Receipt			
6. Ocean Vessel Voy. No. TRINITY 230E	7. Port of Loading Shanghai, China			
8. Port of Discharge **New York, America**	9. Combined Transport* Place of Delivery			
Marks & Nos. Container / Seal No	No. of Containers or Packages	Description of Goods (If Dangerous Goods, See Clause 20)	Gross Weight	Measurement
N/M BJYU0010515/40' HC/FTD010515 BJYU0010552/40' HC/FTD010552 BJYU0010268/40' HC/FTD010268 BJYU0010880/40' HC/FTD010880 BJYU0010195/40' HC/FTD010195	5×40' HC	Small Cart 1000 CARTONS; FREIGHT PREPAID	17000.00 KGS	360.0000 CBMS
		Description of Contents for Shipper's Use Only (Not Part of this B/L Contract)		
10. Total Number of Containers and/or Packages (in words) Subject to Clause 7 Limitation		ONE THOUSAND CARTONS		
11. Freight & Charges USD 18000.00 Declared Value Charge	Revenue Tons	Rate	Per	Prepaid	Collect
Ex. Rate:	Prepaid at	Payable at	Place and Date of Issue China 2023-08-12	
	Total Prepaid	No. of Original B(s)/L 3/3	Signed for the Carrier,	
LADEN ON BOARD THE VESSEL DATE 2023-08-12 BY				

图 5-3　海运提单

信用证条款规定"…Bill of Lading made out to shipper's order…",则收货人一栏中填"To shipper's order",即凭托运人指定。

(4) 被通知人和地址（notified party, addressed to）：指船到目的港后承运人的直接联系人及其地址。

信用证项下填写申请人名称和地址，如来证未规定，则提单正本中这一栏空白，副本中填写申请人名称和地址。托收项下填写买方的名称和地址。

(5) 前程运输（pre-carriage by）：如货物需转运，则填写第一程船的船名（适合联运提单）。如不转运，则不填写。

(6) 装货港（port of loading）：填写装运港名称且与信用证一致。

(7) 船名（vessel）：按实际装货的船名、航次填写。如转运，填写第二程船名。

(8) 转运港（port of transshipment）：填写转运港口，如不转船，此栏空白。

(9) 卸货港（port of discharge）：填写卸货港，如未转船，则填目的港。

(10) 最后目的地（final destination）：按信用证的目的地填写。如果最后目的地为卸货港，此栏可以空白。

(11) 集装箱号或唛头（container, seal number or marks and numbers）：集装箱运输时填上集装箱号码。若非集装箱运输，唛头按照实际运输标志填写；如果既没有集装箱号也没有唛头，则填"N/M"。

(12) 货物的件数、包装种类和货物描述（number and kind of packages, description of goods）：按装船情况填写总外包装件数、包装种类，货物描述填写货物的总名称即可。

(13) 毛重（gross weight）：填写包括货物包装重量（皮重）在内的重量。如果是千克为单位，小数点后数值保留 2 位；如果是公吨为单位，小数点后数值保留 3 位。

(14) 尺码（measurement）：与装箱单上的总尺码一致，用立方米表示，小数点后数值保留 3 位。

(15) 运费和费用（freight and charges）：只填运费支付情况，不填运费数额及计算，但信用证规定的除外。注意：此栏填写的内容须与贸易术语一致，采用 CIF 或 CFR 条件，加注"运费预付"（freight prepaid）；采用 FOB 条件，加注"运费到付"（freight to be collected 或 freight payable at destination）。

(16) 转船信息（regarding transshipment information please contact）：本栏在转船情况下填写。

(17) 运费预付地（prepaid at）：填写运费预付地点，在 CIF 和 CFR 条件下，支付地点在装运港。

(18) 运费支付地（freight payable at）：填写运费的支付地点，在 FOB 条件下，支付地在卸货港。

(19) 签单地点和日期（place and date of issue）：签发地点为货物实际装运港和接管地。

签发日期应为装货完毕的日期，且不得迟于信用证的装运期，已装船提单的出单日期即被视为提单装运日期。

（20）全部预付（total prepaid）：填写运费是否全部预付。

（21）正本提单份数（number of original Bs/L）：用大写数字填写，一般是 1～3 份。来证对提单正本份数有规定的，如"full set of B/L"（全套提单），习惯作两份正本提单解释。如来证规定"3/3 Marine Bills of Lading"则表明正本提单是三份，且三份提单都要提交银行。

（22）承运人或船长的签名（signed for or on behalf of the master）：每张正本提单由承运人或其代理签章才能生效，签署必须表明其为承运人或船长的身份，若是代理人必须标明代理人的名字和资格。

（23）提单背书（endorsement）：提单背书分为记名背书和空白背书。记名背书在提单背面标注"Endorsed or deliver to ×××Co."，然后由托运人签章，这种提单只能由受让人提货，不能再转让。空白背书一般由托运人在提单背面签章即可。

4. 保险单的审核

信用证保险单条款示例：

Insurance policy or certificate in two folds made out to the order of Commercial Bank of London covering Institute Cargo Clauses A, Institute Strike Clauses Cargo, Institute War Clauses Cargo for invoice value plus 10%, marked premium prepaid, showing claims if any, payable in Germany, naming settling agent in Germany.

保险单（insurance policy）：在 CIF 条件下，它是保险公司与出口商订立的保险合同。当货物发生保险损失时，它是被保险人索赔、保险人理赔的依据。

保险单（图 5-4）填制方法如下：

（1）被保险人（the insured）：一般为信用证受益人。在 FOB 或 CFR 价格条件下，如买方委托卖方代办保险，可做成"×××（卖方）on behalf of ×××（买方）"，并按此形式背书。

（2）唛头：与发票的唛头一致。如内容复杂可以填写"as per Invoice No. ×××"。

（3）包装及数量：填写外包装数量及种类。裸装货注明本身件数，散装货注明净重，有包装但以重量计价的应将包装数量与计价重量都注上。

（4）保险货物项目：一般填写货物名称，可以用总称。

（5）保险金额：按信用证金额及加成率投保。一般按 CIF 或 CIP 发票金额的 110% 投保。保险金额计算出现小数时，无论小数点后有多少位都一律向上进位为整数。例如：USD 23000.04，保单上取 USD 23001.00。发票如需扣除佣金或折扣，则按扣除前的毛值投保。

（6）总保险金额：填写保险金额（大写），计价货币以全称形式填写。

（7）保费和费率：如信用证无特别规定，此两栏一般填"as arranged（按协商）"字样。

（8）装载运输工具：如果海运，根据配舱回单如实填写船名及航次。

（9）开航日期：填写提单签发日期，也可简单地填写"as per B/L"。

（10）起讫地点：填写起运地和目的地（如有转运，注明转运港，尤其是转到内陆目的地，更要注明卸货港名称）。

货物运输保险单
CARGO TRANSPORTATION INSURANCE POLICY

发票号(INVOICE NO.) IV0005648
合同号(CONTRACT NO.) CT0007423
信用证号(L/C NO.) 002/0006485
保单号次 POLICY NO. PI0005162

被保险人
Insured Shanghai Baili Trading Co., Ltd.

本公司根据被保险人的要求，由被保险人向本公司缴付约定的保险费，按照本保险单承保险别和背面所载条款与下列特别条款承保下述货物运输保险，特立本保险单。
AT THE REQUEST OF THE INSURED AND UPON THEIR PAYMENT OF THE AGREED PREMIUM TO THE COMPANY, WE INSURE THE FOLLOWING GOODS IN TRANSIT IN ACCORDANCE WITH THE INSURED COVERAGE OF THIS POLICY, THE TERMS AND CONDITIONS STATED ON THE BACK HEREOF, AND THE SPECIAL CLAUSES. WE HEREBY ISSUE THIS INSURANCE POLICY.

标记 MARKS & NOS	包装及数量 QUANTITY	保险货物项目 DESCRIPTION OF GOODS	保险金额 AMOUNT INSURED
N/M	1000 CARTONS	Small Cart	USD 106656.00

总保险金额
TOTAL AMOUNT INSURED: SAY USD ONE HUNDRED AND SIX THOUSAND SIX HUNDRED AND FIFTY SIX ONLY

保费 PERMIUM: USD 938.57
启运日期 DATE OF COMMENCEMENT: 2023.08.22
装载运输工具 PER CONVEYANCE: TRINITY

自 FROM: Shanghai, China
经 VIA:
至 TO: New York, America

承保险别
CONDITIONS:
ALL Risks additional WAR Risks, Strikes Risk.

WHICH

所保货物，如发生保险单项下可能引起索赔的损失或损坏，应立即通知本公司下述代理人查勘。如有索赔，应向本公司提交保单正本(本保险单共有三份正本)及有关文件。如一份正本已用于索赔，其余正本自动失效。
IN THE EVENT OF LOSS OR DAMAGE WHICH MAY RESULT IN A CLAIM UNDER THIS POLICY, IMMEDIATE NOTICE MUST BE GIVEN TO THE COMPANY'S AGENT AS MENTIONED HEREUNDER. CLAIMS, IF ANY, ONE OF THE ORIGINAL POLICY WHICH HAS BEEN ISSUED IN 3 ORIGINAL(S) TOGETHER WITH THE RELEVENT DOCUMENTS SHALL BE SURRENDERED TO THE COMPANY. IF ONE OF THE ORIGINAL POLICY HAS BEEN ACCOMPLISHED. THE OTHERS TO BE VOID.

赔款偿付地点
CLAIM PAYABLE AT New York, America
出单日期
ISSUING DATE 2023-08-13

Authorized Signature

图 5-4 货物运输保险单

（11）承保险别：按信用证填写，包括险别和险别使用的文本和日期。
（12）保险代理：填写保险公司在目的地的代理名称和地址（由保险公司提供）。
（13）赔款偿付地点及赔款币种：填写目的地。币种采用信用证或汇票约定货币。

（14）保单日期：保险手续应在货物离开出口仓库前办理。保单日期不得迟于提单日期。

（15）保险单背书：分为空白背书和记名背书两种。卖方在交单时（CIF 术语下）必须将保险单作背书转让，以便买方在发生保险损失时能取得赔付。空白背书即在保单背面标注被保险人名称或盖上公司图章，再加背书人签字即可；来证如无特殊规定，应做成空白背书。现在记名背书较少使用。

5. 信用证汇票与托收汇票的缮制及审核

根据《英国票据法》，汇票是由一方向另一方签发的要求即期、定期或在可以确定的将来时间向某人或其指定的人或来人无条件支付一定金额的书面命令。

信用证汇票条款示例：

Available with/by：Bank of China，Changchun by negotiation drafts at/drawn on：At sight in duplicate drawn on ABN AMRO Bank BHD. , Penang for 100% of net invoice value showing this credit number.

汇票是卖方收款的凭证，必须准确缮制，不得修改。汇票填制方法如下：

（1）出票依据/出票条款（drawn under），又称为出票根据，表明汇票起源，根据不同的结算方式，有不同的填法。

信用证项下的汇票必须有出票条款，包括三部分：开证行名称、信用证号码和开证日期。例如，Drawn under Bank of China（开证行完整名称），L/C No.，JBB002235（信用证号），Dated 11/10/2024（开证日期）。托收项下，以上三部分则填写为：Drawn under Contract No. JBB 002235 for Collection。

（2）年息（payable with interest @ ×% per annual）：即期汇票不填，远期汇票可以填固定的年利率。

（3）汇票地点及日期：出票地点为受益人所在地；出票日期应晚于提单签发日期，但必须在信用证有效期及交单期之内。

（4）汇票号码：填写发票号码，目的是核对发票与汇票中相关的内容，如金额、信用证号码等。

（5）汇票金额：由货币和数额两部分组成，分为大小写两种表达。小写金额由货币名称缩写和金额数字构成，例如，USD 15670.58（保留小数点后两位）。大写金额要顶格，不留空隙，货币名称要写全称，如 USD 4000.75 可以写成：

SAY USD FOUR THOUSAND POINT SEVENTY FIVE ONLY

信用证项下汇票金额，不得超过信用证金额，如来证金额前有"约"（about）字样，则汇票金额可有 10% 的增减幅度。汇票金额一般与发票金额相等，有时也可按发票金额的一定百分比开立。例如，汇票金额为 97%，发票金额应为 100%，其差额 3% 一般为应付的佣金。

（6）汇票期限：付款人付款的日期，在汇票中用"At…"表示。即期汇票"at sight"须在横线上用"******"或"------"表示（但不要留空），也可以直接用"at sight"表示。远期汇票按规定填入相应的付款期限，如"见票后 60 天付款”（at 60 days after sight）。

采用托收方式时，“D/A”或“D/P”分别标注在“At”之后，付款日期的缮制方法不变，如“D/P at 60 days after sight”。汇票未注明确定日期付款的，如“验货后或装船前一个月”，则视为无效。

（7）受款人（payee）：抬头人或汇票的抬头，业务中通常是指示性抬头，如“pay to the order of…”或“pay to…or order”。信用证项下可以直接填写议付行的名称。托收项下的汇票，如无其他规定，一般以托收行为受款人。

（8）付款人（payer），即受票人（drawee）。此栏一般位于汇票的左下角，在汇票中用“to”表示，注明付款人名称和地址，信用证条款“drawn on…”后面是付款人。信用证项下付款人为开证行或其指定付款行，托收项下付款人为买方。

（9）出票人（drawer）：在汇票右下角，一般是合同的卖方，由法人签名。

图 5 – 5 所示为信用证汇票。

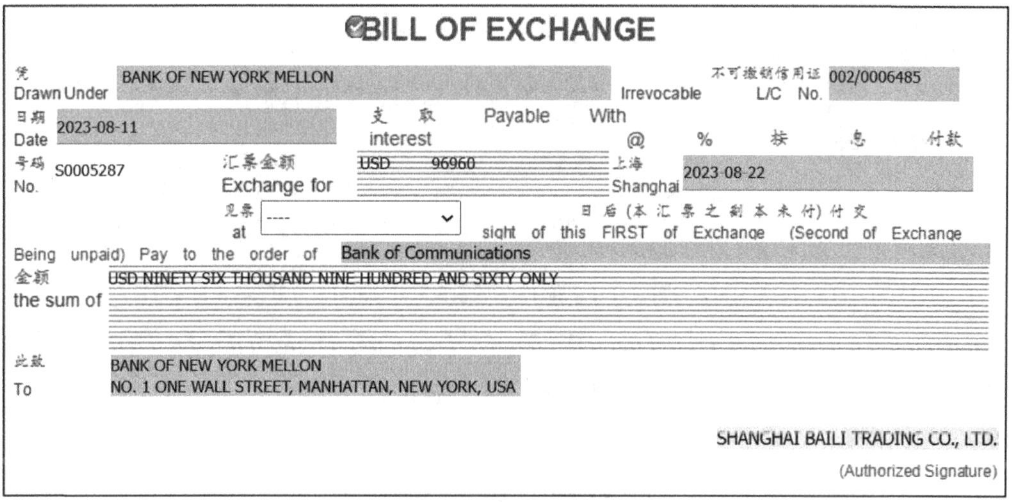
BILL OF EXCHANGE

凭 Drawn Under BANK OF NEW YORK MELLON　不可撤销信用证 Irrevocable L/C No. 002/0006485

日期 Date 2023-08-11　支取 Payable With interest @ % 按 息 付款

号码 No. S0005287　汇票金额 Exchange for USD 96960　上海 Shanghai 2023-08-22

见票 at ----　日后（本汇票之副本未付）付交 sight of this FIRST of Exchange (Second of Exchange

Being unpaid) Pay to the order of Bank of Communications

金额 the sum of USD NINETY SIX THOUSAND NINE HUNDRED AND SIXTY ONLY

此致 To BANK OF NEW YORK MELLON
NO. 1 ONE WALL STREET, MANHATTAN, NEW YORK, USA

SHANGHAI BAILI TRADING CO., LTD.
(Authorized Signature)

图 5 – 5　信用证汇票

任务实施

在国贸仿真平台进入“业务详情”页面，首先按照信用证要求添加所需要的结算单据，包括商业发票、装箱单、海运提单、货物运输保险单和汇票（图 5 – 6）；然后根据信用证对上述单据的要求一一进行审核。

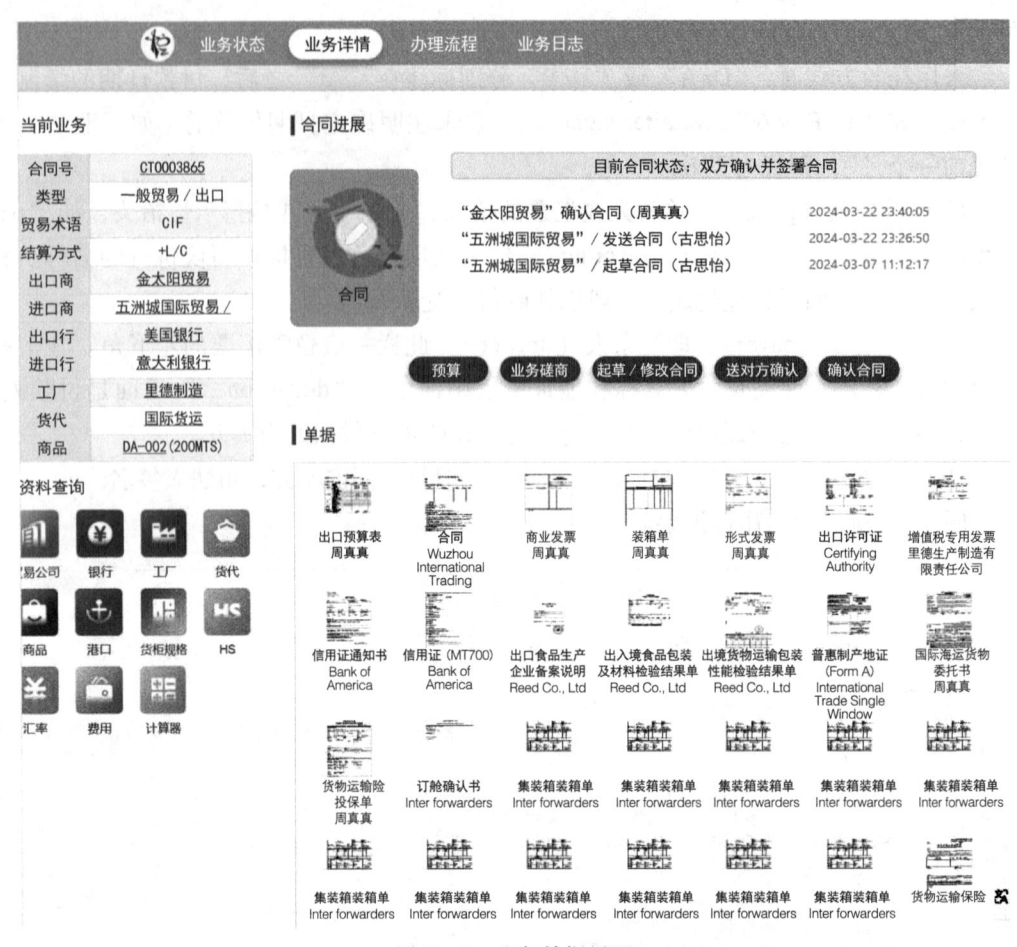

图 5-6　业务单据界面

任务二　交单与结汇

【任务导入】

备妥信用证规定的全套单据并审核完毕后，刘明需在规定的时间内向银行提交全套单据，填写交单委托书，并办理结汇。

知识学习

交单又分信用证交单和托收交单。向银行交单时，均应按银行要求填写交单委托书并与相关单据一并提交给银行。

1. 信用证交单

信用证交单是指全部单据准备妥当后，由受益人（出口单位）在规定时间向银行提交信用证项下的全套单据，申请议付、承兑或付款。这些单据经过银行审核，根据信用证条款的不同汇付方式,由银行办理结汇。信用证交单应注意三点:一是单据的种类与份数必须与信用证的规定相符;二是单据内容正确,包括所用文字均与信用证严格一致;三是交单时间必须在信用证规定的交单期和有效期之内。

2. 托收交单

托收交单是指出口人在货物装运后,开具以进口方为付款人的汇票(随附或不随附货运单据),提交给出口地银行,委托其通过其在进口地的分行或代理行代出口人收取货款。从货代公司拿到提单后,在信用证方式下,即可向银行交单。结汇是将出口所得外汇按售汇之日中国银行外汇牌价的买入价卖给银行。我国出口办法有收妥结汇和押汇定期结汇两种。收妥结汇是议付行收到单据并审查无误后,将单据寄交境外付款行索取货款,收到付款行将货款拨入议付行账户的贷记通知书(credit note)后,再按当日牌价,折成人民币拨入卖方账户。押汇又称买单结汇,是议付行在相符交单情况下,按信用证条款买入出口单位的汇票和单据,从票面金额中扣除利息,将余款按议付日牌价折成人民币,拨给卖方。押汇的单据要有保险单,否则银行不予押汇。

任务实施

(1)在国贸仿真平台填写相关单据后,进入"业务详情"页面,添加并填写交单委托书(图5-7)。

(2)在如图5-8所示的界面点击"信用证交单",选择提交以下单据:

①基本单据:信用证(MT700)、信用证修改书(MT707)(如信用证未修改过则无须提交)、交单委托书、汇票。

②信用证要求的单据(按照信用证46A项或合同"Documents Required"项的要求,勾选的需提交,未勾选的不用):商业发票、装箱单、海运提单或航空运单、货物运输保险单或保险证明、品质证书等多种检验证书、一般原产地证或其他产地证、CCC认证证书。申请提交后,需等待银行进行处理,处理完成后出口商将收到信用证款项。

(3)进入国际收支网上申报系统,办理结汇。打开国家外汇管理局服务平台,点击"登录"按钮,选择"国际收支网上申报系统(企业版)",打开申报信息录入列表;点击待申报业务条目的申报号码,进入该笔业务的申报信息录入页面,进行填写(大部分信息已由银行自动生成,只需填写中间部分栏目)。

交单委托书

致：**交通银行**

本公司向贵行递交下列出口单据（见后附单据清单），信用证业务请贵行依照信用证中规定的《跟单信用证统一惯例》办理，跟单托收业务请按照现行《托收统一规则》办理。

公司中文名称	上海百利贸易有限公司	公司英文名称	Shanghai Baili Trading Co.,Ltd.
公司联系人	谢云生	电话	86-21-96587458
发票号码	IV0005648	发票币种金额	USD 96960
索汇币种金额	USD 96960	核销单编号	

**请贵行收妥款项后，划入我司下列账号（如出单时未确定，请在账号处填写"未确定"）：

账号：<u>200100000110008772</u>　币种：<u>USD</u>　开户银行：**交通银行**

**贵行费用请直接从我司下列账号中收取：

账号：<u>200100000110008772</u>　币种：<u>USD</u>　开户银行：**交通银行**

收支交易编码：<u>121010</u>　交易附言（出口商品中文名称）<u>小推车</u>

单据邮递费用：币种_____　金额_____　（银行填写，二次寄单需将费用加总）

收费时机：出单时收 □　收汇时收 □　（银行填写）

信用证	信用证号码：002/0006485	开证行(Issuing Bank) BANK OF NEWYORK MELLON NO.1 WALL STREET, MANHATTAN, NEW YORK, USA
	我行通知号：	
	寄单指示： ☒ 请贵行按信用证要求寄单索汇，收妥结汇 ☒ 若单据存在不符点，请通知我司改单 □ 若单据存在不符点，我司担保出单，并承担由此产生的不能收汇风险 □ 其他指示	

跟单托收	代收行指示： □ 代收行(Collecting Bank)（全称、地址）	付款人(Drawee)全称 交单方式： □ 付款交单(D/P) □ 承兑交单(D/A) 期限： □ 其他交单方式：
	□ 请贵行代为选择代收行，风险由我司承担	
	寄单指示： 贵行托收费用由　□ 我司承担　□ 付款人承担 代收行费用由　□ 我司承担　□ 付款人承担 □ 若付款人拒绝付款/承兑，不必做成拒绝证书。 □ 其他指示	

单据清单

单据名称	份数	单据名称	份数
DRAFT		HEALTH CERTIFICATE	
COMMERCIAL INVOICE	3	CERTIFICATE OF PHYTOSANITARY	
PROFORMA INVOICE	3	CERTIFICATE OF ORIGIN	
BILL OF LADING	3	GSP FORM A	2
AIR WAYBILL		FORM E	
RAIL WAYBILL		FORM B	
CARGO RECEIPT		BENE'S CERTIFICATE	
INSURANCE POLICY/CERTIFICATE	2	ACCEPTANCE CERTIFICATE	
PACKING LIST	3	NON-WOOD PACKING CERTIFICATE	
CERTIFICATE OF QUALITY		FUMIGATION/DISINFECTION CERTIFICATE	
CERTIFICATE OF QUANTITY/WEIGHT		CERTIFICATE FOR CCC	
VETERINARY (HEALTH) CERTIFICATE		OTHER（需在下面注明单据具体名称）	
SANITARY CERTIFICATE			

交单人签字：谢云生

公司印鉴：

交单日期：2023 年 8 月 22 日

图 5-7　交单委托书

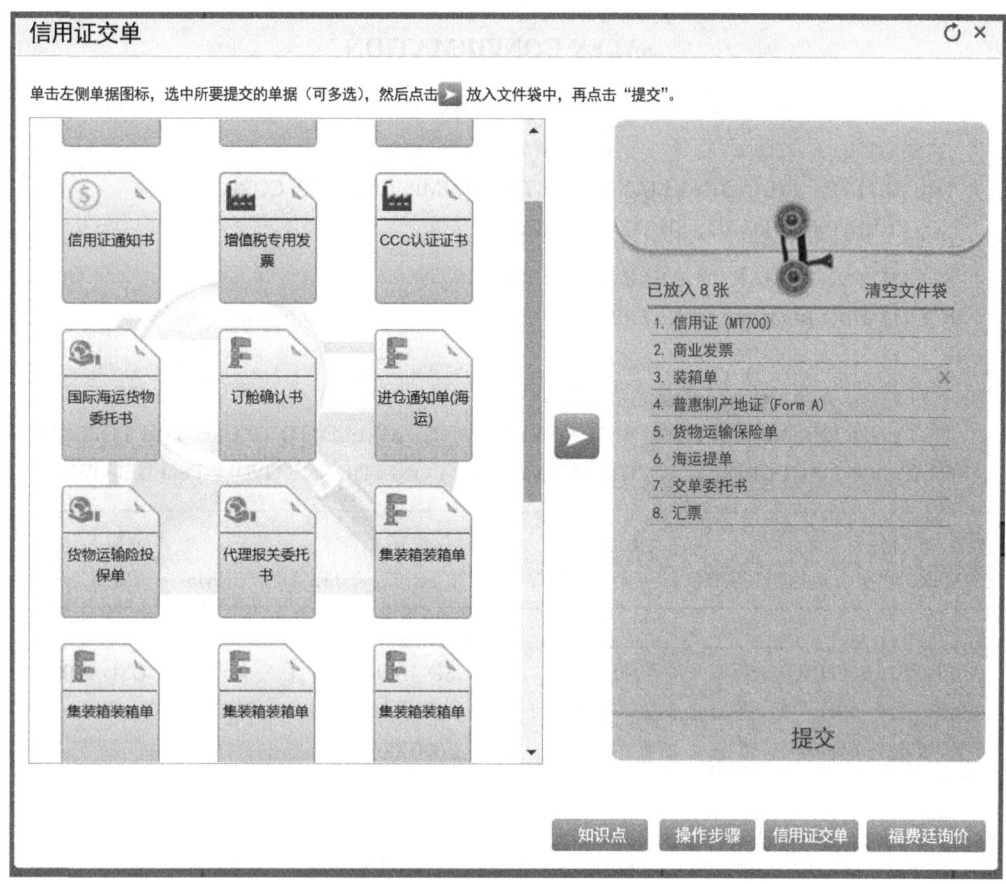

图 5-8　信用证交单所需单据

实训一　缮制托收汇票

出口商上海良友进出口有限公司与日本 Himan Trading Co., Ltd. 签订的销售合同商定装运期为 2023 年 8 月 10 日，支付方式为托收（D/P at sight）。请综合应用本项目制单结汇等相关知识，梳理总结全套结汇单据的制作要求、提交所需份数与交单期限，并根据下列合同信息缮制托收汇票。

SALES CONFIRMATION

S/C NO.: NH34268

DATE: 2023-06-28

THE SELLER: SHANGHAI LIANG YOU TRADE IMP. AND EXP. CORP.
NO. 40 JINGMAO ROAD, SHANGHAI, CHINA

THE BUYER: HIMAN TRADING CO., LTD.
NO. 213 JIBO ROAD, KOBE, JAPAN

下列签字双方同意按以下条款达成交易:
THE UNDERSIGNED SELLER AND BUYER HAVE AGREED TO CLOSE THE FOLLOWING TRANSACTIONS ACCORDING TO THE TERMS AND CONDITIONS STIPULATED BELOW:

品名及规格 COMMODITY & SPECIFICATION	数量 QUANTITY	单价及价格条款 UNIT PRICE & TRADE TERMS	金额 AMOUNT
		CIF KOBE	
HALOGEN FITTING W500	5000 PCS	@ USD 4.40/PC	USD 22000.00
	TOTAL: USD 22000.00		

TOTAL: USD 22000.00

TOTAL VALUE: USD TWENTY-TWO THOUSAND ONLY

PORT OF LOADING: SHANGHAI, CHINA

DESTINATION: KOBE, JAPAN

PARTIAL SHIPMENT: ALLOWED

TRANSSHIPMENT: ALLOWED

LATEST DATE OF SHIPMENT: AUG. 10, 2023

PAYMENT: BY D/P AT SIGHT

(THE SELLER)   (THE BUYER)
SHANGHAI LIANG YOU TRADE IMP. AND EXP. CORP.   HIMAN TRADING CO., LTD.

SIGNATURE   SIGNATURE
李红   JAKE

补充资料:发票号码为12656V9;货物于2023年7月20日装船并一次性全部出运,共500纸箱。托收行:BANK OF CHINA, SHANGHAI BRANCH。代收行:FUJI BANK, KOBE, JAPAN。汇票签发人:李红。

BILL OF EXCHANGE

Drawn Under _____ Irrevocable L/C No. _____
Date _____ Payable with interest @ _____ % _____ _____
No. _____ Exchange for _____
At _____ sight of this FIRST of Exchange (Second of Exchange Being Unpaid)
Pay to the order of _____
The sum of _____
Value received for _____ of _____
(quantity)   (name of commodity)
To _____

实训二　缮制信用证汇票

根据下列 L/C 信息缮制信用证汇票。

APPLICATION HEADER
07005172591 2137 110605CITIUS33AXXX D1462515499 110606 1037 N
 * CITIBANK
NEW YORK, USA
27/SEQUENCE OF TOTAL: 1/1
40A/FORM OF DOCUMENTARY CREDIT: IRREVOCABLE
20/DOC. CREDIT NUMBER: BMK36945
31C/DATE OF ISSUE: 20230605
40E/APPLICABLE RULES: UCP LATEST VERSION
31D/DATE/PLACE EXP.: 20230810 CHINA
50/APPLICANT: SYSCO TRADING CO., LTD. NEW YORK, USA
59/BENEFICIARY: HAINAN HONGJI FOREIGN TRADE IMP. AND EXP. CORP.
　　　　　　　　NO. 36 JINKEN ROAD, HAIKOU, HAINAN, CHINA
32B/CURRENCY CODE, AMOUNT: CURRENCY USD85000.00
39B/MAXIMUM CREDIT AMOUNT: NOT EXCEEDING
41D/AVAILABLE WITH...BY...: ANY BANK IN CHINA, BY NEGOTIATION
42C/DRAFTS AT...: DRAFTS AT 90 DAYS AFTER SIGHT FOR 100PCT INVOICE VALUE
42D/DRAWEE: CITIBANK, HONG KONG BRANCH, CHINA
43P/PARTIAL SHIPMENTS: ALLOWED
43T/TRANSSHIPMENT: NOT ALLOWED
44E/PORT OF LOADING/PLACE: HAIKOU, CHINA
44F/PORT OF DISCHARGE/DESTINATION: NEW YORK, USA
44C/LATEST DATE OF SHIPMENT: 20230720

补充资料：发票号码为 QW5689；提单日期为 2023 年 6 月 28 日；受益人的账户银行为中国银行海南分行；汇票的签发人为文娟。

空白样单如下：

BILL OF EXCHANGE	
凭 Drawn Under	不可撤销信用证 Irrevocable L/C No.
日期 Date	支取 Payable With interest @ % 按 息 付款
号码 No. S0001860	汇票金额 Exchange for	上海 Shanghai
	见票 at ___ 日后（本汇票之副本未付）付交 sight of this FIRST of Exchange (Second of Exchange
Being unpaid) Pay to the order of	
金额 the sum of	
此致 To	
	(Authorized Signature)

项目六　进口付汇、报关、提货与索赔

【情景导入】

刘明在上海百利外贸有限公司业务部完成了实习后，熟悉了公司产品出口的相关业务，现在人力资源部通知他去进口部报到。陈经理给他安排了新任务：进口付汇、报关、提货与索赔。要完成以上任务，刘明必须尽快熟悉进口业务的准备工作、进口付汇、进口报关报检、提货以及遇险索赔等工作的流程和相关文件的缮制。因此，本项目的训练分解为下表中的六个任务。

任务	知识目标	应用目标
交易磋商	熟悉、掌握国际贸易进口合同条款内容、订立方法，交易磋商谈判的策略技巧，以及进口方面的政策、法规和惯例	可以用电子邮件方式进行进口磋商
签订进口合同	掌握不同合作模式下进口合同签订的流程；掌握进口成本预算表的缮制	在 CIF、L/C 合作模式下签订进口合同及缮制进口成本预算表
进口许可证申请	掌握进口许可证申请流程	可以办理进口许可证
进口付汇	了解进口付汇的主要方式及操作流程	可以缮制进口付汇相关单据，完成进口付汇流程
提货及进口报关报检	掌握提货及进口报关报检相关流程和国家规定	可以缮制换单提货及报关报检相关单证，完成提货、报关报检流程
遇险索赔	了解货物遇险索赔相关知识	可以完成向保险人提出境外运输保险索赔流程

任务一　交易磋商

【任务导入】

刘明作为进口商，向出口商发送询盘信。

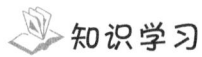知识学习

一、进口业务流程

在国际贸易中，买方（进口商）的主要义务就是受领货物并支付货款。但为了确

保合同的顺利履行以及按时收到合格的货物，买方还应做好各种接货前的准备工作，在注意卖方（出口商）履行合同义务情况的同时，做好双方之间的责任衔接工作。

进口业务流程示意图（以 CIF、L/C 为例）如图 6-1 所示。

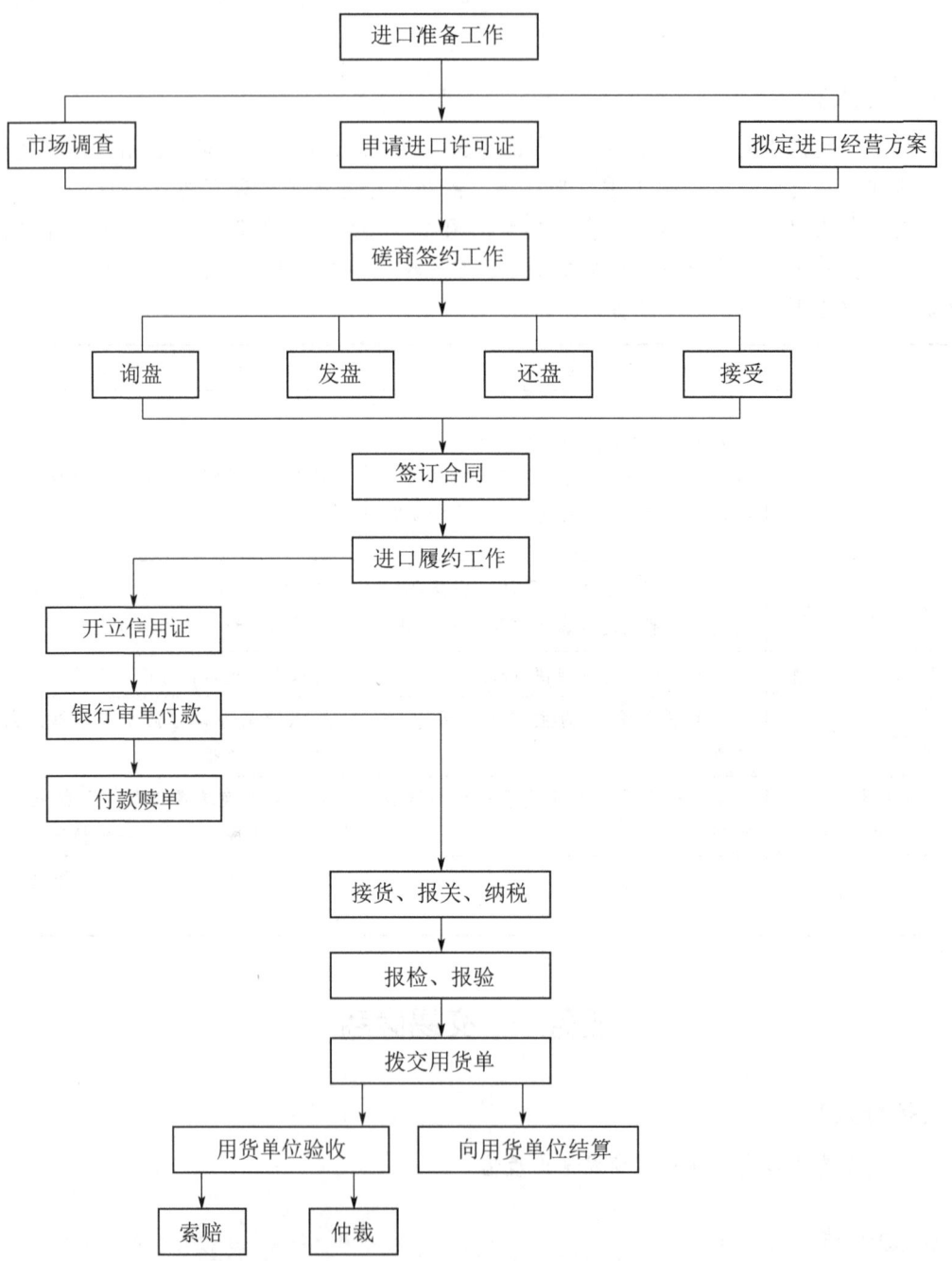

图 6-1　进口业务流程示意图（以 CIF、L/C 为例）

二、进口交易前调研准备

1. 对境内市场的调查研究

对境内市场的调查研究包括编制进口计划、境外市场和客户调研、安排订购市场、制定进口经营方案(内销、自用或代理进口)、商品价格变化趋势和供应商资信调查、建立客户关系。

2. 市场调研项目

(1) 销售情形调研:包括商品过去及现在的销售情形,以及在不同地区、季节的销售情形等。

(2) 销售费用分析:以计算销售成本。

(3) 销售路线分析:选择适当的销售路线能有效促进销售效果。

(4) 消费者调研:包括目前已有的消费群体与潜在的消费者。

(5) 价格政策调研。

(6) 广告及促销渠道调研。

(7) 其他市场调研:如经济政策变动、市场状况等。

(8) 进口成本核算及结合汇率变化的利润率计算。

3. 进口用汇

如需开立信用证,需提前与银行确认剩余开证额度,安排好开证所需的保证金。

4. 交易磋商

(1) 交易磋商的内容。

进口业务磋商的内容涉及拟签订买卖合同的各项条款,包括品名、品质、数量、包装、价格、装运、支付、保险以及商品检验、索赔、仲裁和不可抗力等。其中前7项为主要内容或主要交易条件。其他交易条件,特别是检验、索赔、不可抗力和仲裁,虽非成立合同不可缺少的内容,但是为了提高合同质量,防止和减少争议的发生,买卖双方在磋商时也应给予重视。

(2) 交易磋商的流程。

在实际进口业务中,交易磋商的程序一般有询盘(inquiry)、发盘(offer)、还盘(counter offer)、接受(acceptance)4个环节。其中,发盘和接受是达成交易、订立合同必不可少的两个具有法律性的环节。

任务实施

在国贸仿真平台"办理流程"页面点击"交易磋商",选择"进入磋商",写询盘邮件,向供应商询盘;也可以通过回复出口商询盘邮件进行询盘,如图6-2所示。

```
Edit again
Inquiry
Sender: gdpz02<gdpz02>
Date: 2023-10-16 14:16:14
Recipient: gdpz01<gdpz01>

Dear Mark,

We have received your e-mail dated Sept. 17, 2023. We're pleased to know you're also dealing in small carts and have interest in doing business with us. After we studied your catalogs, we find your small carts item No. CM-007 particularly interesting. Please quote us your best price for a 20' FCL on the basis of CIF Vancouver as the term of payment.

As there is an increasing demand for these products recently, we would require an early delivery if your price is attractive to us. So please also let us know if you have the goods in stock, otherwise how much time you'll need for production.
Please give us your replies asap. (We look forward to your early reply.)

Regards,
Jerry Ma
Sourcing Manager

Edit again
```

图 6-2　询盘邮件

任务二　签订进口合同

【任务导入】

进出口双方经过贸易磋商，对所有贸易条款达成一致，刘明以进口商身份签署销售合同。

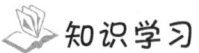知识学习

一、进口合同的含义

买卖双方经过交易磋商，对交易的条件或条款取得一致意见后，即可签订合同。根据《联合国国际货物销售合同公约》规定，受盘人接受发盘并在发盘有效期内将接受意愿送达受盘人，合同即告成立。但实际业务中，合同成立的时间以订约时合同上写明的日期或以收到对方确认书的日期为准，即在签订书面合同时买卖双方的合同关系确立。

二、书面进口合同的内容

约首（preamble）：合同的序言部分，包括合同名称、缔约双方的名称和地址（全称）、合同编号、签约日期等。

正文（body）：合同的主要部分，具体列明双方的各项交易条件或条款，如商品名称、质量、数量、价格、包装、交货时间与地点、支付方式等。

约尾（witness clause）：合同的尾部内容，包括合同人数、双方签字、合同适用法律与惯例等。

三、进口成本预算表

在进口贸易中，商品的价格是买卖双方磋商的焦点，有时也是成交的决定性因素。正确掌握进口商品价格构成，合理采用各种作价方法，选用有利的计价货币和贸易条件，准确核算成本、利润，具有十分重要的意义。当进口商收到出口商的报价后，需要先填写进口预算表，预估各项费用；如没有该项费用发生，可不填。

进口成本预算表填写中应注意以下内容。

1. 汇率

填写本币对美元（USD）的汇率。汇率可能会随时变动，因此实际签订合同时和预算时填入值可能有误差，应随时关注汇率表的变动。

计算示例：

例1：如果本币为 CNY，查得 CNY 对 USD 的汇率为 623.2000，则本栏直接填入 "623.2000"。

例2：如果本币为"AUD"，分别查得 CNY 对 AUD 的汇率为 586.8000、CNY 对 USD 的汇率为 623.2000，则：

本栏汇率 = 623.2000/586.8000 × 100 = 106.203136（结果保留6位小数）

2. 实际汇率

本栏无须填写。

3. 日期

填写当前日期。

4. 贸易术语

根据出口商报价选择成交价采用的贸易术语，由买卖双方商议决定。

5. 成交价

根据出口商的报价金额填写，要换算成本币。

计算示例：

进口国为日本，出口商所报成交价为 USD 380000，假设已计算得出汇率为 "USD 100 = JPY 10166.39"，则：

成交价 = 380000 × 10166.39/100 = 38632282（日元）

6. EXW 境外费用

按 EXW 术语成交时，本栏填写 EXW 境外费用；其他术语下本栏不填。

计算公式如下：

$$EXW 境外费用 = 成交价 \times EXW 境外费率$$

7. 包装数量

按 EXW/FOB/FCA/FAS 术语成交时，进口商承担运费，本栏需填写；否则不填。

计算公式如下：

包装数量 = 销售数量/每包装单位数量（计算结果有小数点时，必须进位取整）

计算示例：

例1：商品 CI-001 黄桃罐头，交易数量为 5000 CARTONS，在商品资料中查得销售单位和包装单位均为 CARTON（箱），"每包装单位 = 1 销售单位"，则包装数量为 5000 CARTONS。

例2：商品 AQ-003 时尚太阳镜，交易数量为 20000 SETS，销售单位为 SET（副），包装单位为 CARTON（箱），"每包装单位 = 180 销售单位"，则：

包装数量 = 20000/180 = 111.11（CARTONS），取整为 112 CARTONS

8. 总毛重

按 EXW/FOB/FCA/FAS 术语成交时，进口商承担运费，本栏需填写；否则不填。

对包装数量计算结果是整数的，计算公式如下：

$$总毛重 = 包装数量 \times 每包装单位毛重$$

对包装数量计算结果不是整数,通过进位取整的,计算公式如下:

$$总毛重 = 总净重 + 包装容器重量$$

其中:

$$总净重 = 每包装单位净重/每包装单位数量 \times 销售数量$$

$$包装容器重量 = 包装数量 \times (每包装单位毛重 - 每包装单位净重)$$

计算示例:

例1:商品 CI-001 黄桃罐头,交易数量为 5000 CARTONS,销售单位和包装单位均为 CARTON(箱),"每包装单位 = 1 销售单位",毛重为 8.98 千克/箱,净重为 8.16 千克/箱,则:

$$包装数量 = 5000(CARTONS)$$

$$总毛重 = 5000 \times 8.98 = 44900(千克)$$

例2:商品 AQ-003 时尚太阳镜,交易数量为 20000 SETS,销售单位为 SET(副),包装单位为 CARTON(箱),"每包装单位 = 180 销售单位",毛重为 7.00 千克/箱,净重为 5.00 千克/箱,则:

$$包装数量 = 20000/180 = 111.11(CARTONS),取整为 112 CARTONS$$

$$总净重 = 5/180 \times 20000 = 555.56(千克)$$

$$包装容器重量 = 112 \times (7-5) = 224(千克)$$

$$总毛重 = 555.56 + 224 = 779.56(千克)$$

9. 总体积(CBM)

按 EXW/FOB/FCA/FAS 术语成交时,进口商承担运费,本栏需填写;否则不填。

计算公式如下:

$$总体积 = 包装数量 \times 每包装单位体积$$

结果保留 4 位小数。

计算示例:

例1:商品 CI-001 黄桃罐头,交易数量为 5000 CARTONS,销售单位和包装单位均为 CARTON(箱),"每包装单位 = 1 销售单位",体积为 0.0096 CBMS/箱,则:

$$包装数量 = 5000(CARTONS)$$

$$总体积 = 5000 \times 0.0096 = 48(CBMS)$$

例2:商品 AQ-003 时尚太阳镜,交易数量为 20000 SETS,销售单位为 SET(副),包装单位为 CARTON(箱),"每包装单位 = 180 销售单位",体积为 0.0216 CBMS/箱,则:

$$包装数量 = 20000/180 = 111.11(CARTONS),取整为 112 CARTONS$$

$$总体积 = 112 \times 0.0216 = 2.4192(CBMS)(结果保留 4 位小数)$$

10. 海运费/空运费

本栏海运时填写海运费;空运时填写空运费。按 EXW/FOB/FCA/FAS 术语成交时,进口商承担运费,本栏需填写;否则不填。

11. 投保加成(%)

按 EXW/FOB/FCA/FAS/CFR/CPT 术语成交时,保险由进口商负责,本栏需填写；否则不填。

投保加成在实务中通常为加一成，即按110%投保，直接填入"110"即可。

12. 保险金额

按 EXW/FOB/FCA/FAS/CFR/CPT 术语成交时，保险由进口商负责，本栏需填写；否则不填。

计算公式如下：

当贸易术语为 CFR/CPT 时，计算公式如下：

$$保险金额 = 成交价 \times 投保加成 / (1 - 投保加成 \times 总保费率)$$

当贸易术语为 EXW/FOB/FCA/FAS 时，计算公式如下：

$$保险金额 = (成交价 + 海运费或空运费) \times 投保加成 / (1 - 投保加成 \times 总保费率)$$

先算出"总保费率（‰）"栏，再计算本栏。

计算示例：

例1：进口国为日本，成交价为 JPY 38632282，采用 CFR 术语，投保加成为110%，假设总保费率为 8.80‰，则：

$$保险金额 = 38632282 \times 110\% / (1 - 110\% \times 8.80‰)$$
$$= 38632282 \times 110\% / 0.99032$$
$$= 42910887.59（日元）（结果保留2位小数）$$

例2：进口国为日本，成交价为 JPY 25300000，采用 FOB 术语，海运费为 JPY 561050，投保加成为110%，假设总保费率为 8.00‰，则：

$$保险金额 = (25300000 + 561050) \times 110\% / (1 - 110\% \times 8.80‰)$$
$$= 25861050 \times 110\% / 0.99032$$
$$= 28725215.08（日元）（结果保留2位小数）$$

13. 总保费率（‰）

按 EXW/FOB/FCA/FAS/CFR/CPT 术语成交时，保险由进口商负责，本栏需填写；否则不填。

投保哪些险别由买方决定（为保险起见，建议投保一切险 + 战争险 + 罢工险，以免漏保发生意外无法索赔）。如果是海运，至少从6种海运主险中选择一种；如果是空运，至少从2种空运主险中选择一种；特殊附加险可以根据情况决定是否加保（战争险与罢工险两项险别，如同时加保，费率不累加，仍按只投其中一种险别的费率计算）。

计算示例：

海运方式，准备投保协会货物（A）险条款，并附加战争险与罢工险，查得协会货物（A）险条款费率为 8.00‰，战争险和罢工险费率均为 0.80‰，则：

总保费率 = 8.00‰ + 0.80‰ = 8.80‰（战争和罢工同时加保费率不累加）

14. 保险费

按 EXW/FOB/FCA/FAS/CFR/CPT 术语成交时，保险由进口商负责，本栏需填写；否则不填。

计算公式如下：

$$保险费 = 保险金额 \times 总保费率$$

计算示例：

进口国为日本，采用 CFR 术语，已经计算得出保险金额为 JPY 42910887.59，总保费率为 8.80‰，则：

$$保险费 = 42910887.59 \times 8.80‰ = 377615.81（日元）$$

15. 进口关税

进口关税指进口报关时海关征收的关税。DDP 术语下进口关税由出口商负责，本栏不填；其余术语下均应填写。如果是加工贸易进口料件业务或减免税货物，无须填写。

计算公式如下：

$$进口关税 = 完税价格 \times 进口关税率$$

当贸易术语为 CIF/CIP 或 DPU/DAP 时，计算公式如下：

$$完税价格 = 成交价$$

当贸易术语为 CFR/CPT 时，计算公式如下：

$$完税价格 = 成交价 + 保险费$$

当贸易术语为 EXW/FOB/FCA/FAS 时：

$$完税价格 = 成交价 + 海运费或空运费 + 保险费$$

计算示例：

进口手工香皂（AK-001），成交价为 JPY 38632282，采用 CFR 术语，保险费为 JPY 377615.81，查得商品的进口优惠关税率为 6.5%，则：

$$进口关税 = (38632282 + 377615.81) \times 6.5\% = 2535643.36（日元）$$

16. 进口增值税

进口增值税指进口报关时海关征收的增值税。按 DDP 术语成交时，进口增值税由出口商负责，本栏不填；其余术语下均应填写。如果是加工贸易进口料件业务或减免税货物，无须填写。

计算公式如下：

$$进口增值税 = (关税完税价格 + 进口关税税额 + 进口消费税税额) \times 进口增值税率$$

关税完税价格计算方法同上。

如果商品有进口消费税，需先计算进口消费税栏，再计算本栏。

计算示例：

进口手工香皂（AK-001），成交价为 JPY 38632282，采用 CFR 术语，保险费为 JPY 377615.81，已计算得出进口关税为 JPY 2535643.36，无进口消费税，查得进口增值税率为 13%，则：

$$\begin{aligned}进口增值税 &= (38632282 + 377615.81 + 2535643.36) \times 13\% \\ &= 41545541.17 \times 13\% \\ &= 5400920.35（日元）\end{aligned}$$

17. 进口消费税

进口消费税指进口报关时海关征收的消费税。按 DDP 术语成交时，进口消费税由出口商负责，本栏不填；按其余术语成交时，均应填写（成交商品消费税率不为 0 时）。如果是加工贸易进口料件业务或减免税货物，无须填写。

计算公式：

如果消费税为"从价"：

进口消费税 =（关税完税价格 + 进口关税税额）× 进口消费税率 /（1 − 进口消费税率）

关税完税价格计算方法同上。

如果消费税为"从量"：

$$进口消费税 = 商品法定数量 × 消费税单位税额$$

其中：

$$商品法定数量 = 合同中成交数量 × 比例因子$$

注意：查到的单位税额计价单位为 CNY，计算结果须折算成本币。

如果消费税既有"从价"又有"从量"：

$$进口消费税 = 从价消费税 + 从量消费税（折算成本币）$$

18. 进口税费合计

$$进口税费 = 进口关税 + 进口增值税 + 进口消费税$$

19. 汇款费用

如果结算方式中包含汇款（T/T、D/D 或 M/T），需填写本栏；否则不填。

采用电汇 T/T 结算时：

$$汇款费用 = 电汇手续费 + 汇款电报费$$

采用票汇 D/D 结算时：

$$汇款费用 = 票汇手续费 + 汇票工本费$$

采用信汇 M/T 结算时：

$$汇款费用 = 信汇手续费（普通）$$

计算示例（进口国为日本，成交价为 JPY 38632282）：

例1：采用100% T/T 预付货款方式。

查到电汇手续费为"汇款金额的1‰，最高 JPY 4098.36"，汇款电报费为"每笔 JPY 2459.02"，则：

电汇手续费 = 38632282 × 1‰ = 38632.28（日元），但 38632.28 > 4098.36，因此：

$$电汇手续费 = 4098.36 日元$$

$$汇款费用 = 4098.36 + 2459.02 = 6557.38（日元）$$

例2：采用30% T/T + 70% L/C 付款方式。

查到费用同上，则：

电汇手续费 = 38632282 × 30% × 1‰ = 11589.68（日元），但 11589.68 > 4098.36，因此：

$$电汇手续费 = 4098.36 日元$$

$$汇款费用 = 4098.36 + 2459.02 = 6557.38（日元）$$

例3：采用100% M/T 货到付款方式。

查到信汇手续费（普通）为"每笔 JPY 81.97"，则汇款费用为 81.97 日元。

20. 托收费用

如果结算方式中包含托收（D/P 或 D/A），需填写本栏；否则不填。

采用 D/P 结算时：

$$托收费用 = 进口代收手续费 + 付款手续费 + 付款电报费$$

采用 D/A 结算时：

$$托收费用 = 进口代收手续费 + 付款手续费 + 付款电报费 + 承兑电报费$$

计算示例（进口国为日本，成交价为 JPY 38632282）：

例1：采用 100% D/P 付款方式。

查到进口代收手续费为"货值的1‰，最低 JPY 1639.34，最高 JPY 32786.89"，付款手续费为"每笔 JPY 4918.03"，付款电报费为"每笔 JPY 3278.69"，则：

进口代收手续费 = 38632282 × 1‰ = 38632.28（日元）（>32786.89 日元），因此取最高费用 32786.89 日元

$$托收费用 = 32786.89 + 4918.03 + 3278.69 = 40983.61（日元）$$

例2：采用 30% T/T + 70% D/A 付款方式。

查到费用同上，另查得承兑电报费为 JPY 3278.69，则：

进口代收手续费 = 38632282 × 70% × 1‰ = 27042.60（日元）（>1639.34 日元，且 < 32786.89 日元）

$$托收费用 = 27042.60 + 4918.03 + 3278.69 + 3278.69 = 38518.01（日元）$$

21. 信用证费用

如果结算方式中包含信用证（L/C），需填写本栏；否则不填。

采用即期 L/C 或延期 L/C（360/720 天）结算时：

$$信用证费用 = 开证手续费 + 开证电报费 + 付款手续费 + 付款电报费$$

采用远期承兑 L/C（30/60/90/180 天）结算时：

$$信用证费用 = 开证手续费 + 开证电报费 + 付款手续费 +$$
$$付款电报费 + 承兑手续费 + 承兑电报费$$

计算示例（进口国为日本，成交价为 JPY 38632282）：

例1：采用 100% 即期 L/C 付款方式。

查到开证手续费为"开证金额的 1.5‰，最低 JPY 3278.69"，开证电报费为"每笔 JPY 3278.69"，付款手续费为"付款金额的 1.25‰，最低 JPY 1639.34"，付款电报费为"每笔 JPY 3278.69"，则：

开证手续费 = 38632282 × 1.5‰ = 57948.42（日元）（>3278.69 日元）

付款手续费 = 38632282 × 1.25‰ = 48290.35（日元）（>1639.34 日元）

信用证费用 = 57948.42 + 3278.69 + 48290.35 + 3278.69 = 112796.15（日元）

例2：采用 30% T/T + 70% L/C 远期 90 天付款方式。

查到费用同上，另查得承兑手续费为"到单金额的 1‰，最低 JPY 1639.34，最高 JPY 8196.72"，承兑电报费为"每笔 JPY 3278.69"，则：

开证手续费 = 38632282 × 70% × 1.5‰ = 40563.90（日元）（>3278.69 日元）

付款手续费 = 38632282 × 70% × 1.25‰ = 33803.25（日元）（>1639.34 日元）

承兑手续费 = 38632282 × 70% × 1‰ = 27042.60（日元），但 27042.60 > 8196.72，因此：

$$承兑手续费 = 8196.72 日元$$

信用证费用 = 40563.90 + 3278.69 + 33803.25 + 3278.69 + 8196.72 + 3278.69 = 92399.94（日元）

22. 其他费用

其他费用预算时可不填。本项主要包含一些业务过程中发生的实际融资费用（非必要操作，由进出口商根据资金状况申请），如进口押汇（手续费、利息）、信托收据（手续费、利息）等。

23. 银行费用合计

$$银行费用 = 汇款费用 + 托收费用 + 信用证费用 + 其他费用$$

24. 进口货代杂费

进口货代杂费为进口货代收取的费用。

计算公式：

$$进口货代杂费 = 成交价 \times 进口货代杂费率$$

计算示例：

进口国为日本，成交价为 JPY 38632282，查到日本的进口货代杂费为"每次收取货值的 0.25%，最低 JPY 8196.72"，则：

$$进口货代杂费 = 38632282 \times 0.25\% = 96580.71（日元）$$

25. 销货收入

填写市场销货价格。如果是加工贸易进口料件业务，无须填写。

计算公式：

$$销货收入 = 市场销货价格 \times 商品销售数量$$

计算示例：

进口国为日本，进口 10000 块（PC）手工香皂（AK – 001）。在商品查询中查到日本的商品 AK – 001 的销货价格为"JPY 171.85 / PC"，则：

$$销货收入 = 171.85 \times 10000 = 171850（日元）$$

26. 预期盈亏额

计算公式：

$$预期盈亏额 = 销货收入（S） - 总成本 - 成交价（X）$$

采用 EXW 术语时：

$$总成本 = B + F + I + D + E + G$$

采用 FOB/FCA/FAS 术语时：

$$总成本 = F + I + D + E + G$$

采用 CFR/CPT 术语时：

$$总成本 = I + D + E + G$$

采用 CIF/CIP 或 DPU 术语时：

$$总成本 = D + E + G$$

采用 DAP 术语时：

$$总成本 = D + E$$

采用 DDP 术语时：

$$总成本 = E$$

式中，X 为成交价，B 为境外费用，F 为运费，I 为保险费，D 为进口税费，E 为银行费用，G 为其他境内费用，S 为销货收入。

如果预期盈亏额不理想，应与出口商还盘，重新协商成交价。

注：如果是加工贸易进口料件业务，由于商品没有销货收入，因此本栏为负数，相当于进口原料的总费用。在对应的出口成品业务中，除了考虑正常成本，还应把本笔业务中的总费用加进去。

任务实施

1. 填写进口成本预算表

在国贸仿真平台"办理流程"页面点击"签订合同"，点击"预算表"并填写，如图6-3所示。

进口成本预算表

当日汇率：USD 100 = USD _____ （实际汇率：100.000000 ） 日期：2023-10-17

以下金额均以本币（USD）计算

费用明细		预算值	正确值	实际发生	评分
X 成交价	贸易术语	CIF	CIF	CIF	√
	成交价	96960.00	96960.00	96960.00	√
B 境外费用	EXW境外费用				
F 运费	包装数量				
	总毛重(KG)				
	总体积(CBM)				
	海运费/空运费				
I 保险费	投保加成(%)	110%			
	保险金额				
	总保费率(‰)				
	保险费				
D 进口税费	1 进口关税	0.00			
	2 进口增值税	12604.80	12604.80	12604.80	√
	3 进口消费税	0.00			
	合计(D=1+2+3)	12604.80	12604.80	12604.80	√
E 银行费用	1 汇款费用	0.00			
	2 托收费用	0.00			
	3 信用证费用	330.84	330.84	330.84	√
	4 其他费用	0.00			
	合计(E=1+2+3+4)	330.84	330.84	330.84	√
G 其他境内费用	1 进口货代杂费	242.40	242.40	275.36	√
	合计(G=1)	275.36	275.36	275.36	√
S 销货收入	销货收入	120000.00	120000.00	120000.00	√

图6-3 进口成本预算表

2. 确认进口合同

在国贸仿真平台"办理流程"页面点击"签订合同"，选择开证行确认合同，如图6-4所示。

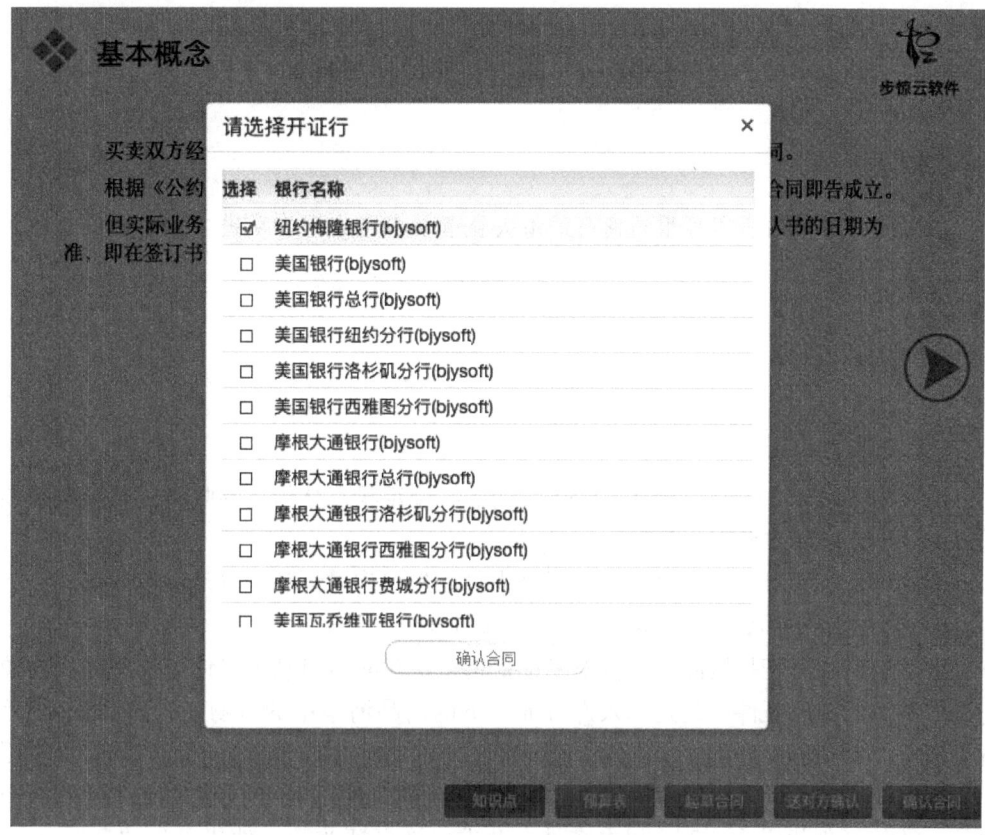

图 6-4 选择开证行确认合同

在上述确认的合同项下,进口产品小推车检验检疫类别为:3C,因此不需要办理进口许可证,直接跳转到下一步骤,如图 6-5 所示。

商品(1)				
商品编号	CM-007	货物类型	一般货物	
商品名称	小推车			
	Small Cart			
HS编码	9503001000 102	检验检疫类别	3C	
海关监管条件				

图 6-5 商品详情

如合同项下进口产品需要办理进口许可证,参照本项目任务三中的进口许可证申领步骤申领。

任务三　进口许可证申请

【任务导入】

合同签订后，刘明即可根据商品的海关监管要求，办理自动进口许可证或进境动植物检疫许可证。

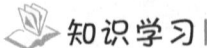知识学习

一、进口许可证

国家为了禁止、控制或统计某些进口商品，规定只有从指定的政府机关申办并领取进口许可证，商品才允许进口。

按许可证有无限制，进口许可证可分为自动进口许可证和非自动进口许可证。

1. 自动进口许可证（automatic import licence）

自动进口许可证是指商务部授权发证机构依法对实行自动进口许可管理的货物颁发的准予进口的许可证件。凡是列入许可证项下的商品清单中的货物，进口商只要申请，就可进口。自动进口许可证通常用于统计目的，有时也用于监督目的，为政府提供可能损害国内工业的大量重要产品的进口情况。自动进口许可证（自动进口许可机电产品除外）监管证件代码为"7"；机电产品自动进口许可证监管证件代码为"O"；加工贸易自动进口许可证监管证件代码为"v"，管理商品有原油、成品油。此证对进口国别或地区没有限制，凡列明属于自动进口许可证的商品，进口商只要填写此证，即可获准进口。

2. 非自动进口许可证（non-automatic import licence）

非自动进口许可证也称特种进口许可证。进口商必须向政府有关当局提出申请，经政府有关当局逐笔审查批准后才能进口。其实质是为实施进口数量限制或其他行政管理目的的一种方式，属于非关税壁垒的一种常见手段。《进口许可程序协议》鉴于这种措施的普遍性，并未明文规定予以禁止，但要求其实施应该以透明和可预见的方式进行。

在乌拉圭回合谈判中修订的《进口许可程序协议》第 3 条为非自动进口许可证规定详细的规则，其主要内容为：非自动进口许可证不应在它所应发挥作用的贸易限制措施之外再制造额外的贸易限制或有其他的扭曲贸易的作用。当要求许可证用于实施数量限制以外的目的时，各成员应向其他成员和贸易商公布足够的信息，以使他们（它们）了解有关情况。这些信息包括所实施配额的数量或价值总额，配额的终止日期及其他任何变化。在实施许可证限制时，对于符合其法律要求的个人、商号或机构，进口国不能实行歧视待遇，应给予他们（它们）申请和获取许可证的平等的资格。对于许可证申请未获批准者，还要给予他们（它们）依照程序请求救济的权利。

通常情况下，非自动进口许可证是与数量限制结合使用的，根据许可证和进口配额的关系，又可分为有定额的进口许可证和无定额的进口许可证。

（1）有定额的进口许可证：先规定有关商品的配额，然后在配额的限度内根据进口商申请发放许可证。

（2）无定额的进口许可证：主要根据临时的、政治的或经济的需要发放。

二、进境动植物检疫许可证

为了防止动物传染病、寄生虫病和植物危险性病虫杂草以及其他有害生物的传入，依据《中华人民共和国进出境动植物检疫法》，需对进境动植物及动植物产品进行检疫。

国家质检总局根据法律法规的有关规定以及国务院有关部门发布的禁止进境物名录，制定、调整并发布需要检疫审批的动植物及其产品名录，同时也负责签发进境动植物检疫许可证。只有办理了该许可证的相关产品才可进行入境检验。

1. 进境动植物检疫审批名单

（1）动物：

活动物：动物（指所有饲养、野生的活动物如畜、禽、兽、蛇、龟、虾、蟹、贝、鱼、蚕、蜂等）及其胚胎、精液、受精卵、种蛋及其他动物遗传物质。

动物源性食品，但不包括：水产品、蜂产品、蛋制品（不含鲜蛋）、奶制品（鲜奶除外）、熟制肉类产品（如香肠、火腿、肉类罐头、食用高温炼制动物油脂）。

非食用性动物产品：原毛（包括羽毛）、原皮、生的骨、角、蹄、明胶、蚕茧、动物源性饲料及饲料添加剂、鱼粉、肉粉、骨粉、肉骨粉、油脂、血粉、血液等，含有动物成分的有机肥料。

（2）植物检疫审批：

果蔬类：新鲜水果、番茄、茄子、辣椒果实。

烟草类：烟叶及烟草薄片。

粮谷类：小麦、玉米、稻谷、大麦、黑麦、高粱等。

豆类：大豆、绿豆、豌豆、赤豆、蚕豆、鹰嘴豆等。

薯类：马铃薯、木薯、甘薯等及其加工产品。

饲料类：麦麸、豆饼、豆粕等。

其他类：植物栽培介质。

2. 特许审批

动植物病原体（包括菌种、毒种等）害虫及其他有害生物。

动植物疫情流行的国家和地区的有关动植物、动植物产品和其他检疫物。

任务实施

1. 查询商品资料

在国贸仿真平台"办理流程"页面点击"进口许可"，点击页面下方"查看监管条件"，如图6-6所示，查看其中的监管信息部分。

图 6-6 进口许可

注意：当该商品监管信息中的"海关监管条件"栏包含"7""O"或"v"时，如图 6-7 所示，需要申请自动进口许可证。

当商品为动植物及其制品时，需要申请进境动植物检疫许可证。

监管信息						
HS 编码	0206220000 101	海关监管条件	47ABx	检验检疫类别	PROS
法定单位一	千克（KG）	比例因子一	1000		
法定单位二		比例因子二			

图 6-7 监管信息

如果不符合以上条件，直接跳过下面的步骤。此外，按 DDP 术语成交时，买方也无须办理进口许可证。

2. 填写进境动植物检疫许可证申请表

进入"单证中心"页面，添加并填写进境动植物检疫许可证申请表（只有当商品检验检疫类别包含"P"时才需填写）。

注意：单据填写过程中，可点击左侧"！"按钮进行检查，如果单据标题处出现绿色"√",说明填写通过。

3. 申请办理进口许可证

办理自动进口许可证:在"进口许可"页面下方点击"办理自动进口许可证",进入单一窗口实训系统。在"许可证件"菜单中选择"机电产品自动进口许可证"(监管条件含"O"时)或"非机电产品自动进口许可证"(监管条件含"7"或"v"时),新建相应单证并录入数据,然后点击右上角"申报"按钮,进行自动进口许可证申报。

办理进境动植物检疫许可证:在"单证中心"页面下方点击"办理进境动植物检疫许可证",选择提交进境动植物检疫许可证申请表、企业营业执照和海关进出口货物收发货人备案回执。

申请提交后,需等待发证机构进行处理,发证机构处理完成后签发证书(自动进口许可证需在录入界面点击"打印"生成证书)。

任务四　进口付汇

【任务导入】

刘明需要以信用证(L/C)方式支付货款。出口商准备好信用证上所要求的单据后,去银行交单。银行审核好所有文件并认定合格后,通知刘明赎单。刘明收到开证行的赎单通知,应及时进行赎单操作。

知识学习

一、进口付汇的定义及方式

进口付汇是指进口企业在开展进口业务时,按照合同约定,通过银行等金融机构向境外出口商支付货款等相关费用的行为,是国际贸易中资金结算的关键环节,直接关系到进口业务的顺利完成。进口付汇的核心是通过金融机构完成跨境资金结算;根据结算工具和流程的不同划分,主要有信用证、托收、汇付三种付汇方式。

二、信用证

1. 信用证付汇流程

(1) 以信用证为结算方式的进口付汇流程如图6-8所示。

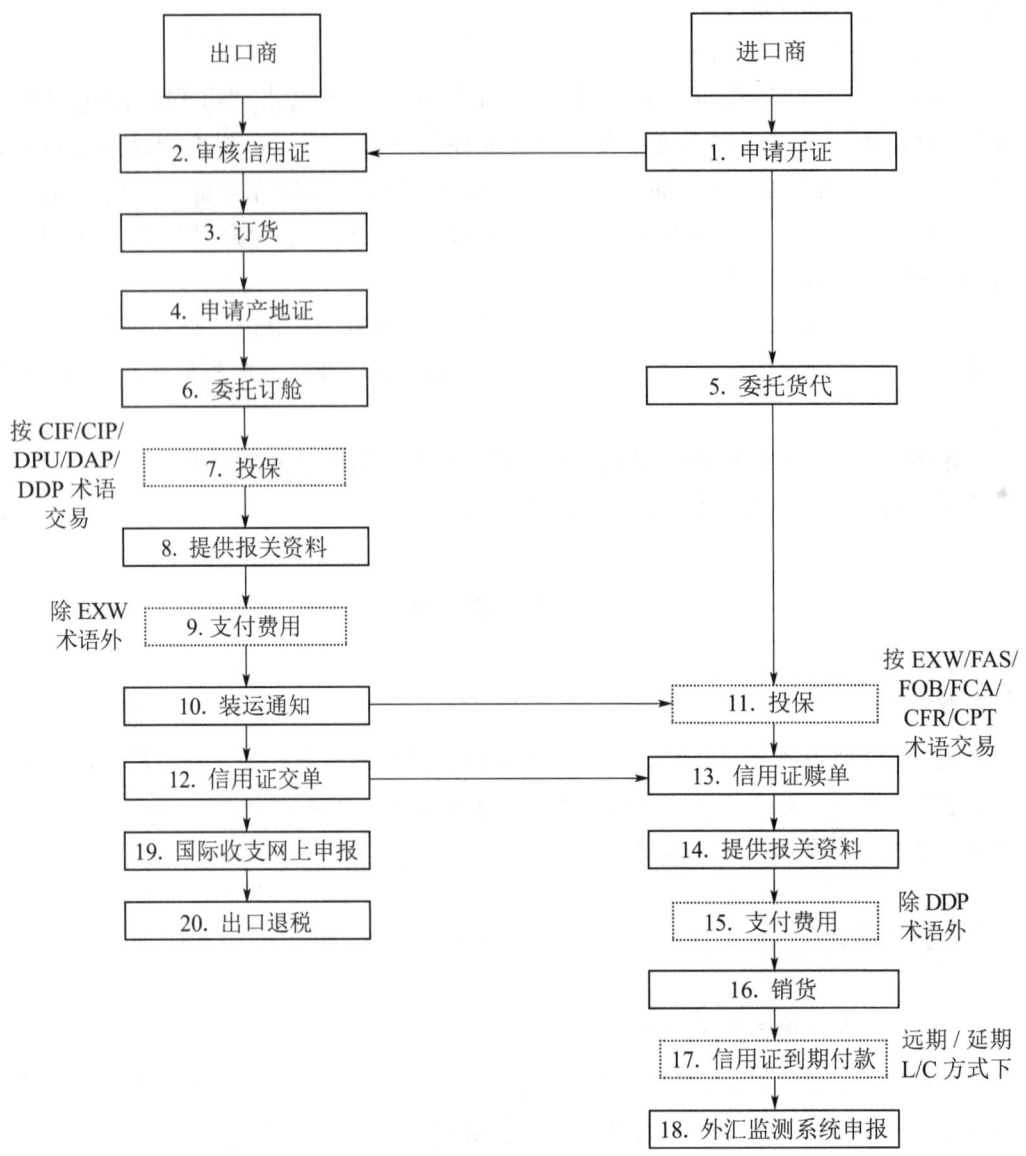

图6-8 以信用证为结算方式的付汇流程

（2）信用证业务流程：一笔信用证业务从申请开立信用证到最后收汇，根据信用证类型的不同，流程也有所差别，但主要可分为信用证开证和信用证付款两个环节，分别如图6-9、图6-10所示。

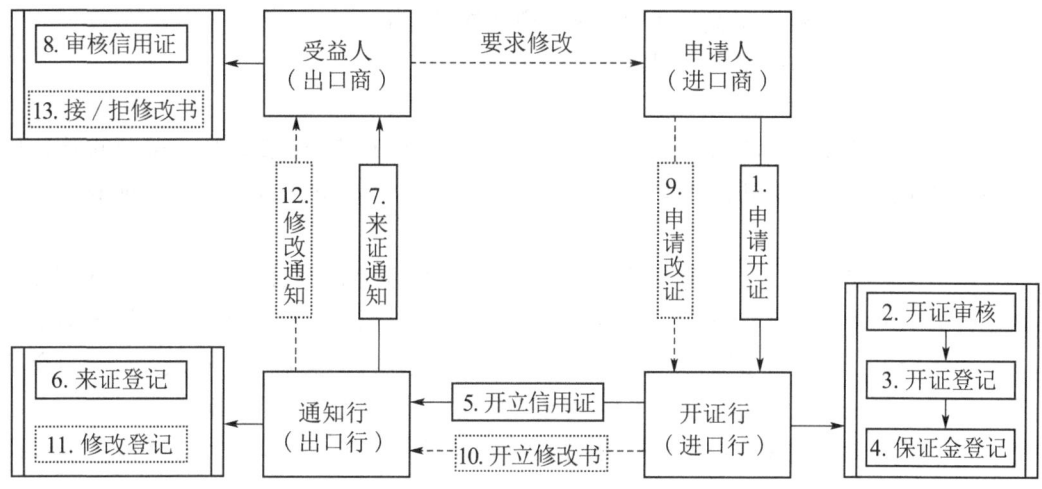

图 6-9 信用证的开证和修改

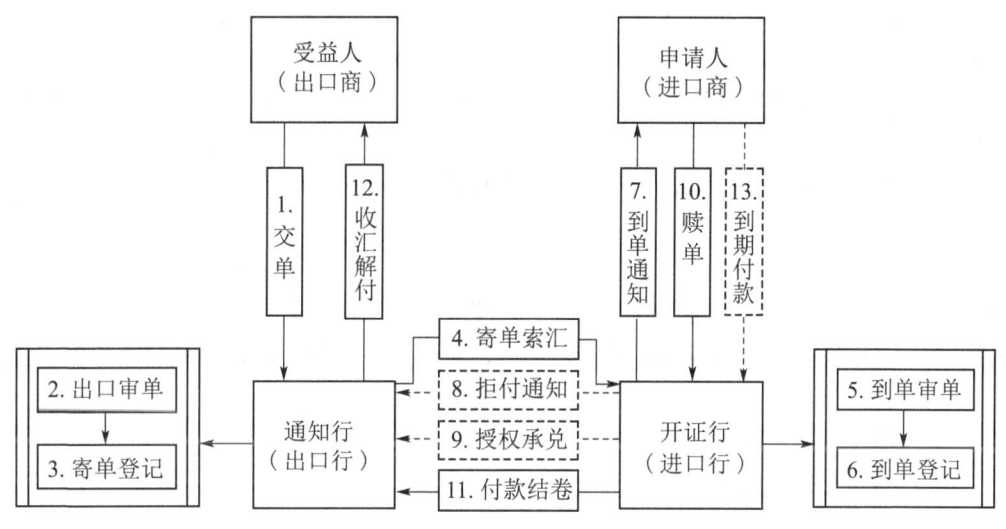

图 6-10 信用证付款

2. 信用证的开证

如果合同未规定具体信用证开立时间，一般在装运期前 15～20 天，由进口商根据合同，向银行申请开立信用证。开证，也叫进口开证，是银行（开证行）应进口商（申请人）的要求和指示向境外出口商（受益人）开出的，保证其在收到信用证规定的单据后向受益人付款或承兑远期付款责任的一项约定。它是一种有条件的银行支付承诺。

进口商申请开证流程如下：

（1）当进出口双方在货物买卖合同中确定采用信用证结算方式后，进口商就应按合同规定申请开立信用证；

（2）进口商填具开证申请书，以作为银行开立信用证的依据；

（3）向往来银行提出开证请求；

（4）银行调查审核同意开证后，进口商缴纳保证金；

（5）支付开证有关费用，银行开立信用证。

3. 信用证的修改

改证是对已开立的信用证进行修改的行为。UCP600 第 10 条规定，除可转让信用证另有规定外，"未经开证行、保兑行（如有的话）及受益人同意，信用证既不得修改，也不得撤销。"

出口方在审证时，如发现有不能接受的条款，应及时向开证申请人提出修改要求。改证由进口人通过开证行办理，修改通知如同开立信用证一样，须经通知行转递受益人，而不能由开证行直接通知或由进口人径自寄予受益人。受益人有权决定是否接受信用证修改。信用证修改的流程如图 6-9 虚线所示，主要包括以下步骤：

（1）出口商将需要修改的内容及时通知进口商，并取得进口商同意（或由进口商主动提出修改要求）；

（2）进口商填具信用证修改申请书，向开证行申请改证；

（3）开证行同意改证，在银行业务系统中录入相关信息，开立信用证修改书，并发到通知行；

（4）通知行进行修改登记与录入，开具信用证修改通知书，将信用证修改通知出口商；

（5）出口商审核修改书，决定是否接受修改。

4. 进口行收单付款

在出口商交单、出口行寄单索汇后，开证行收到出口行寄来的单据，应在最多 5 个银行工作日内审单完毕，确定单证相符后，即应按信用证规定进行承兑或付款，同时及时通知进口商赎单。如果信用证另有偿付行，开证行不办理偿付，而只接受单据。

（1）进口审单，包括审核议付通知书和审核单据；

（2）按照信用证要求进行承兑或偿付；

（3）通知开证申请人（进口商）赎单。

5. 进口商赎单

申请人收到开证行的对外付款/承兑通知书后，应在付款或承兑前对单据（实务中往往是由开证行提供的单据复印件）予以审核，构成"相符交单"后，应交回已盖章同意付款或承兑的通知书，从开证行赎回全套单据，凭运输单据提货。若提出的货物与单据不符，则对开证行无要求赔偿的权利。如果审单有问题，申请人应向开证行说明拒付理由，但不得以货物的质量问题要求银行予以赔偿。申请人拒付后，开证行自己承担损失，对已偿付的货款无追索的权利。

如果是远期信用证，承兑赎单后，进口商还应于到期日付款，以确守商业信誉。

三、托收

以托收为结算方式的进口付款流程如图 6-11 所示。代收行提示进口商付款或承兑，然后按照付款交单或者承兑交单方式将单据交给进口商。

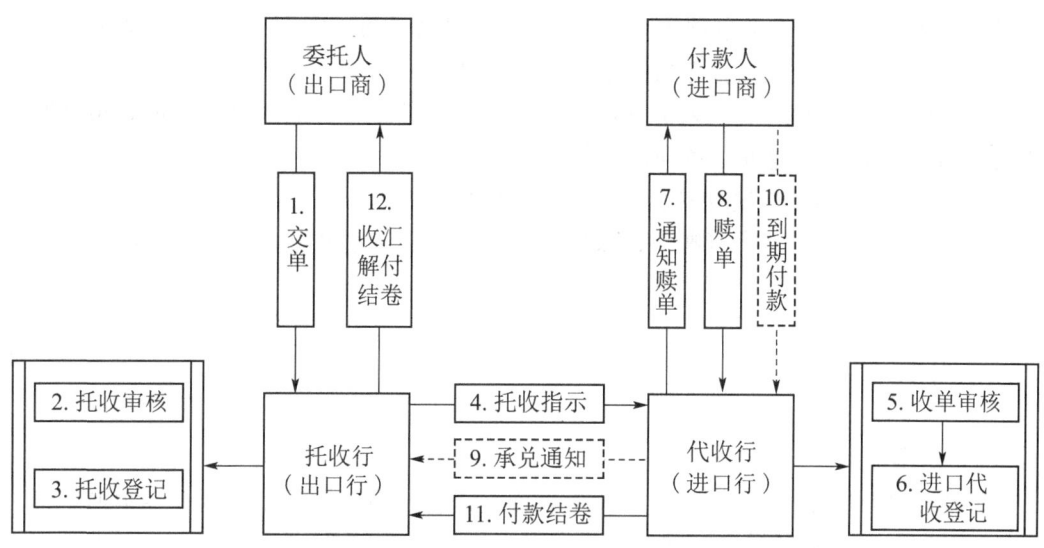

图 6-11 以托收为结算方式的付汇流程

四、汇付

以电汇（T/T）为结算方式的进口付汇流程（图 6-12）如下：

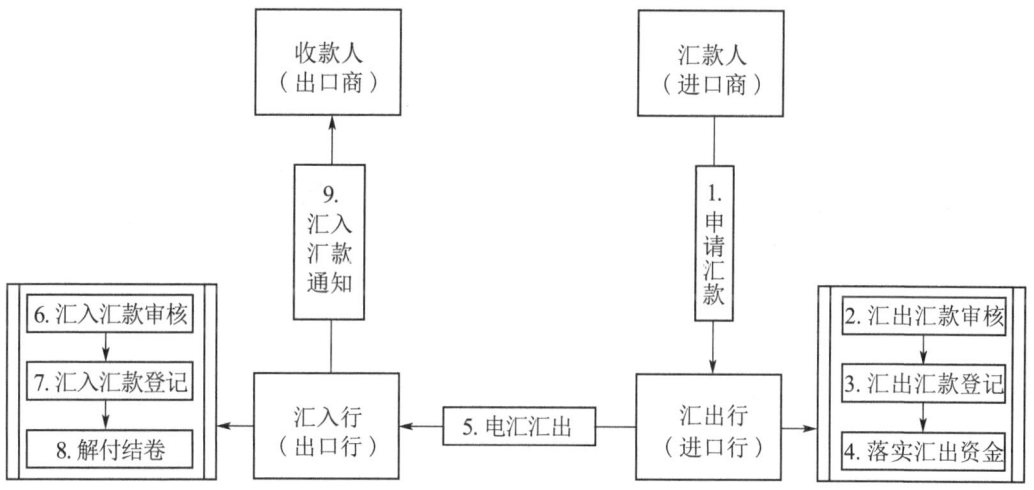

图 6-12 以电汇（T/T）为结算方式的付汇流程

（1）汇款人填写境外汇款申请书，连同汇款金额交给汇出行，申请书上选择使用电汇方式；

（2）汇出行收妥汇款资金后对汇款人提交的资料进行审核；

（3）汇出行对汇款的相关内容，如业务参考号、汇出日期、汇款币别及金额、汇入行、收款人等进行登记；

（4）汇款行遵循"先扣款，后汇出"的原则，落实在总行或境外账户行清算账户的资金头寸；

（5）汇出行以加押电报、电传或 SWIFT 等电信方式，向汇入行发出付款指示，内容包括汇款申请书所列的各项内容以及汇出行的业务编号、密押、偿付指示等；

（6）汇入行收到电信指令后，审核报文及相应头寸；

（7）汇入行登记相关汇入汇款业务信息，如业务编号、汇入日期、汇款币别和金额、汇出行、汇出行业务参考号、收款人等；

（8）汇入行缮制汇款通知书，通知收款人收款；

（9）汇入行借记汇出行账户，取出头寸，解付汇款给收款人。资金从汇款人（进口商）流向收款人（出口商），完成一笔电汇汇款。

任务实施

1. 信用证开证

在国贸仿真平台进入"业务详情"页面，添加并填写开证申请书。在页面下方点击"申请开证"，选择提交合同、形式发票（由出口商发送）、开证申请书，办理申请手续，如图 6-13 所示。

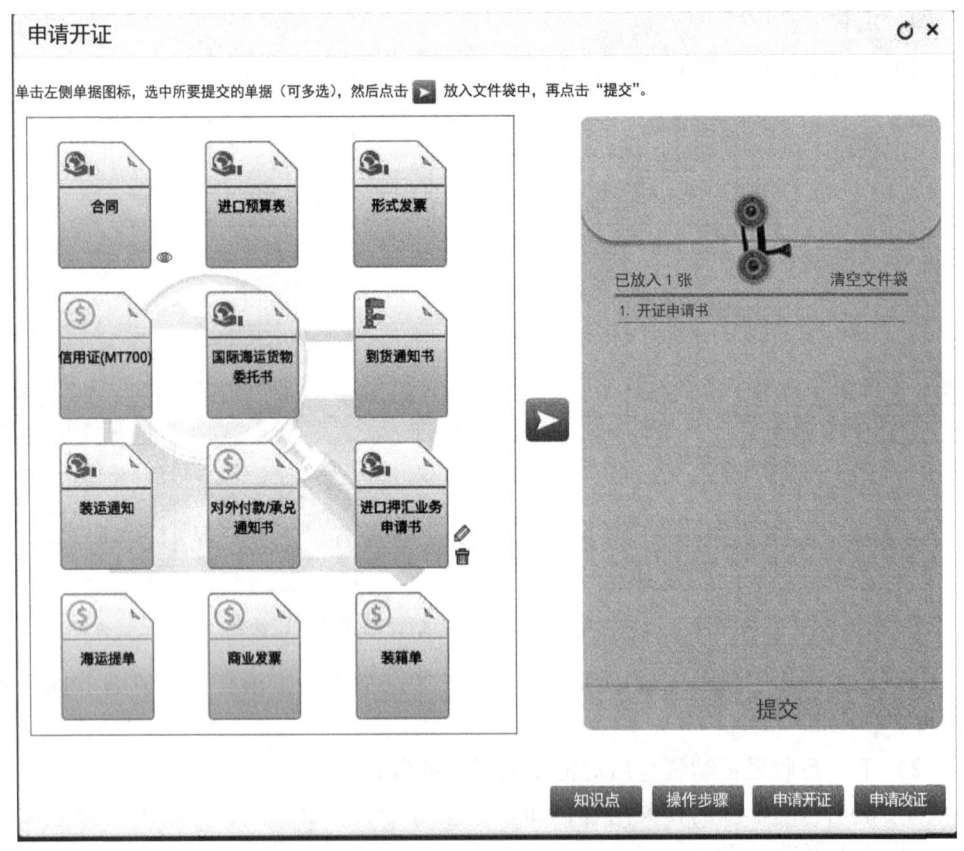

图 6-13 申请开证

申请提交后，需等待银行进行处理，处理完成后签发如下所示的信用证（MT700）。

------------------------------ MESSAGE HEADER ------------------------------
Sender   : IRVTU53N200
                   BANK OF NEW YORK MELLON
                   NO.1 WALL STREET, MANHATTAN, NEW YORK, U.S.A.
Message Type: 700 LETTER OF CREDIT
Receiver   : COMMCNSHACD
                   BANK OF COMMUNICATIONS

                   NO. 360 NORTH ZHONGSHAN ROAD, SHANGHAI, CHINA
------------------------------ MESSAGE TEXT ------------------------------
27: SEQUENCE OF TOTAL
     1/1
40A: FORM OF DOCUMENTARY CREDIT
     IRREVOCABLE
20: DOCUMENTARY CREDIT NUMBER
     002/0007050
31C: DATE OF ISSUE
     20231017
40E: APPLICABLE RULES
     UCP LATEST VERSION
31D: DATE AND PLACE OF EXPIRY
     20231225 SHANGHAI, CHINA
50: APPLICANT
     APPLE TRADING CO., LTD.
     NO.1 SQUARE, LOS ANGELES, CALIFORNIA, AMERICA
59: BENEFICIARY
     SHANGHAI BAILI TRADING CO., LTD.
     NO. 115 XUJIAHUI ROAD, SHANGHAI, CHINA
32B: CURRENCY CODE, AMOUNT
     USD 96960.00
41D: AVAILABLE WITH BY
     SHANGHAI BRANCH OF CHINA CONSTRUCTION BANK BY NEGOTIATON
43P: PARTIAL SHIPMENTS
     NOT ALLOWED
43T: TRANSSHIPMENT
     NOT ALLOWED
44E: PORT OF LOADING/AIRPORT OF DEPARTURE
     SHANGHAI, CHINA
44F: PORT OF DISCHARGE/AIRPORT OF DESTINATION
     NEW YORK, AMERICA
44C: LATEST DATE OF SHIPMENT
     20231123
45A: DESCRIPTION OF GOODS AND/OR SERVICES
     CM - 007

```
SMALL CART
SIZE: 550MM*230MM*720MM, WHEEL: PE FRAME, RUBBER TIRE
QUANTITY: 4000 UNITS
PRICE: USD 24.24
TRADE TERMS: CIF NEW YORK
```
46A: DOCUMENTS REQUIRED
SIGNED COMMERCIAL INVOICE IN 3 COPIES INDICATING L/C NO. AND CONTRACT NO. CT0009286.
FULL SET OF CLEAN ON BOARD BILLS OF LADING MADE OUT TO ORDER AND BLANK ENDORSED, MARKED "FREIGHT PREPAID" NOTIFYING APPLICANT WITH FULL NAME AND ADDRESS.
INSURANCE POLICY/CERTIFICATE IN 2 COPIES FOR 110% OF THE INVOICE VALUE SHOWING CLAIMS PAYABLE IN NEW YORK, AMERICA IN CURRENCY OF THE DRAFT, BLANK ENDORSED, COVERING ALL RISKS WITH WAR RISKS AND STRIKES RISH ADDED.
PACKING LIST/WEIGHT MEMO IN 3 COPIES INDICATING QUANTITY, GROSS AND WEIGHTS OF EACH PACKAGE.
CERTIFICATE OF QUANTITY/WEIGHT IN 2 COPIES ISSUED BY CIQ.
OTHER DOCUMENTS, IF ANY.
CERTIFICATE OF ORIGIN FORM A IN 2 COPIES ISSUED BY INSPECTION AGENCY.

47A: ADDITIONAL CONDITIONS
DOCUMENTS MUST BE PRESENTED WITHIN 15 DAYS AFTER DATE OF ISSUANCE OF THE TRANSPORT DOCUMENTS BUT WITHIN THE VALIDITY OF THIS CREDIT.

71B: CHARGES
ALL BANKING CHARGES OUTSIDE THE OPENING BANK ARE FOR BENEFICIARY'S ACCOUNT.

49: CONFIRMATION INSTRUCTIONS
WITHOUT

57D: ADVISE THROUGH BANK
BANK OF COMMUNICATIONS
NO. 360 NORTH ZHONGSHAN ROAD, SHANGHAI, CHINA

2. 信用证修改

信用证开出后，如果出口商提出修改意见，进口商可以申请改证（若信用证不需要修改可忽略此步骤），具体步骤如下：

进入单证中心，添加并填写信用证修改申请书；在该页面下方点击"申请改证"，选择"信用证（MT700）""信用证修改申请书"并按"提交"按钮，办理申请手续。

申请提交后，需等待银行进行处理，处理完成后出口商将收到信用证修改书。改证并非必需，由进口商自行决定是否接受出口商要求进行修改；如果一次修改不够，可以进行多次修改。

3. 赎单

进入"业务详情"页面，填写对外付款/承兑通知书下半部分（此单据由银行自动发送，如未收到请等待出口商交单），如图6-14所示。填好对外付款/承兑通知书后，将其放入文件袋并提交，如图6-15所示。

对外付款/承兑通知书

银行业务编号 PA0006975　　　　　　　　　　　　　　　　日期 20231018

结算方式	☒信用证 ☐保函 ☐托收 ☐其他	信用证/保函编号	002/0007050		
来单币种及金额	USD　96960.00	开证日期	20231017		
索汇币种及金额	USD　96960.00	期限		到期日	2023-10-25 00
来单行名称	Bank of Communications	来单行编号	COMMCNSHACD		
收款人名称	Baili Trading				
收款行名称及地址	Bank of Communications No.360 North Zhongshan Road, Shanghai, China				
付款人名称	苹果贸易有限公司				
☒对公 组织机构代码	100002387	☐对私	个人身份证号码		
			☐中国居民个人 ☐中国非居民个人		
扣费币种及金额	USD　153.30				
合同号	CT0009286	发票号	IV0006922		
提运单号	COBL0077711	合同金额	USD　96960.00		

单据	汇票	发票	海运提单	航空运单	货物收据	保险单	装箱单	重量单	产地证	检验证书	装船通知
		3	3				2		2	2	

银行附言

上述单据已到，现提示贵公司：
☒请于 2023 年 10 月 21 日之前来我行办理即期付款/承兑并到期付款/拒付。
☒如拒付，请于上述日期前提交拒付理由书详述拒付理由，我行将根据国际惯例和贵公司在开证申请人承诺书中的承诺审核处理。（适用于信用证结算方式）
☒如在上述日期之前，贵公司既不来我行办理即期付款/承兑并到期付款，也不提交拒付请求，我行将根据国际惯例和贵公司在开证申请人承诺书中的承诺办理即期付款/承兑并到期付款/拒付。（适用于信用证结算方式）
☒如拒付，请于上述日期前提交拒付理由书详述拒付理由，我行将根据国际惯例审核处理。（适用于非信用证结算方式）
☒如在上述日期之前，贵公司既不来我行办理即期付款/承兑并到期付款，也不提交拒付请求，我行将根据国际惯例办理即期付款/承兑并到期付款/拒付。（适用于非信用证结算方式）

申报号码	M9961000000000000006239	实际付款币种及金额	USD　96960.00
付款编号	M9900006239	如为购汇支出，则购汇汇率	731.0000
收款人常驻国家（地区）名称及代码	中国 142	是否为保税货物项下付款	☐是 ☐否
是否为预付货款	☐是 ☒否　外汇局批件/备案表号		
付款币种及金额	USD　97113.30	金额大写	玖万柒仟壹佰壹拾叁美元叁拾美分

其中	购汇金额	USD　97113.30	账号	200100000110010623
	现汇金额	USD　0.00	账号	200100000110010623
	其他金额	USD　0.00	账号	200100000110010623

交易编号	121010	相应币种及金额	USD　97113.30 / USD	交易附言	

☒同意付款
☐同意承兑并到期付款
☐申请拒付

付款人印鉴（银行预留印鉴）
苹果贸易有限公司

银行业务章

联系人及电话
Ouyang xin

申报日期 2023-12-01　　　　经办　　　复核　　　负责人

图6-14　对外付款/承兑通知书

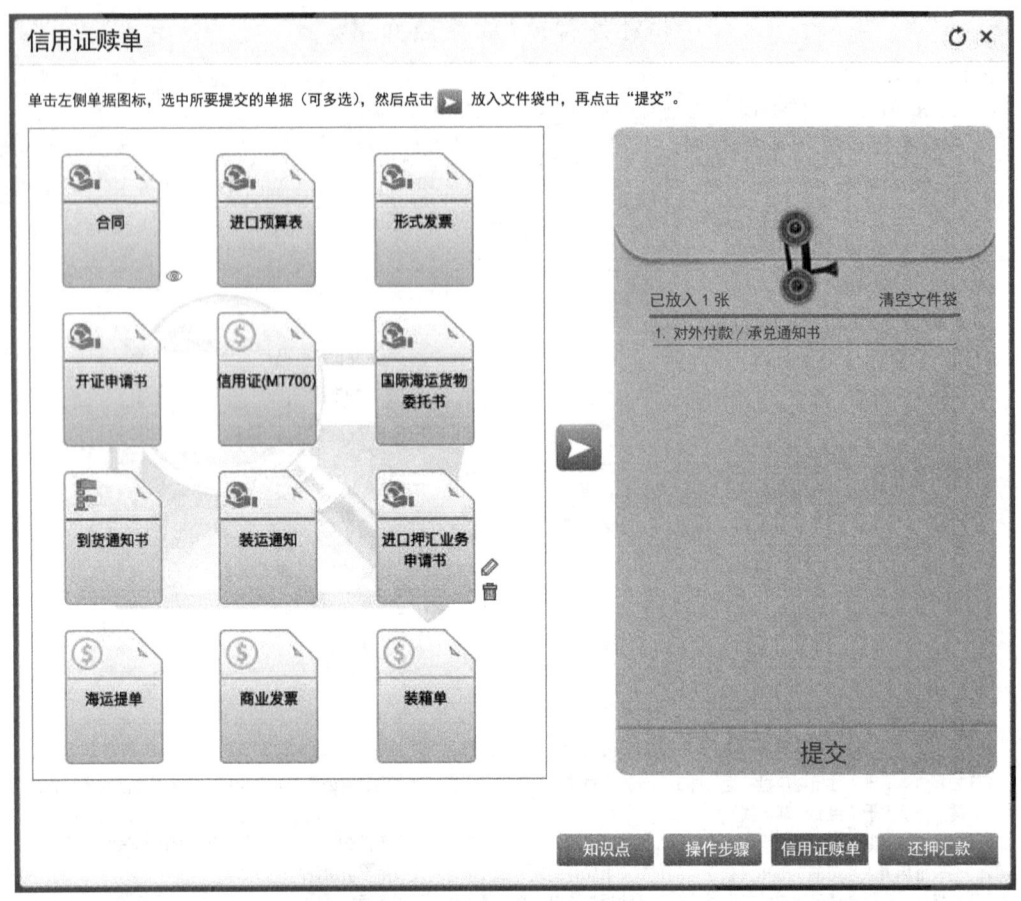

图 6-15 信用证赎单

如果公司资金紧张，无力支付信用证款项，可以在赎单的同时，填写进口押汇业务申请书（图 6-16）。填好进口押汇业务申请书后，将其放入"文件袋"，并提交，如图 6-17 所示。

在页面下方点击"信用证赎单"，选择提交对外付款/承兑通知书、形式发票（只有即期"at sight"信用证需要提交发票），办理申请手续。

申请提交后，进口商将收到商业发票等货运单据。

进口押汇业务申请书

编号：IN0000460　　（银行填写）

申请人：	Apple Trading Co., Ltd.			2023 年 12 月 1 日		
合同号	CT0009286		合同金额	USD	96960.00	
受益人/收款人	Shanghai Baili Trading Co., Ltd.					
押汇币种	USD		押汇金额	96960.00		
押汇期限	30	天	预计/实际付汇日	2023-12-31		
押汇利率						

　　　　公司因业务需要，现依据我公司与贵行签订的编号为_____的国际结算贸易融资业务总协议向贵行申请办理进口押汇业务。由于办理进口押汇业务而产生的权利义务，均按照前述协议和本申请书的约定办理。

　　一、本笔进口押汇业务为下列方式中第　　壹　　种：

　　（壹）非授信额度及最高债权额度内押汇。

　　（贰）授信额度内押汇，授信合同编号为_____。本申请书为上述授信合同项下具体业务合同，是上述授信合同的有效组成部分。

　　（叁）最高债权额度内押汇，最高债权合同编号为_____。本申请书为上述最高债权额合同项下具体业务申请书，是上述最高债权额合同的有效组成部分。

　　二、本笔进口押汇业务的担保

　　（一）保证金担保

　　本笔进口押汇项下"保证金"是指我公司存入贵行专门账户，由贵行占管，特定作为进口押汇项下债务还（付）款担保的货币资金。保证金的性质为动产质押。

　　我公司承诺于本笔进口押汇业务放款前两日内将保证金存入以下贵行指定的保证金账户：

开户银行	IRVTUS3N200
账号	200100000110010623
币种	USD
金额	96960.00

　　（二）其他担保

　　1. 由_____、_____、_____作为保证人，提供连带责任保证担保，并与甲方签订相应保证合同。

　　2. 由_____、_____、_____作为抵押人，以其所有或依法有权处分的财产提供抵押担保，并与甲方签订相应抵押合同。

　　3. 由_____、_____、_____作为出质人，以其所有或依法有权处分的动产或权利提供质押担保，并与甲方签订相应质押合同。

　　三、我公司保证按本申请书确定的利率支付利息。对我公司不能按时支付的利息，贵行有权按上述利率计收复利。

　　特此申请。

申请人（公章）：Ouyang Xin

法定代表人或授权代理人（签章）：欧阳欣

2023 年 12 月 1 日

图 6-16　进口押汇业务申请书

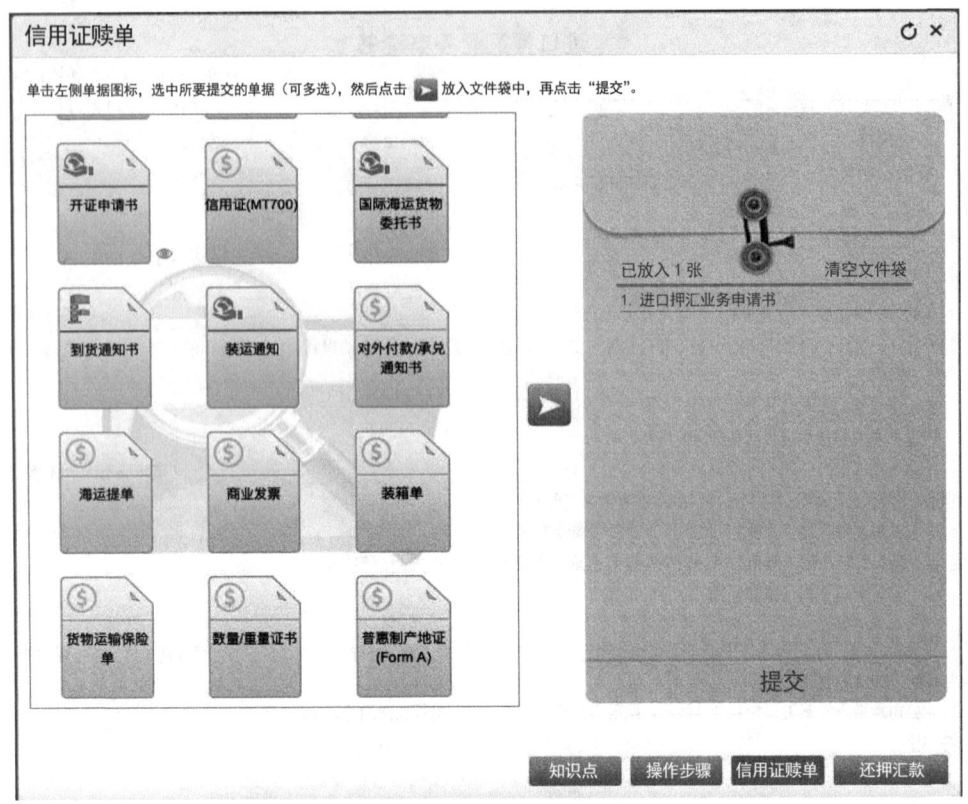

图6-17 申请进口押汇

任务五 提货及进口报关报检

【任务导入】

货物到港后,公司可以自行办理提货、报关报检,也可以委托货代办理。此次公司安排了委托货代办理。刘明应及时向进口货代领取提货单(海运时需先取得提草等货运单据),并且在取得提货单后,应及时办理进口报检报关,以便尽早提货。

知识学习

一、换单提货

货物抵达目的港后,船公司或其代理会向收货人发送到货通知书。收货人或其代理人支付过相关费用后,即可凭正本海运提单,到船公司或船代换取提货单,然后就可以凭提货单及其他货物报关资料向海关进行申报。空运时,则可直接领取提货通知单,无须换单。

二、进口报关报检

与出口报关同理,货物或运输工具进境时,其收货人(DDP 和 DDU 术语为发货人)或其代理人必须按规定将货物送进海关指定的集装箱堆场、集装箱货运站或码头仓库,向进境口岸海关请求申报,交验规定的证件和单据,接受海关人员对其所报货物和运输工具的查验,依法缴纳海关关税和其他由海关代征的税款,然后才能由海关批准货物和运输工具的放行。放行后,进口人方可办理提货等事宜。

三、安排提货

进口货物到港后,收货人既可以自行提货,也可以委托货代提货,两种方式的流程和适用场景不同,核心差异在于是否借助专业机构处理报关、查验等复杂环节。自行提货需要收货人全程主导报关、查验、缴费等环节,对专业性要求较高。委托货代提货时,货代作为中间人处理所有环节,收货人只需提供资料并配合,流程更省心。

四、支付进口运杂费

自行提货:需由收货人(进口方)直接向船公司、港口、海关等机构支付各项杂费,或通过银行转账结算。

委托货代提货:通常由货代先行代付港口杂费、报关费等,再凭票据向收货人(进口方)收取。货代将费用明细账单交给收货人后,收货人应及时支付相关费用给货代,以便尽早获得运输单据。

任务实施

1. 换单提货

(1) 若委托货代办理换单提货,则在国贸仿真平台"办理流程"页面点击"换提货单"(图 6-18),选择提交以下单据:

海运方式下:海运提单;

空运方式下:无须提交单据。

货代公司收到单据后,将提货单的提货联(海运)或提货通知单(空运)给进口商,可在"单据中心"页面查收,如图 6-19 所示。

(2) 如果进口商自行换单提货,具体操作参考下述报关报检(2)中步骤②。

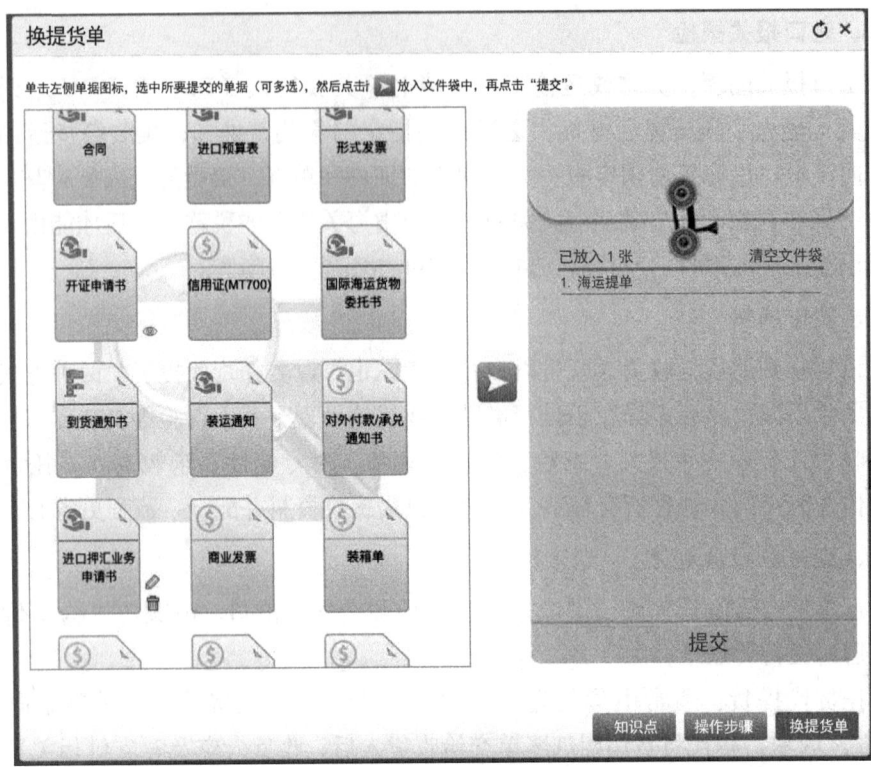

图 6-18 换提货单

图 6-19 提货单

2. 报关报检

报关分为自主报关和代理报关两种操作。

(1) 若选择代理报关方式,则需要提供报检报关资料给货代。

①填写代理报关委托书。进入"业务详情"页面,添加并填写如下所示的代理报关委托书(按 DDP 术语成交时无须填写)。

代理报关委托书

编号:1220130010052

我单位现 A(A. 逐票;B. 长期)委托贵公司代理 ABCD 等通关事宜。[A. 填单申报;B. 申请、联系和配合实施检验检疫;C. 辅助查验;D. 代缴税款;E. 设立手册(账册);F. 核销手册(账册);G. 领取海关相关单证;H. 其他]。详见委托报关协议。

我单位保证遵守《中华人民共和国海关法》和国家有关法规,保证所提供的情况真实、完整、单货相符;否则,愿承担相关法律责任。

本委托书有效期自签字之日起至 2023 年 11 月 22 日止。

委托方(盖章):苹果贸易有限公司

法定代表人或其授权签署代理报关委托书的人(签字) 欧阳欣

2023 年 11 月 18 日

委托报关协议

为明确委托报关具体事项和各自责任,双方平等协商签订协议如下:

委托方	苹果贸易有限公司	被委托方		
主要货物名称	小推车	*报关单编码	No.	
HS 编码	9503001000102	收到单证日期	年 月 日	
进出口日期	2023 年 11 月 20 日	收到单证情况	合同 □	发票 □
提(运)单号	COBL0077711		装箱清单 □	提(运)单 □
贸易方式	一般贸易		加工贸易手册 □	许可证件 □
数(重)量	1000		其他	
包装情况	箱	报关收费	人民币: 元	
原产地/货源地	中国	承诺说明:		
其他要求:				
背面所列通用条款是本协议不可分割的一部分,对本协议的签署构成了对背面通用条款的同意。		背面所列通用条款是本协议不可分割的一部分,对本协议的签署构成了对背面通用条款的同意。		
委托方签章:苹果贸易有限公司 经办人签字:欧阳欣 联系电话:001-212-4336899 2023 年 11 月 18 日		被委托方签章: 报关人员签名: 联系电话: 年 月 日		

中国报关协会监制

②办理进口报检报关资料。

在"进口报检报关"页面下方点击"进口报检报关"(图 6-20),选择提交以下单据:

a. 基本单据:合同、商业发票、装箱单、代理报关委托书(按 DDP 术语成交则无须提交)、海运提单或航空运单、进境动植物检疫许可证(列入进境动植物检疫审批名录的商品需提交,具体见"进口许可"步骤)。

b. 其他证书(特殊商品才需要提交,单据列表中有则提交,无则不交):品质证书等多种检验证书、一般原产地证等多种产地证、CCC 认证证书。

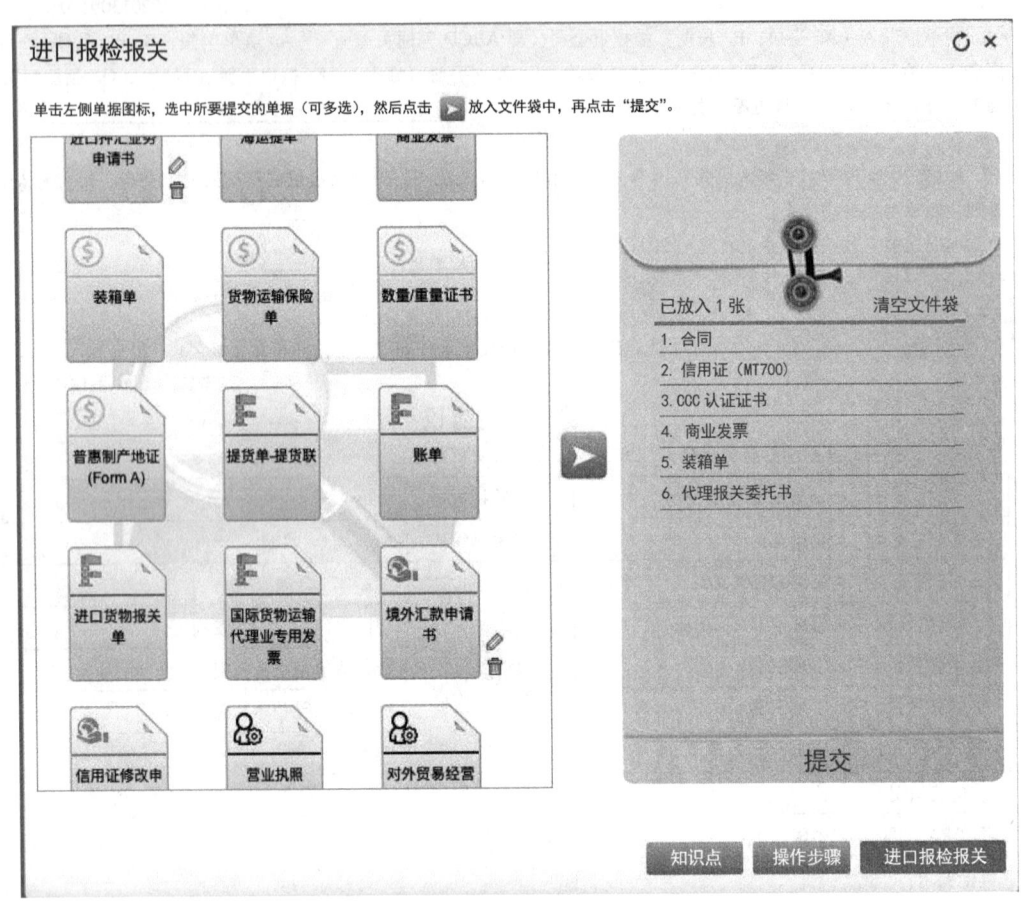

图 6-20 进口报关报检

申请提交后,需等待货代公司进行报关,并等待海关进行处理,处理完成后可通关放行。进口商可在录入界面中点击"打印",生成进口货物报关单(图6-21,在"单证中心"页面查看),完成后货物可通关提货。

进口货物报关单

预录入编号: 999920231080007641			海关编号: 999920231080007641			
境内收货人 苹果贸易有限公司 91320114110010623W	进境关别 纽约海关(3166)	进口日期 20231216	申报日期		备案号	
境外发货人	运输方式 水路运输(2)	运输工具名称及航次号 JJ SUN/691E	提运单号 COBL0077711		货物存放地点	
消费使用单位 苹果贸易有限公司 91320114110010623W	监管方式 一般贸易(0110)	征免性质 一般征税(101)	许可证号		启运港 上海(0142)	
合同协议号 CT0009286	贸易国(地区) 中国(142)	启运国(地区) 中国(142)	经停港 上海(0142)		入境口岸 其他	
包装种类 纸箱	件数 1000	毛重(千克) 17000	净重(千克) 14500	成交方式 CIF	运费 /	保费 /	杂费 /
随附单证及编号 合同;发票;箱单						
标记唛码及备注 标记唛码: N/M 备注: 集装箱标箱数及号码: 1; BJYU0010495/FT/0						

项号	海关编码	商品名称、规格型号	数量及单位	单价/总价/币制	原产国(地区)	最终目的国(地区)	境内货源地	征免
1	9503001000102	小推车 尺寸: 550毫米*230毫米*720毫米, 轮子: 塑料支架橡胶轮胎	4000.00 辆 14500.00 千克	24.24 96960.00 美元(502)	中国(142)	美国(502)		照章征税

特殊关系确认: Shanghai Baili Trading Co., Ltd.	价格影响确认: 否	支付特许权使用费确认: 否		自报自缴: 是
报关人员 gdpz02 报关人员证号 0941868695261664 电话 001-212-4336899 申报单位 苹果贸易有限公司		兹声明对以上内容承担如实申报、依法纳税之法律责任 申报单位(签章)		海关批注及签章

图6-21 进口货物报关单

③支付进口运杂费。进口商收到货代发送的账单后,应及时支付费用,取得相关单据。步骤如下:

a. 查收账单:进入"业务详情"页面,查看是否收到账单(此单据由进口货代完成提货后发送,如果未收到请等待货代公司处理,系统需要15~20分钟处理)。货代公司账单如图6-22所示。

b. 支付进口运杂费。在"办理流程"页面下方点击"支付进口运杂费",选择提交账单,确定支付费用。

支付费用后,进口商将收到国际货物运输代理业专用发票等单据,如图6-23所示。

国际进出口货运代理公司
International Logistics Co., Ltd.

TO: 欧阳欣　　　　　　　　　　　FAX NO.: 001-212-4336899
FM: 詹妮芙　　　　　　　　　　　DATE: 2023-10-18

账 单

委托单位: 苹果贸易有限公司1　　　　运编号: FW0024657
发票抬头: 苹果贸易有限公司1　　　　品名: 小推车
主单号: COBL0077711　　分单号:　　船名航次/航班号: JJ SUN 691E
始发港: Shanghai　　　目的港: New York　　总体积(CBMS): 360.0000
件数: 1000　　　　　毛重(KGS): 17000.00　　计费重量(KGS):

项目	单价	金同
进口增值税	USD 12604.80	USD 12604.80
进口货代杂费	USD 275.36	USD 275.36

合计: USD 12880.16

请收到账单两个工作日内签字确认回传至我司，否则视为贵司默认，谢谢合作！

确认人: _____

地址: 纽约时代广场7号45楼　　　　邮政编码: NY 10036
电话: 212-23-75743　　　　　　　　传真: 212-23-75744

图 6-22　货代公司账单

国际货物运输代理业专用发票
INTERNATIONAL FREIGHT FORWARDING SPECIAL INVOICE

发票代码 000000021984
发票号码 00021984

购付汇联　　FOREIGN EXCHANGE

开户银行名称: 交通银行
帐　号: BANK ACCOUNT　205300000000001052

付款单位 PAYER: 上海百利贸易有限公司
开票日期 DATE ISSUED: 2023-10-18
船名/航次/航班/车次 VESSEL/VOY/FRT/TRAIN NO.: JJ SUN
提(运)单号 B/L NO.: COBL0077711
开航日期 DATE SAILED: 2023-10-18
起运港 LOAD PORT: Shanghai, China
卸货港 DIS. PORT:
目的港 DESTINATION: New York, America

收费内容(货物名称,数量,单价) PARTICULARS (DESCRIPTIONS, QUANTITY, UNIT PRICE)	金额 AMOUNT	备注 REMARKS
货运代理费	CNY 140253.93	

金额合计(大写) TOTAL IN CAPITAL: 壹拾肆万零贰佰伍拾叁元玖角叁分
合计 LUMP SUM: CNY 140253.93

企业签章 BUSINESS SEAL:
工商登记号 BUSINESS REGISTER NO.: 31010020000239
税务登记号 TAX RECISTER NO.: 91320114220000004W
复核 CHECKED BY: 章超
制单 ISSUED BY: 马丽丽
(手开无效) HAND WRITING NULL AND VOID

第四联　购付汇联

图 6-23　国际货物运输代理业专用发票

（2）若刘明自主申报方式，在平台中的操作步骤如下：

①进入"办理流程"页面，在流程图上点击"进口报检报关"按钮，在弹出页面上再点击"进口报检报关"，进入单一窗口实训系统：

如果商品资料中的货物类型为"加工原料"，需要先进行加工贸易手册申报（一般货物无须进行此操作）；

如果商品资料中的货物类型为"减免税货物"，需要先进行减免税申请（一般货物无须进行此操作）。

②选择"货物申报"菜单，进入"进口报关单整合申报"页面，录入数据，并在"随附单据"菜单中选择提交以下基本单据：合同、商业发票、装箱单、海运提单（海运）、提货单——提货联（海运）、航空运单（空运）、提货通知单（空运）。

③需要进口报检时（当商品资料中"海关监管条件"栏含"A"时），需提交以下材料：进境动植物检疫许可证（列入进境动植物检疫审批名录中的商品需提交，具体见"进口许可"步骤）、品质证书等检验证书、一般原产地证等产地证、CCC 认证证书、进出口电池产品备案书（只有特殊商品才需要，单据列表中有则提交，无则不交）。

在单一窗口实训系统页面点击右上角"申报"按钮，进行进口申报。申请提交后，需等待海关进行处理，海关处理完成后，货物可通关放行。进口商可在录入界面中点击"打印"，生成进口报关单（在"单证中心"页面查看）。

④安排提货。完成进口报检报关并收到到货通知书后，就可以安排提货。步骤如下：

在单一窗口实训系统页面下方点击"安排提货"，选择提交以下单据：

海运方式下：提货单——提货联。

空运方式下：航空运单、提货通知单。

任务六　遇险索赔

【任务导入】

在进口业务中，货船运输途中遇到海上极端天气，部分货物被水浸导致受损。刘明应向保险公司办理索赔。

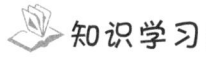知识学习

一、遇险索赔的定义

遇险索赔指保险事故发生后，被保险人向保险人提出境外运输保险索赔请求，保险人予以受理并决定是否赔偿或如何赔偿的过程。货物如果在运输途中发生意外，应及时

向保险公司办理索赔。

二、确定由谁索赔

采用 DAP、DDP 贸易术语时，由出口商索赔；采用其他贸易术语时，由进口商索赔。

任务实施

1. 填写索赔申请书

进入国贸仿真平台"贸易公司"菜单栏的"业务详情"页面，添加并填写索赔申请书，如图 6-24 所示。填好索赔申请书后，将其放入"文件袋"并提交，如图 6-25 所示。

索赔申请书

保单号码：_____

受文者：国际保险公司_____

主旨：向贵公司投保之进/出口货物发生损失，敬请惠予理赔。

说明：
一、本公司自_____，进/出口_____货物，装载于_____，因货物发生损失，请依保险契约惠予理赔。

二、前项损失共计损失 [▼] _____

三、随函检附有关之索赔文件如（左打"O"者）

（O）保单正本　　　　　　　ORIGINAL POLICY　　　份
（O）提单正反面　　　　　　BILL OF LADING　　　　份
（O）商业发票　　　　　　　COMMERCIAL INVOICE　　份
（O）装箱单　　　　　　　　PACKING LIST　　　　　份
（O）予运送人之损失通知函及其回函
　　COPRESPONDENCES EXCHANGED WITH CARRIERS REGARDING THEIR LIABLITY　　份
（O）其他证明文件（索赔清单/估价单）OTHER CERTIFICATES　　份

（请加盖贵公司大小章）

申请人：_____
地　址：_____
　　　　_____年__月__日

图 6-24　索赔申请书

项目六 进口付汇、报关、提货与索赔

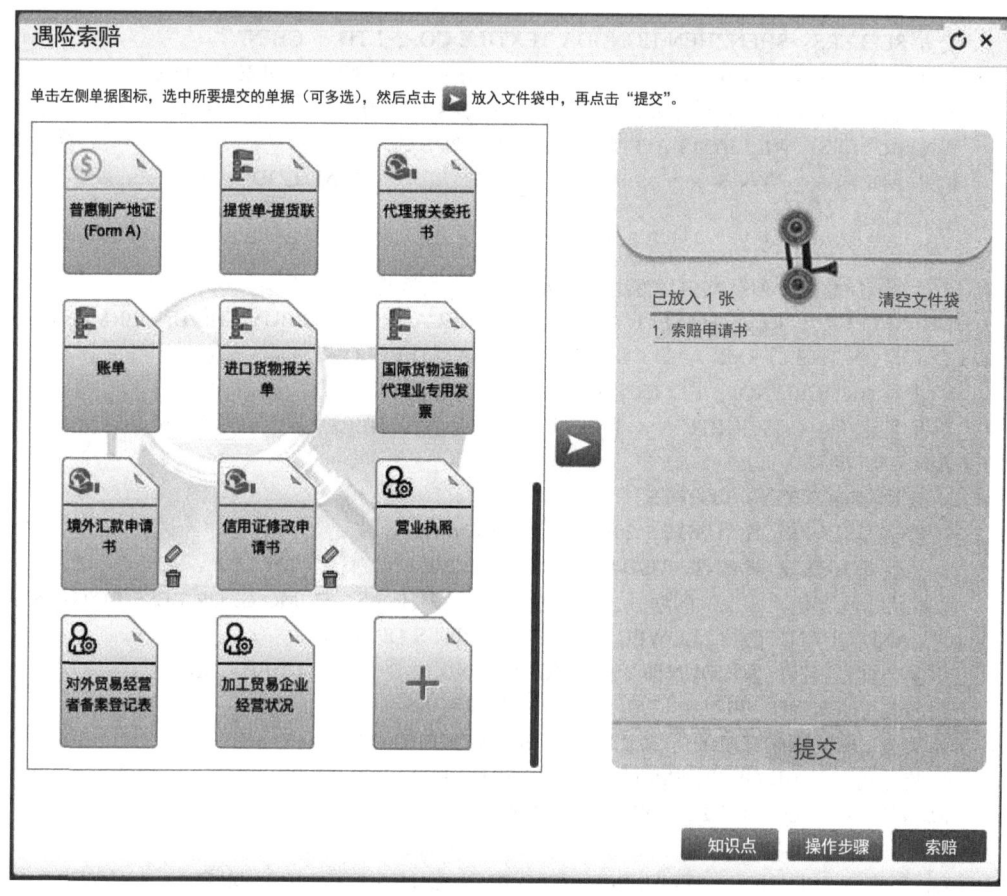

图 6-25 遇险索赔

2. 申请索赔

在"办理流程"页面，点击"遇险索赔"后在下方点击"索赔"，选择提交索赔申请书、出险通知书、商业发票、装箱单、海运提单或航空运单、货物运输保险单或保险证明，办理申请手续。

申请提交后，需等待保险公司进行处理，处理完成后索赔人将收到赔款。

实训 模拟进口贸易磋商、付汇、报关及提货

根据本项目所学知识，仔细阅读下面的销售合同，并完成六项实训任务。

SHENZHEN HONGDA TEXTILE CO., LTD.
SALES CONTRACT

编号 CONTRACT NO: DHC-B-2022102808
日期 DATE: 2022.10.28
签约地点 SIGNED AT: SHENZHEN, CHINA

卖方 SELLERS：SHENZHEN HONGDA TEXTILE CO., LTD., CHINA
地址 ADDRESS：×××××××　　　邮政编码 POSTAL CODE：510000
电话 TEL：020 - ×××××××　　　传真 FAX：020 - ×××××××
买方 BUYERS：WILLIAMS APPAREL GROUP, U.S.A.
地址 ADDRESS：×××××××　　　邮政编码 POSTAL CODE：×××××
电话 TEL：×××××××××　　　传真 FAX：×××××××××

买卖双方同意按下列条款由卖方出售，买方购进下列货物。
THE SELLER AGREES TO SELL AND THE BUYER AGREES TO BUY THE UNDERMENTIONED GOODS ON THE TERMS AND CONDITIONS STATED BELOW.

1. 货号 ARTICLE NO.：HD 7205 NO.1 - 50
2. 品名及规格 DESCRIPTION & SPECIFICATION：TEXTILES（60% COTTON 40% POLYESTER ADULT T-SHIRT）
3. 数量 QUANTITY：3000PCS
4. 价格 UNIT PRICE：USD 3.20/PC FOB SHENZHEN
5. 总值 TOTAL AMOUNT：USD 9600.00

数量及总值均有 __5__ % 的增减，由卖方决定。WITH __5__ % MORE OR LESS BOTH IN AMOUNT AND QUANTITY ALLOWED AT THE SELLER'S OPTION.

6. 生产国和制造厂家 COUNTRY OF ORIGIN AND MANUFACTURER：CHINA
7. 包装 PACKING：30PCS/ CARTONS 100 CARTONS
8. 唛头 SHIPPING MARKS：WILLIAMS HD-B-2022102808
9. 装运期限 TIME OF SHIPMENT：NO LATER THAN 2022.12.28
10. 装运口岸 PORT OF LOADING：SHENZHEN, CHINA
11. 目的口岸 PORT OF DESTINATION：LONG BEACH, U.S.A.
12. 保险 INSURANCE：TO BE EFFECTED BY SELLERS FOR 110% OF FULL INVOICE VALUE COVERING ALL RISKS
13. 付款条件 TERMS OF PAYMENT：
BY CONFIRMED, IRREVOCABLE, TRANSFERABLE AND DIVISIBLE L/C TO BE AVAILABLE BY SIGHT DRAFT TO REACH THE SELLERS BEFORE 2022/11/10 AND TO REMAIN VALID FOR NEGOTIATION IN CHINA UNTIL 15 DAYS AFTER THE AFORESAID TIME OF SHIPMENT. THE L/C MUST SPECIFY THAT TRANSSHIPMENT AND PARTIAL SHIPMENTS ARE ALLOWED.
14. 品质与数量、重量的异义与索赔 QUALITY/QUANTITY DISCREPANCY AND CLAIM：
IN CASE DISCREPANCY ON QUALITY OF THE GOODS IS FOUND BY THE BUYERS AFTER ARRIVAL OF THE GOODS AT PART OF DESTINATION, CLAIM MAY BE LODGED WITHIN 30 DAYS AFTER ARRIVAL OF THE GOODS AT THE PORT OF DESTINATION, WHILE FOR QUANTITY DISCREPANCY, CLAIM MAY BE LODGED WITHIN 15 DAYS AFTER ARRIVAL OF THE GOODS AT THE PORT OF DESTINATION, BEING SUPPORTED BY INSPECTION CERTIFICATE ISSUED BY A REPUTABLE PUBLIC SURVEYOR AGREED UPON BY BOTH PARTY.
15. 人力不可抗拒因素 FORCE MAJEURE：
EITHER PARTY SHALL NOT BE HELD RESPONSIBLE FOR FAILURE OR DELAY TO PERFORM ALL OR ANY PART OF THIS AGREEMENT DUE TO FLOOD, FIRE, EARTHQUAKE, DROUGHT, WAR OR ANY OTHER EVENTS WHICH COULD NOT BE PREDICTED, CONTROLLED, AVOIDED OR OVERCOME BY THE RELATIVE PARTY. HOWEVER, THE PARTY AFFECTED BY THE EVENT OF FORCE MAJEURE SHALL INFORM THE OTHER PARTY OF ITS

OCCURRENCE IN WRITING AS SOON AS POSSIBLE AND THEREAFTER SEND A CERTIFICATE OF THE EVENT ISSUED BY THE RELEVANT AUTHORITIES TO THE OTHER PARTY WITHIN 15 DAYS AFTER ITS OCCURRENCE.

  16. 仲裁 ARBITRATION：

ALL DISPUTES ARISING FROM THE EXECUTION OF THIS AGREEMENT SHALL BE SETTLED THROUGH FRIENDLY CONSULTATIONS. IN CASE NO SETTLEMENT CAN BE REACHED, THE CASE IN DISPUTE SHALL THEN BE SUBMITTED TO THE FOREIGN TRAD ARBITRATION COMMISSION OF THE CHINA COUNCIL FOR THE PROMOTION OF INTERNATIONAL TRADE FOR ARBITRATION IN ACCORDANCE WITH ITS PROVISIONAL RULES OF PROCEDURE. THE DECISION MADE BY THIS COMMISSION SHALL BE REGARDED AS FINAL AND BINDING UPON BOTH PARTIES. ARBITRATION FEES SHALL BE BORNE BY THE LOSING PARTY, UNLESS OTHERWISE AWARDED.

  17. 备注：REMARK：

卖方：SELLER   买方：BUYER
SHENZHEN HONGDA TEXTILE CO., LTD. WILLIAMS APPAREL GROUP INC.

签字 SIGNATURE：王五   签字 SIGNATURE：DAVID WILSON

1. 以进口商身份，缮制一份进口预算表。
2. 以进口商身份，模拟自主报关及报检流程。
3. 以进口商身份，以信用证方式付汇。
4. 以进口商身份，换单提货。
5. 如货物遇险，请发起索赔（如无遇险，可不做本题）。